Architectural Informatics

情報と建築学

デジタル技術は
建築をどう
拡張するか

編著者
池田靖史
本間健太郎
権藤智之

著者
舘知宏
岡部明子
平野利樹
小﨑美希
丸山一平
谷口景一朗
本間裕大
今井公太郎
赤司泰義
横山ゆりか
楠浩一
糸井達哉
藤田香織
前真之
清家剛
林憲吾
野城智也
大月敏雄
三谷徹
腰原幹雄
佐久間哲哉
野口貴文
川口健一
加藤耕一
佐藤淳
坂本慎一
山田哲
伊山潤
大岡龍三
田尻清太郎
川添善行
和泉洋人
松田雄二
豊田啓介
松村秀一

東京大学特別講義

学芸出版社

JN079520

建築情報学とは

池田靖史
Ikeda Yasushi

「情報学」の視点と「建築情報学」の視座

本書は「建築学」と「情報学」の両方の視点を持つ学問としての「建築情報学」がどのような視座から建築や都市を考えようとしているのかを扱っています。「建築情報学」という学問がいつ頃始まったのか、明確な見解を出すことは簡単ではありません。日本で建築情報学会が設立されたのは2019年と比較的最近ですが、実は「建築情報学」と明確に打ち出している国際的な学術団体は他にほとんどないため、新しい分野のようではあります。つまり、既存の学問体系にはなかった新しい視座を提唱したい、という意図も本書には存在します。

　では情報技術分野の建築学との関わりが過去になかったかと言えば、そんなことはありません。一般的な意味での情報技術の利用であれば、50年以上の歴史があるとも言えます。そもそも「建築学」は人類最古の学問とも考えられるので、人間の知的活動の根源としての情報との関係も当初からあったと考えてもおかしくはありません。一方、「情報学」も単なるコンピュータ科学とは異なり、コンピュータの登場によって意識されるよう

になった情報の働きそのものに重点があると考えられています。日本学術会議では情報学委員会が2005年頃から組織され、「情報学」の定義を、教育課程編成上の参考基準として「情報によって世界に意味と秩序をもたらすとともに社会的価値を創造することを目的とし、情報の生成・探索・表現・蓄積・管理・認識・分析・変換・伝達に関わる原理と技術を探求する学問である」とし、それが体系化する中核部分として以下の5分野を挙げています

①情報一般の原理（記号論・サイバネティクス）

②コンピュータで処理される情報の原理（計算理論）

③情報を扱う機械および機構を設計し実現するための技術（計算機械・計算機工学）

④情報を扱う人間社会に関する理解（メディア論・コミニケーション論）

⑤社会において情報を扱うシステムを構築し活用するための技術・制度・組織（情報システム）

特に④と⑤は情報と社会の関係を捉えていて、社会・経済のシステムや組織の構築、さらには人間の認知や知性の定義、情報インターフェースの問題までをも含むことから、結果としてほぼすべての学問分野と関わりを持ち、それらに新たな視座を与える存在として広がってきました。約80年前に始まった電気的信号処理による計算機の技術は、情報学の重要なきっかけと推進力となってきましたが、そこからさらに「情報」を基本的な要素と捉える世界観の理論構築から、計算・通信技術がもたらす社会・文化的な現象までを含むより大きな体系に成長してきたと言えるでしょう。

また、情報学は他の学問分野と異なり、既存の異なる分野を包括的に理解できる横断的な視座を提供してくれる理論と知識でもあります。そのため我々の社会において加速する情報技術の浸透と影響力に後押しされて、「〜情報学」と呼ばれる様々な分野と融合した情報学が発展してきました。建築分野においても、国際的には2005年頃から学術論文誌にArchitectural Informatics の特集が組まれたり、情報学系の論文誌にArchitectural Informatics の学問分野の意義が論じられ始め、建築分

野と領域融合した研究・教育機関なども増え始めていました。日本では2015年頃から建築学と情報学の融合的な関係を「建築情報学」と呼ぶ動きが雑誌やシンポジウムなどで広がり、先の学会設立に至ったのです。

「建築学」の視野とその文明史

このような情報学の持つ学問上の特殊性と建築学の関係に、さらに包括的で人間的な交錯が見えてくるのは、建築学もまた少々特異な学問分野であるからでしょう。建築学では、哲学的とも言えるような理念的な世界観の構築から、極めて実用的な技術の開発まで、複合的に共存することが当然のように受けとめられているからです。工学なのか芸術なのか、科学なのか創作なのか、はっきりしない学問分野は他にあまりありませんが、それこそが建築学の持つ最大の魅力であり価値だとも言われています。

　建築学のこの不思議な視野の広さは、建築という人工物をつくる際に付きまとう制約と矛盾、そして本能的な欲求に根ざしています。建築学には、歴史学に社会学、工学など実に様々な視点が多様に存在していて、いざ建築物を建てるとなると、ときには理論的には解明できていない数多くの問題には目をつぶり、解決できない様々な問題に妥協し、それでも何らかの完成を目指すことで得られる発見と体験に学びと喜びがあります。こうした建築の持つ性格から、建築学は稀に見る幅広さと分野的境界の曖昧さを内在させながらも、その魅力と統合性を維持してきたのです。もともと様々な観点を許容する方法論としての性格を有する建築学と、既存の学問分野に横断的な視点を提供する情報学が出会ったのが「建築情報学」だとすれば、それはあらゆる学問の中でも最も包括的で横断的でありながら挑戦的で投機的な存在になるのではないでしょうか。

　非常に根源的なところまで遡ると、そもそも建築とは、人類が自らの意思と技術で環境を構築する理論であり、それをより社会的集団性のある概念に拡張したのが都市だと考えられます。それは文明の歴史の始まり

から存在し、しかも最初から物理的な実体のあるものだけでなく、制度や組織のような無形のシステムとしての情報も含んでいたはずです。人間が周囲の環境に対する認識を記録することを試みた「図画」の始まりは、少なくとも1万5千年前の洞窟壁画から見つかっています。その後、そのような視覚的要素のパターン認識が「記号」から「文字」という情報媒体へ発展しました。その一方で、絵画芸術としては、陰影や前後関係などの空間内の視覚情報の理解が表現技法となることで、2次元的な描画が3次元的な遠近感あるいは奥行き情報の処理を課題にしていくことは、網膜に投影された2次元的な視覚で3次元空間を認識している人間の空間認知能力の構造と無縁ではありません。その意味で、ルネサンス期に発明された透視投影図法は、空間情報を幾何学的に変換して2次元に記録できる点で革命的でした。そして、19世紀には青焼きという複製手法が発明され、建築を含む人工物の情報の蓄積と流通は画期的に拡張されました。そこに至るまでの発達の歴史の中では、幾何学や天文学の分野で蓄積されてきた形態や空間の性質とその数学的な情報を処理する方法論から、さらに工学において人工物を構築するための理論的基礎が築かれてきました。このような経緯で確立された前後、左右、上下という直交3次元座標系を基準とした近代的空間概念は、今も建築を含む科学文明を支えています。つまり、文明史的には計算機の登場以前の時代から、情報のしくみと概念が建築を成立させていたのだとも言えます。

情報処理能力の級数的拡大と社会への浸透

20世紀の半ばに現れた電子計算機は、砲撃の弾道を計算するという、ある種の空間情報処理を目的として開発されました。それに続き、情報の視覚化技術としてのコンピュータ・グラフィックスが出現したことも、現在、画像認識や拡張現実などの視覚的処理が計算技術の主流を形成するようになっていることも、デジタル情報技術と情報理論が人類の空間的な理

デジタル・ コミュニケーション技術 建築情報のネットワーク共有と伝達 作業フローや分担、管理情報の利用 情報のライブラリー化やモデル化 BIM	デジタル・ シミュレーション技術 高度な複雑性の視覚化と評価 解決策の自動生成と最適化 人間の理解の拡張とナビゲーション コンピューテーショナル・デザイン

デジタル・データ・モデル

デジタル・ インタラクション技術 現実世界の動的データモニタリング 人工知能による分析と感知 リアルタイムな適応による人間の参加 サイバー・フィジカル・システム	デジタル・ コンストラクション技術 データ制御機械による自動加工組立 自動制御による新素材の利用 ロボットと人間の協働 デジタル・ファブリケーション

図1 建築におけるデジタル情報技術の利用分野

解力や創造力に深く関わり続けてきたことを物語っています。そして21世紀に入ってからは、デジタル技術による情報の処理能力の級数的な高速化と浸透が進み、産業・生活そして社会に大きな影響を与え始め、あらゆる人工物の設計・生産・利用の仕方を変えてきました。

　本書で登場する建築におけるデジタル情報技術を大きく分けると、コミュニケーション能力を変える力（デジタル・コミュニケーション技術）、シミュレーションにより予測能力を変える力（デジタル・シミュレーション技術）、複雑性を克服して物理的な構築能力を変える力（デジタル・コンストラクション技術）、リアルタイムなセンシングと制御を通じて人間と環境との関わりを変える力（デジタル・インタラクション技術）があり、その共通基盤となるのが空間や環境の情報を扱う技術文明史の延長線上にあるデジタル・データによるモデル化の方法論です[**図1**]。今、このような様々な視点におけるデジタル技術が連携しあって、一つの「建築」に統合されることが問われています。こうしたデジタル情報技術の発展の結果、建築や都市という概念は、その位置づけが再考されつつあります。つまり、情報によって建築の存在自体が再定義される場面に我々は立ち会っているのです。

現実と仮想を横断する情報システムとしての建築と都市

このような情報による人間とその文明社会の拡張という情報学的な歴史観に立って考えれば、建築や都市もその社会的な活動や組織の働きと物理的な構築の形を対応させた「情報システム」です。言い換えれば、建築情報学的には人類の営みはすべて情報であり、すべて建築です。元来世界のすべては情報であったと解釈すれば、データ化できないものは存在しないのとほぼ同じです。逆に、あらゆる現象のデジタル情報化が可能になった現代においては、その情報について、複製、通信、記録、検索から統計処理、そして人工知能による生成に至るまで、巨大な計算処理の可能性が手に入ることになります。結果的に、情報学的にはデータ化ができるものすべてが建築である、とすら定義できる上に、事前に目的を持って情報を集めるしくみをつくらずとも日常的な情報流通の営みから膨大な量のデータが自動的に蓄積されるしくみが生まれることも、そこから考えもしなかったような発見やサービスが可能になることも、これまでにない問題が起きることも不思議ではなくなりました。

　このようにして建築や都市を情報システムとして捉えると、現実空間とデジタル・データ・モデルとしての仮想空間はまったく別の存在というよりも、人間の生活や社会の営みがその中間に位置する連続的で境界のない存在となります。すでに我々は日常的にインターネット上の情報にスマートフォンなどでアクセスし、程度の差はあれども社会経済活動の一部は仮想空間に移行していますし、そこでの行動や現象は刻一刻とデータ化されて仮想空間内での予測計算処理に使われ、それが還元されて現実空間が制御されることも起き始めているのです。建築や都市がこのような現実空間と仮想空間が常に連動するサイバー・フィジカル・システムに向かっているとすれば、我々は両空間が置換や対立するのではなく複合や補完していくことで総合的に構築すべきものと捉えるべきではないでしょうか［図2］。そして、そこには新たな可能性とともに課題や問題があることも学問として取り組むべきではないでしょうか。

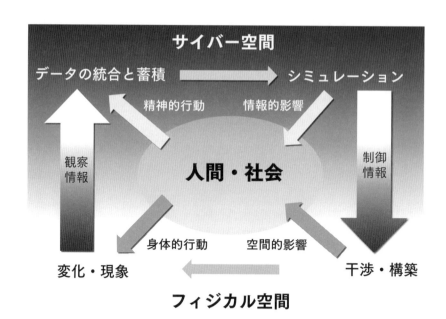

図2 サイバー・フィジカル・システムとしての建築

建築学領域を融合させる本書の構成

本書の執筆者はすべて、出版企画時の 2023 年初頭に東京大学の建築学科または建築学専攻に所属し、それぞれに建築学上の専門領域を持つ研究者です。しかし、上記のような建築学と情報学の背景を踏まえて、本書では、建築情報学が従来の建築学の体系を横断し、異なる領域の間での融合の可能性を意識してもらえるように、既存の建築学的な領域分けとは異なる六つの切り口で構成しました。

まず 1 章として、コンピュータの計算結果から新たな学びや着想を得ることが、人工知能と人間の共存による新たな創造性といえるのかを、人間の創造行為における直感的発見性と科学的合理性の相剋の問題に立ち戻る「デジタル・クリエイティビティ」として議論しました。

次の 2 章では、情報技術が人と人、人と機械、人と環境の間の様々

な相互作用を拡張するとすれば、空間と環境に関する情報を人間が認知する上でどのような変化をもたらすかについて、「デジタル・インタラクティビティ」として考えてみました。

続く3章では、建築と都市のデジタル情報化が社会と経済のシステムを改善し、人類の持続可能性に貢献することができるのかを考える視点について「デジタル・サスティナビリティ」として取り上げました。

4章の「デジタル・マテリアリティ」では、「物質の情報化」と「情報の物質化」の両面から、改めて物質と情報の関係性の変化が建築にもたらす可能性や課題を取り上げています。

さらに5章として、デジタル情報化が我々にもたらす最大の利点であるとも考えられるシミュレーションによる未来予測の可能性に関する拡張が建築の様々な側面にどのように影響してくるのかを、「デジタル・プリディクタビリティ」と称してまとめてみました。

最後に6章で、社会的な規範や制度との整合性が求められる建築という存在が情報技術によって拡張されたときの社会的正当性を考える「デジタル・レジティマシー」をテーマに加えました。

建築情報学には、既存の建築学における学問体系間の壁を取り払い、様々な連携と新たな展開を生むことが期待されています。本書では、上記のような六つの切り口から、建築情報学の持つ可能性と課題を示すことを目的としています。

建築情報学とは何かが本当に明確になるのは、まだまだこれからであって、現時点では、その視座が意識されたという出発点に過ぎません。しかし、その動きは力強く、むしろ我々の社会が避けられない課題としてますます取り組んでいかなければならない学問であると、私たちは考えています。

—
池田靖史（いけだ・やすし）
建築家、東京大学工学系研究科建築学専攻特任教授、慶應義塾大学政策・メディア研究科特任教授（非常勤）。建築情報学会会長。建築設計活動とともに、情報科学から建築分野を捉えた建築情報学を専門にしている。博士（工学）。2022年より現職。作品に「日刊木材新聞本社屋」（2020年）など。

目次

04

05

06

244 — **デジタル・レジティマシー**
— DIGITAL LEGITIMACY

01
デジタル・
クリエイティビティ
DIGITAL
CREATIVITY

人類が文明の歴史を通じて培ってきた「建築」は、単なる技術的な知識を超えた人間の創造性（クリエイティビティ）に関する哲学を蓄積・継承してきました。そのため「デザイン」と「コンピュータ」の2語を並べて語るようになった直後から、建築の根源を揺るがす恐れについて様々な議論や態度を呼び起こしてきました。昨今の人工知能の利用拡大によって、それは社会全体の関心事でもあり、共通の課題として認識されつつあります。つまり、どのような解釈や態度で対応するにせよ、そもそもデザインとは何か、人間の知性あるいは創造性とは何かという根源的な問いをコンピュータに突きつけられているのです。

　単純に考えると、コンピュータによる高速な計算処理は、我々の想像を超えた選択肢を無限に生み出し、その評価や進化のサイクルを加速して、あらかじめ設定された問題と評価軸に対する最適な選択肢の絞り込みを人間よりずっと高速かつ正確に行います。そうして生み出された膨大な情報とその高い検索性などによって、我々の思考能力を拡張していることは否めません。しかし、その刺激の共有によって複数の人間の協働を拡大し、新たな価値と問題を発見することは人間にしかできない営みであることが、非常に多くの分野で共通して指摘されているのも事実です。それは、我々が個人の発想力では遠く及ばない時間をかけた社会の営みの蓄積や、自然現象に潜む深いシステムの働きに感動し、そこから学び続けるしか何かを生み出すことができないことと実はよく似ています。今やコンピュータの計算力とネットワーク化された情報の海は、我々にとって大自然と同じような存在であり、共存と協力によってのみ我々自身の創造的な価値を見出すことのできる存在なのです。

池田靖史

計算と手仕事の間にある
クリエイティビティ

舘知宏
Tachi Tomohiro

折紙から生まれた究極のテイラーメイド技術

私は「かたちがいかに機能をつくるか」というテーマで研究をしています。特に、計算折紙（コンピュテーショナル・オリガミ）というトピックが専門です。このテーマの研究は個人的な体験が入口で、もともと子供のころから折紙が好きで、学部時代には折紙創作のコミュニティにも出入りしていました。

　在学時には、作品づくりを行っていたときに「どんな形でも1枚の紙を折ってつくれるのではないか」と考えたことがきっかけで、「Origamizer」というソフトウェアを開発しました。三次元の任意の形状を入力すると、それを1枚の紙から折るための展開図を出力してくれるソフトウェアです［図1］。建築学の学位論文の一部としてこの研究を提案したわけですが、当時はこの考え方が建築を含めて産業に応用可能なものかに関しては不明でした。いったんそういうことは後回しにして、科学的な好奇心や芸術的な興味から研究を行ってきました。

　例えば図1に示すウサギは、レーザースキャンされたウサギの置物の

三次元モデルを Origamizer に入力し、展開図を自動で出力してつくられたものです。ですがこれをウサギの形にするには手作業が必要で、当時は 10 時間かけて折っていました。それから 10 年以上経ち、「自己折り」という技術の開発により、現在では折紙は新しいものづくりの方法論として有望視されています。自己折りの技術を使えば、折りパターンを印刷して温めると、折り目が勝手に折り上がり、欲しい形がつくれる。これにより、1 人 1 人が、その時々に必要とするものを、一品ずつ印刷して立体化して使うという、究極のテイラーメイドが可能になるわけです。最近では、東京大学大学院工学系研究科の鳴海紘也先生らとの協働により、非常に解像度の高い折り目の自己折りも実現可能となってきました [図2]。

折紙の構造を応用したメタマテリアルの社会実装

折紙の応用は、1 枚のシートから製造することにとどまりません。例えば、折紙の折り畳みの動きを応用した展開構造物や、折り目による立体的な構造を組み合わせて軽量で高剛性な構造物をつくる折版構造は、1960 年代より研究されてきました。近年は堅さだけではなく、柔らかさや動的な特性を生み出す方法として着目されています。例えば図 3 に示すのは、ある変形モードでのみ変形可能な特別な堅さを持った構造です。このような立体形状をスポンジ状に材料内に埋め込んでいけば、自在な物性がつくれるため、機械的メタマテリアルというキーワードで研究されることが増えてきました。研究室の出身者が立ち上げたスタートアップ（Nature Architects）では、産業が要求する製造性・剛性・防振・熱交換などの機能を立体形状や構造パターンで解決する、機械的メタマテリアルの社会実装を行っています。

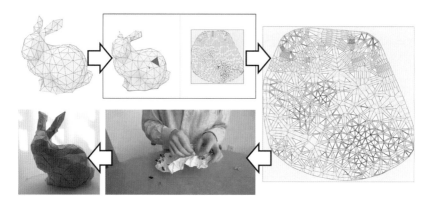

図1 任意の多面体を入力するとその展開図が出力されるソフトウェア「Origamizer」
（出典：Tomohiro Tachi, "Origamizing Polyhedral Surfaces", IEEE Transactions on Visualization and Computer Graphics, 2010）

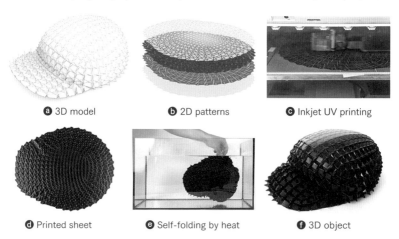

ⓐ 3D model　**ⓑ** 2D patterns　**ⓒ** Inkjet UV printing

ⓓ Printed sheet　**ⓔ** Self-folding by heat　**ⓕ** 3D object

図2 高解像度の自己折り技術（Inkjet4D Print）。パターンを印刷し温めると、ターゲットの形に自律的に折り上がる
（出典：Koya Narumi, Kazuki Koyama, Kai Suto, Yuta Noma, Hiroki Sato, Tomohiro Tachi, Masaaki Sugimoto, Takeo Igarashi, Yoshihiro Kawahara, "Inkjet 4D Print: Self-folding Tessellated Origami Objects by Inkjet UV Printing", ACM Transactions on Graphics, 2023）

図3 xy方向に柔らかく、z方向に堅い折紙型セル材料
（出典：Kenneth C. Cheung, Tomohiro Tachi, Sam Calisch, Koryo Miura, "Origami Interleaved Tube Cellular Materials", Smart Materials and Structures", 2014）

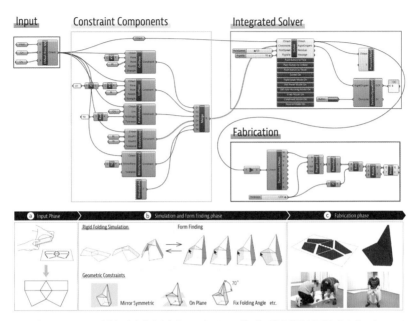

図4 グラスホッパー上で折紙の幾何拘束を解き、インタラクティブなプロダクト設計を可能とするプラットフォーム「Crane」

（出典：Kai Suto, Yuta Noma, Kotaro Tanimichi, Koya Narumi, Tomohiro Tachi, "Crane: An Integrated Computational Design Platform for Functional, Foldable, and Fabricable Origami Products", ACM Transactions on Computer-Human Interaction, 2022）

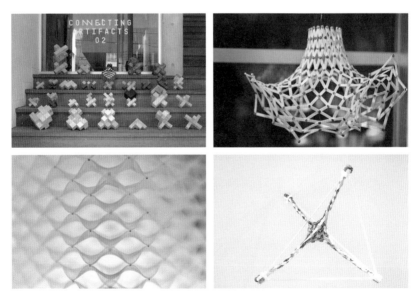

図5 「つながるかたち展02」（2022年）で展示されたArtifacts（左上：野老朝雄、右上：小野富貴＋舘知宏、左下：上條陽斗＋木島凪沙、右下：西本清里＋小野富貴＋道明葵一郎＋舘知宏）

領域を横断・協働できるプラットフォームの構築

折紙の設計と印刷技術と組み合わせて自己折りすること、折紙の動的な特性を解析し設計可能にすること、さらにこれらの学術的知見を産業と結びつけることには、数学・情報学・科学・工学などの学術領域や科学・芸術・産業などの領域を横断した協働が欠かせません。近年になって分野や領域の垣根を超えた協働が活発化してきた背景として、計算ソフトウェアがオープンに共有されるようになっていることが挙げられます。

　例えば、私が10年以上前につくった「Freeform Origami」というソフトのアルゴリズムは、グラスホッパー上で使える「Crane」というプラグインとして実装されています [図4]。一つの機能を持ったソフトウェアではなく、そのシステムを使って様々な問題を解ける汎用のプラットフォームとして、別の最適化のエンジンに入れたり、構造解析につないだり、あるいは自作のパターン生成アルゴリズムにつないだり、自己折りのパターン生成アルゴリズムにつないだりと、様々なシステムと組み合わせながら使うことができるようになっています。これにより、紙を折ったり切ったりしてアイデアを探る、ソフトウェアで設計条件を満たすようにする、シミュレーション・構造解析をする、デジタルファブリケーションでプロトタイプをつくるといった設計のループをいつでも回せるようになります。こういったプラットフォームを中心として、幾何学・計算科学・設計・解析・製造に関する様々な知識やスキルが共有されることにもなります。

つくることから始まる STEAM 協働

東京大学では、美術家の野老朝雄氏と協働して、2019年から「個と群」という授業を行ってきました。教養学部前期課程の1・2年生を対象とする授業で、手を動かしてものをつくる STEAM 教育を実践しています。STEAM 教育とは、Science（科学）、Technology（技術）、Engineering

（工学）、Mathematics（数学）の STEM 教育に Art（芸術）の要素を加えて統合したものです。

野老氏は、単純なかたちが一定のルールでつながることで全体を構成する原理を「個と群」と呼び、多様につながる作品群を生み出しています。授業を通して、学生は「個と群」の創造プロセスを実践します。創造のプロセスは必ずしもまっすぐには進まず、つくられたもの（Artifacts）はしばしば意図しない副産物となります。これらの副産物を様々な視点から「面白がる」と、高次元の幾何学、非線形の数理、対称性、建築、宇宙構造物、アルゴリズム、データ構造、結晶や準結晶の原子配列、タンパク質の折りたたみ構造や自己集合、群れの振る舞いなど、様々な領域の学問とのつながりが見えてきます。以降、それらの学際的な視点を再び制作に反映させて、生まれたものを観察して、というプロセスを繰り返していくことになります。

このような学生との協働の中からは、最先端の研究論文として発表されたもの、美術作品になったもの、まだ何になるのかわからないプロトタイプなど、様々な人工物（Artifacts）が生まれてきました。このような人工物をさらに様々な文脈や視点で提示することで協働の輪を広げようと考え、2020 年より「つながるかたち展 CONNECTING ARTIFACTS」という展示シリーズも行っています [図5]*1。

手仕事と計算のはざまから生まれる最先端のクリエイティビティ

パラメトリックモデリング、デジタルファブリケーション、オープンソースソフトウェアなどが充実しアクセス可能となったことで、異なる背景の専門家が協働して設計・製造などの問題に挑むことができるようになりました。これにより専門性が共有され、設計・ものづくりの民主化が進んできていると考えられます。このような背景においてクリエイティビティを特徴づけるのは、問題を発見・創造することであると考えています。ちょっとした視点の転換

による「ハック」で、別の分野の問題と問題を水平に結びつけることがとても重要なステップです。

　問題発見のプロセスでは、私たちは特に手作業を拡張したり、身の回りに起きている現象を再解釈したりするアプローチに着目をしています。これは、私自身が折紙の創作活動を原点として、アイデアを発想したり、ソフトウェアを開発したりしてきた経験に基づいています。研究室では、手を動かしてものをつくったり、数理モデルをつくったり、コンピュータ上で実装したり、再び物体に戻し、それを触りながら観察したりと、情報と物質を行き来する過程から、研究や設計や考え方の種が生まれてきています。私たちが面白いと思う最先端の研究は、このような手仕事と計算のはざまから生まれると考えています。

---

*1　つながるかたち展　https://sites.google.com/view/connecting-artifacts/

舘知宏（たち・ともひろ）
東京大学大学院総合文化研究科教授。専門は構造形態学。博士（工学）。折紙の幾何学や計算手法などを用いて形のつくる機能について研究を行っている。教養学部でのSTEAM教育に携わる。「つながるかたち展」を企画。著書に『コンピュテーショナル・ファブリケーション』（共著、2020年）など。

できてきたまちの解明、
わからないことのおもしろさ

岡部明子
Okabe Akiko

スラムマッピング

私はデジタルとは縁遠く、その対極のことをしています。主にスラムをフィールドとしているのですが、その主要な活動はスラムに住みながら住人たちといっしょに建築実践をするというもので、極めて泥臭いプロジェクトです。最初に付き合い始めたのがインドネシアのジャカルタ中心部のチキニ地区で、10年以上続いています [図1]*1。地元のインドネシア大学との共同プロジェクトですが、日本人学生がここに長期間滞在して、住人たちと共用の建物をつくってきました。その後、南米のいろんな都市にプロジェクトを広げてきました。

　私たちのプロジェクトの考え方は「着眼大局、着手小局」。小さな建築実践のかたわら、地球規模でスラムを把握するマッピングを試行錯誤してきました *2。現在、地球上のどこでも入手可能な衛生画像を用い、画像自動認識技術を駆使し、機械学習によって精度を上げる様々な試みがなされています。ただそれらは、スラムの現場にいる私たちとは気にする

図1 インドネシア・ジャカルタのチキニ地区

ところがずれています。そして、建築学をバックグランドとするドヴィーとカマリプールによる都市のインフォーマル／フォーマルマッピングに行きつきました[*3]。手作業で作成しているので当然ですが、直感的に把握される都市のイメージに近いマップができます。彼らの手法はまず、各都市について、建物単体のインフォーマル度を縦軸に、都市組織のインフォーマル度を横軸に取って、3 × 3 の九つに分割されたサンプル図的なものを作成します［**図2**］。この 9 分割の図を、インフォーマル度のグラデーションで 4 色に分けます。濃茶色から黄色に向かって、図 2 では右上から左下に向かって斜めにインフォーマル度が高くなります。3 × 3 の図を手引きにして、30 × 30km の都市の範囲を 4 色でマッピングしていく方法です。私たちは、この手法に若干手を加え、範囲を 50 × 50km に広げました。途上国の人口 1000 万人以上のメガシティおよび首都を対象にインフォーマル度に基づいて 4 色でマッピングを行いました[*4]。

　世界各地のスラムの写真を見るだけでも、地域によって密度感もその様相も違うことまではわかりますが、さらにこうしてマッピングしてみると、空間分布が地域によって大きく異なることが見えてきます［**図3**］。ジャカルタだと川沿いの低湿地にスラム的環境が集中しています。東南アジアの都市にはこの傾向があります。一方、南米に行きますと、災害危険斜面地にスラム的環境のところが張り付いています。

スラムはどのように推移するのか

次に、スラムは時系列でどう推移するのかを調べてみました。先ほどのインフォーマル度4色マッピングのうち、最もインフォーマル度の高い黄色のエリアに着目して、それが経年でどう変化していくのかを調べるため、おおむね10km四方に市街地が収まるような、極端に大きくない途上国の都市を対象にしました*5。農村部から都市へ向かう人たちのファーストストップが最寄りの中小都市であり、大都市よりむしろ劣悪な状態にあることもしばしばです。どこでも入手可能な2005年と2020年あたりの空中写真を試しに比較してみたところ、驚くほど変化している都市が多くありました。約15年間でどういうふうにスラムが変わってきたか、その差分を図4のように6種類に分けました。図4の左側の暖色系の3色が、形成途上にあるスラムです。

　6種類の差分で各対象都市をマッピングしてみると、世界ではスラムの解消を目指しているといいながら、スラムは減っていない [図5]。都市人口比率で見れば減ってきているかもしれないけれど、途上国では都市人口自体が増えているので、スラムは解消に向かっているとはいえない。この程度の規模の都市を見る限り、2005年ごろにあったスラムは15年後にほとんど変わっていない。インドの都市スリナガルでは、「変化なし（紫色）」のエリアの周辺でスラムが高密度化して悪化しています。また、アフリカのコンゴにある都市ブカヴに行きますと、スラムにもっと勢いがあって、どんどん高密度化しています（濃いオレンジ色）。さらには、拡張するエリア（薄いオレンジ色）がその周りにあって、その外に新たにスラムができてきているようすがうかがえます（黄色）。

　こうしてスラムと付き合ってくると、スラムは圧倒的なエネルギーでできてくるものなので、効果的なスラム改善策を見出そうとするなら、まずスラムがどうできてくるのかを知らなければならなりません。そもそも都市全般について、つくる対象というよりはどうできてくるのかが、いつの間にか私の主な関心事になってきました。都市のできかたには何らかのメカニズムが

図2　インフォーマル度4色マッピングの一例
（出典：K.Dovey, H.Kamalipour, "13 Infomal/Formal Morphologies", K.ovey, ED. Pafka, M.Ristic eds, Mapping Urbanities: Morphologies, Flows, Possibilities, Routledge, 2017）

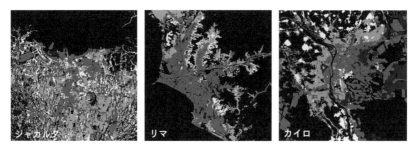

図3　途上国の主要3都市のインフォーマル度4色マッピング（50×50km）（作成：成潜魏氏）

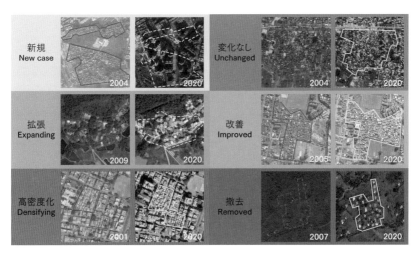

図4 スラムの経年推移の差分6種（作成：馬琳氏）

「変化なし」の周縁に「高密度化」

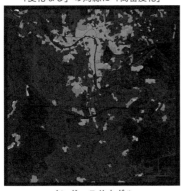

インド・スリナガル

「変化なし」ｰ「高密度化」ｰ「拡張」ｰ「新規」

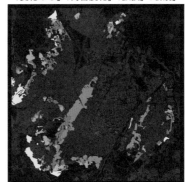

コロンビア・ククタ

「高密度化」の周りに「拡張」＋「新規」

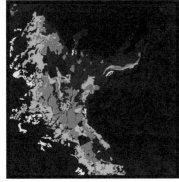

コンゴ・ブカヴ

「改善」の周りに「高密度化」＋「拡張」

バングラデシュ・クルナ

図5 途上国の四つの中都市におけるスラムの経年推移（10×10km）（作成：馬琳氏）

ありそうで、それを解明したいと当初は思いました。でも、いざこうして中小都市をマッピングしてみると、影響を与えていそうな要素を網羅することは到底できない。例えば政治的な問題やグローバルな経済問題など、思ってもみないことで未来は変わる。そう考えると、メカニズム解明の努力がむなしく思えてきました。

菌類へのアナロジー

唐突ですが、スラムは見た目が菌類に似ています[6]。それだけではなく、その生成のメカニズムも似ている。イグノーベル賞を受賞したことでも知られる、中垣俊之らの菌類の研究があります[7,8]。菌類は司令塔なしで、部分から単純なルールで、何らかの複雑な全体をつくり上げている。スラムも一緒です。また、最近ではキノコに関する深澤遊の研究が注目を集めています[9,10]。自動生成アルゴリズムの開発にも大きな刺激になるものです。

　これらが生物学的な菌類の研究であるのに対して、人類学でも最近は発酵や菌糸に対する関心が高まってきています。例えば、文化人類学者アナ・チンの『マツタケ』[11]という有名な本があります。彼女は、しくみを解明するというよりはむしろ、非常に偶発性が高いこと、思ってもみないことが影響を与えているところに着目しています。同じく人類学者のティム・インゴルドが著した『メイキング』[12]には、より建築的な事例が出てきます。意図して残すものではなく残っていくものとして、マウンドを取り上げて説明しています。記念碑は意図して残すものですが、人が石を積んでいき結果的にできてくるものがマウンドです。私はこのくだりを読んで、恐山の賽の河原を連想しました。石を積んでいくのには、何らかのルールがあるという仮説が立てられる。ただ、石を積む当事者になったとして、そのメカニズムが解明されるのはおもしろくない。この山に積んでもいいし、あの山にも積んでもいい。ちょっとした気まぐれで山はできてくると思っているか

ら、人は山にまたひとつ小石を積むのです。こうした偶発性や気まぐれを
そのまま引き受け、不確実性の意味を考えようとするのが人類学のスタン
スです。スラムもまた、そんな見方の方が現実的ではないかと考えるよう
になりました。

つくられた都市とできてくる都市

今まで私たちデザインする立場では、都市をつくる対象として見てきました
が、スラムが如実に示すように都市はできてくる。そこで、できてくる都市
とつくられた都市というフレームで都市を再考してみようと思います *13。こ
れを最も端的に指摘しているのは、哲学者の柄谷行人です。彼の著書『隠
喩としての建築』*14 は、建築分野でも非常に多く読まれています。つくら
れた都市がメイキング、つまり制作の産物であるのに対して、できてくる都
市はビカミングで、生成のプロセス。このようにメイキングとビカミングに分
けて都市を改めて見ていくと、人類史上、都市居住者の大多数が、でき
てきた都市に暮らしてきたということに気づかされます。これは歴史的に過
去のことではなく、現在も人はできていた都市で暮らしています。

　要するに、都市はつくらなくてもできる。東京はどうでしょうか。つくった
都市でしょうか。東京には計画があるし、つくられた都市といえるかもしれ
ません。でも人が生活していることによって、都市はできてくるし変わって
いく。つくったとしても都市はできてくる。となると、私たちは 100 パーセン
トといっていいほど、できてきた都市に暮らし、これからもできてくるであ
ろう都市に暮らしていることになります。柄谷は、制作の産物である作品
というのはメタファーでしかなくて、現実のモノとの間にはズレがあることを
指摘し、考察を深めています。人が物的環境をつくるときに、私たちは人
間のクリエイティビティを信じているわけですが、制作の産物である作品が
実在せずメタファーでしかなかったとするならば、クリエイティビティというも
の自体を問い直さざるをえません。

都市「の」クリエイティビティとは

「人工的な環境を構築するにあたり、アルゴリズムで自動生成された情報から新たな学びや着想を得ることで、今までになかったクリエイティビティが可能になるのではないか？　それはどういうものなのか？」というのが、本章の6人の執筆者に投げかけられた問いでした。

　おそらく私に期待されていた答えは、「できてくる都市のメカニズムがアルゴリズムで自動生成された情報に翻訳され、これを取り入れて人工的な環境として都市をつくることが可能になる」進歩史観的シナリオではなかったでしょうか。従来、都市をつくる側にとって、できてくる都市は厄介者でした。できることなら排除したい。つまり、できてくる都市は、都市デザインの純粋なクリエイティビティを乱すものでした。勝手にできてきてしまうスラムは排除の対象です。その点、デジタルデザインは、できてくる都市というものに少なくとも目を向けたという意味で、私は画期的だったと思います。

　でも、デジタルサイエンスができてくる都市のメカニズムをすべて解明したなら、都市は味気ないものになってしまうのではないかと思います。都市には思ってもみないことが起こるからおもしろい、サプライズがある。偶発的で予知不可能なところがあるのが魅力ではないでしょうか。もっとも、デジタルサイエンスができてくる都市のメカニズムを解明し尽くすことはないだろうと、と安心していますが。

　都市「の」クリエイティビティとは何か。つくるもの、つくられたものとして都市を見るのであれば、つくる人、デザインする人のクリエイティビティを意味します。でも、できてきたものとして都市を捉えるなら、都市自体にクリエイティビティがあるといえます。デザインの世界では、モノは人間がクリエイティビティを発揮する対象物と捉えられていますが、モノ自体にクリエイティビティがあるという見方もできます。

　実在する都市は、人間がつくる都市とできてくる都市の協働の産物です。人間にとっては、わかるもの、コントロール可能なもの、デザイン可能なものと、わからないもの、コントロール不可能なもの、デザインできないもの

との協働の産物だからこそ魅力的なのです。近い将来「デジタル・クリエイティビティを発揮したアルゴリズムで自動生成された都市」が当たり前になったとして、それが都市をつくる人間の側についたら都市はつまらなくなる。一方、できてくる都市と同化してしまったらどうでしょう。そうなると、都市はひょっとしてもっと面白くなるかもしれないけれど、アルゴリズムで自動生成した都市は人間が始めたことなのに人間がコントロールできなくなる。そんな近未来を恐ろしいと思うのは、私が臆病だからでしょうか。

*1　村松伸・岡部明子・林憲吾・雨宮知彦編『メガシティ6：高密度化するメガシティ』東京大学出版会、2017年。チキニ地区は、河川支流の低地に自然発生したところで、4haほどの土地に5,000人以上が生活している。6m²足らずの貸間に5人家族が暮らしているのもめずらしくない。
*2　岡部明子・吉村有司「データが導く都市デザイン：新たな理論の構築に向けて」『新建築オンライン』2022年　https://slihinkenchiku.online/column/4389/
*3　K.Dovey, H.Kamapour, "13 Infomal/Formal Morphologies", K.Dovey, E. Pafka, M.Ristic eds, Mapping Urbanities: Morphologies, Flows, Possibilities, Routledge, 2017
*4　Q.Cheng, M.Zaber, A.M.Rahman, H.Zhang, Z.Guo, A.Okabe, R.Shibasaki, "Understanding the Urban Environment from Satellite Images with New Classification Method—Focusing on Formality and Informality", Sustainability, 14（7）, 2022
*5　馬琳・岡部明子「中小都市におけるインフォーマルエリアの分布及び遷移傾向」『日本建築学会大会学術講演梗概集（都市計画）』2022年
*6　岡部明子「第三の都市生態学」『建築雑誌』No.1612、2011年
*7　A.Tero et al., "Rules for Biologically Inspired Adaptive Network Design", Science, Vol.327, 2010
*8　中垣俊之『粘菌：偉大なる単細胞が人類を救う』文芸春秋、2014年
*9　Y.Fukasawa, M.Savoury, L.Boddy, "Ecological memory and relocation decisions in fungal mycelial networks: responses to quantity and location of new resources", The ISME Journal, 14, 2020
*10　中谷泰人・本江正茂・石川初『連載 スマートシティとキノコとブッダ』2021-2022年　https://note.com/cityfungibuddha/n/n9a14d1c4822b
*11　アナ・チン、赤嶺淳訳『マツタケ：不確定な時代を生きる術』みすず書房、2019年
*12　ティム・インゴルド、金子遊ほか訳『メイキング：人類学・考古学・芸術・建築』左右社、2017年
*13　A.Okabe, "Making/Becoming", Archi-Depot Corporation, Proceedings for the Green Initiative Week in Indonesia（October-November 2017）, 2018
*14　柄谷行人『隠喩としての建築』講談社、1983年

―
岡部明子（おかべ・あきこ）
東京大学大学院新領域創成科学研究科教授。専門は建築まちづくり、公共空間論。博士（環境学）。著書に『バルセロナ』（2010年）、『サステナブルシティ：EUの地域・環境戦略』（2003年）など。

情報の膨大化が加速する世界で、創造の主導権を握るもの

平野利樹
Hirano Toshiki

世界像に応答した建築のあり方

私たちが生きる世界は膨大な量の物質・情報に満たされていて、その膨大さは日々加速しています。これは今に始まったことではなく、私たちは1990年代頃からすでに膨大さへの加速が始まるのを目撃していました。冷戦が終わりEUが発足し、様々な国と地域の政治的な境界が消失し接続されることによって、ヒト・モノ・カネがグローバルに行き来し、またインターネットの台頭で地理的制約を越えて人々が接続され、大量の情報が飛び交うようになった時代です。境界が消え、あらゆるものが一つの地平上でつながっている。そのような世界像が形成されたといえるでしょう。

　建築設計にデジタル技術が本格的に導入され始めたのもこの頃でした。なかでもアメリカのコロンビア大学で1994年に開始された設計教育プログラムであるペーパーレス・スタジオは、その名の通り紙を一切使わずに、設計のプロセスをすべてコンピュータで完結させるといった点で象徴的なものでした。ペーパーレス・スタジオと、そこで指導にあたった当時の若

手建築家たちは、単にこれまでの建築設計の手法を効率化・合理化するためのものとしてデジタル技術を捉えていたのではなく、デジタル技術を活用することで、先述したような世界像に応答するような新しい建築のあり方を追究しました。一つの建築的システムがプログラムや周辺環境など内外からの様々な条件を取り込み、柔軟に変形するような建築。建築を粒子のような小さな要素の群として捉え、群がなめらかに流動し展開されるフィールドとしての建築。そのような建築のあり方がこの時代に生まれ、2000年代初頭から「パラメトリック・デザイン」や「コンピュテーショナル・デザイン」として定着してきました [*1]。

膨大さの加速の過剰化

しかし現在、先述のような従来の世界像がもはや有効ではなくなってきているように思われます。2020年頃に地球上に存在する人工物の総量が生物資源のそれを越えたとの研究 [*2] が示すように、物質の膨大さの加速はますます過剰化し、人類の活動が地質学的レベルで地球環境に影響を与えていることを指す「人新世」という概念を生み出しました。

　情報の膨大さの加速の点では、かつては街頭テレビに人々が集まり、一つの画面（インターフェイス）から同じ情報を受信していたのが、1家庭に1台のテレビ、パーソナルコンピュータと進み、現在は1個人がパソコンやスマートフォン・タブレットなどを1台かそれ以上持ち、それぞれがバラバラの情報を画面から受信するようになりました。さらに、人々はSNSなどを通して情報の発信も行うようになっています。このような情報の膨大さの加速は、「ポスト・トゥルース」と呼ばれる状況を生み出しました。哲学者の千葉雅也は、「ポスト・トゥルース」について「根底的にバラバラな事実と事実の争いが展開される状況である」[*3] と述べています。

　1990年代と現在の世界像を図式化すると図1のようになると私は考えていますが、柔軟に変形する単一のシステムに様々な条件が共存するよう

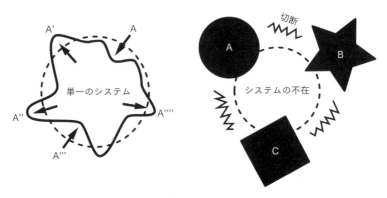

図1 世界像の図式（左：1990年代、右：現在）

な 1990 年代の建築のあり方は、もはや現在の世界像に応答したものではなくなっています。

膨大さの加速からの切断

建築史家のマリオ・カルポは、一般的な建築の記述方法である平面図や断面図などの図面はフィジカルなモノとしての建築が持つ膨大な情報を 2 次元に圧縮したものであり、また、パラメトリック・デザインの建築に特徴的な 3D モデリングを駆使した曲面の建築なども、NURBS と呼ばれる、少ない制御点で自由曲面を数学的に表現できる方法を使っている点で、情報の圧縮であると指摘しています [*4]。

　しかし、情報技術の急速な発展によって膨大な量の情報を扱えるようになり、3D スキャン技術によってフィジカルなモノを膨大な点群情報としてデータ化し、それをそのまま処理、3D プリントによってフィジカルなモノとして製作できるようになったことから [図2]、パラダイム・シフトが起こりつつあるとカルポは主張しています。この主張は、膨大さの加速が過剰化する現代の状況への応答として、膨大さを膨大なまま引き受けるような新しい建築のあり方を示唆しているといえます。しかし、カルポには技術楽観主

図2 3Dスキャンモデルのイメージ

図3 学生が画像生成AIを用いて作成した画像（作成：Maria Glinskaya）

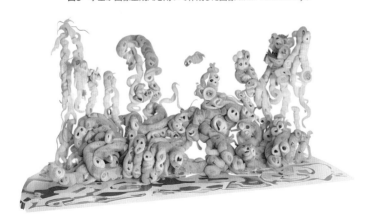

図4 学生が自らのオブセッションを空間化した作品（作成：Maria Glinskaya）

義的な面があるように思えます。例えば、3D スキャンを用いてフィジカルなモノをデジタルモデルに変換する過程において、スキャン漏れによる穴や表面の反射によるグリッチといった変換漏れ、誤変換が発生してしまいます。デジタルモデルをフィジカルなモノに 3D プリントなどで出力する際も同様です。今後技術の向上によってどれだけスキャンやプリントの精度が高くなっていったとしても、オリジナルと変換されたモノの間には「不気味の谷」[*5] が横たわっているように思われます。

　この問題について、哲学の領域でも近年興味深い議論が展開されています。哲学者のグレアム・ハーマンが提唱する「オブジェクト指向存在論」では、すべてのモノの中には膨大な情報・質が秘められていて、それを外部から汲み尽くすことはできないとされています。膨大さを膨大なまま引き受けることは本質的に不可能です。つまり、私たちはどこかの時点で膨大さを取り扱い可能な量に「切断」する必要があり、そこに現れる不可能性の中にこそ新しい建築のあり方があると考えています。

合理的に説明できない「オブセッション」が創造の源

ここで、「切断」の主導権は誰が握っているのか？という問題が出てきます。また、本章のトピックである「クリエイティビティ（創造性）」の主体は誰なのかという議論もあります。ここでの「切断」と「創造」は本質的には同じ問題だと思います。先ほどは「私たち」、つまり人間が主体であると書きましたが、必ずしも人間が主導権のすべてを持っているのではなく、目に見える形であれ、潜在的にであれ、そこには常に技術的な限界・制約といったファクターが関与しています。

　生成系 AI の急速な発展・普及は、この問題をさらに複雑化させています。生成系 AI は、インターネット上にアップロードされ蓄積された膨大な情報を学習した上で、画像・動画や文章を生成しています。生成系 AI の爆発的な普及によって、そこから生成される情報もまた膨大な量に

なっているのですが、これはつまり膨大さからまた別の膨大さが生み出されているといえます。そして、そこに人間の介在はほとんど必要とされなくなってきているのです。

　このように膨大さの加速がさらに別の次元に引き上げられる状況が見えつつあるなかで、果たして切断・創造に人間はどのようにして関わることが可能なのか？　そうした問題意識をもとに、私たちの研究室では 2022 年の秋学期にスタジオ演習を実施しました。学生はまず、スタジオの前提条件を一切取り払い、自動筆記のように気の赴くままに文章を記述し、それをもとに画像生成 AI で画像を何枚も作成します［図3］。その中で、合理的に説明ができないもののどうしても気になってしまうもの、つまり自身の妄想や観念ともいえる「オブセッション」を徐々に炙り出します。そして、それを空間化したものとして箱庭を制作し、そこから最終的なプロジェクトの設計を行いました［図4］。

　この演習の全体のプロセスの中で、創造の主導権を巡って人間（学生）と非人間（生成系 AI）との間で絶え間ないせめぎ合いが繰り返されるわけですが、合理性や説明可能性の外側に位置する「オブセッション」こそが、創造に人間が関わり続けるための鍵ではないかと考えています。

*1　平野利樹「建築における『オブジェクト批判』の系譜：1990年代コロンビア大学における初期ペーパーレス・スタジオの建築家を中心とした建築言説の考察」東京大学博士論文、2016年を参照。

*2　E.Elhacham, L.Ben-Uri, J.Grozovski, et al., "Global human-made mass exceeds all living biomass", Nature, 588, 2020

*3　千葉雅也『意味がない無意味』河出書房新社、2018年

*4　Mario Carpo, The Second Digital Turn: Design Beyond Intelligence, The MIT Press, 2017

*5　ロボット工学の領域で提唱された仮説で、外観や仕草を人間に似せたロボットを被験者に見せると、ある段階までは被験者はロボットに対して好感を持つが、そこからさらに人間に似せると反転して強い嫌悪感を与えてしまうという現象。

—

平野利樹（ひらの・としき）
東京大学総括プロジェクト機構 SEKISUI HOUSE-KUMA LAB特任講師、専門は建築意匠、建築設計、デジタルファブリケーション。博士（工学）。

空間を〈快適〉から〈格別〉に向上させるクリエイティビティ

小﨑美希
Kozaki Miki

建築設計における照明計画

環境系と呼ばれる室内環境の快適性について研究している分野の中で、私は視覚情報に関連した事柄をテーマにしています。光環境、視環境、照明計画に加え、快適に感じるということを主目的に据えていますので、環境から受ける人の感じ方を考慮するという点で環境心理学も研究の対象にしています。そうした研究を踏まえ、本稿では照明環境のデジタル化、またクリエイティビティを拡張させるとはどういうことかについて考えていきたいと思います。

　ではまず、照明計画がどのように立案されているのか、一般的な流れをご紹介します。建築を建てる際には様々な制約が存在します。敷地はどこなのか、誰が何のために使うのか、条例などによる大きさの制約などです。同様に照明計画を立案するにあたって必要な条件としては、誰が何のために使う建物・部屋なのか、どのような形で建物のコンセプトは何か、などです。建築家やデザイナーの意向を基に照明の提案をしていきます。計

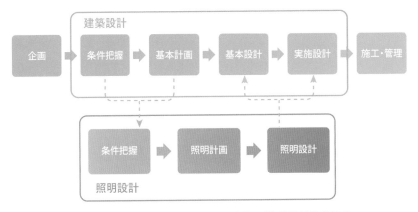

図1 一般的な照明計画の流れ（出典：平手小太郎『建築光環境・視環境』数理工学社、2011年をもとに筆者作成）

画を立てたうえで基本設計や実施設計に計画を反映させていくことになります［**図1**］。照明計画は内装のデザインコンセプトや色などに左右されるため、計画の下流に位置することになります。最後の仕上げという意味で、照明デザイナーはメイクアップアーティストにたとえられることも多いそうです。

照明計画における情報技術の発展

学生の設計課題では、アウトプットも様変わりしています。設計課題の提出物には模型やパネルがあります。私より少し上の世代ではいかにきれいな模型写真を撮るかに力が傾けられていたように思いますが、様々な技術が身近になってからは CG を使ったり、写真を加工したりと情報技術を駆使したパネルが増えました。

　照明計画の分野においてもデジタル化は進んでいます。照明シミュレーションが活用され、「計算」や「見え方」の部分を担っています。まず「計算」についてですが、従来用いられてきた計算法には逐点法と光束法があります。

　逐点法は距離の逆二乗則を用いて、光源から発せられるエネルギー（光度 I：方向別の光度を示した配光曲線から読みとる）、光源と計算点までの距離 r、計算面の法線と光線とがなす角 θ を用いて、計算点の照度を算定するものです。これにより、特定の点での明るさが担保されているのかを確認することができます。また、多数の測定点について計算することによって、光の分布や広がりを知ることができます。

　対して、光束法は、点でなく、面として平均的な明るさを算出するものです。作業面などの計算面において、入射する光束（光のエネルギー密度）を計算面の面積で割ることで求められます（部屋の形状や反射率などを考慮した照明率、汚染状況や器具の光束維持率などを考慮した保守率も加味）。光束法の計算では、目標平均照度、部屋の情報（内装の反射率、部屋の寸法）と照明器具の情報（器具光束、保守率、照明率）がわかれば、器具の台数が算出できるため、一般的な部屋の照明計画で多用されています。

　では、「計算」のデジタル化はどのように進んでいるのでしょうか。例えばドイツの照明メーカーである DIAL 社（1989 年設立）は、DIALux という無料の照明シミュレーションソフトを提供しています。パートナーシップ企業を募り、賛同した世界中の照明器具メーカーが出資をすることで実現されたソフトで、それら出資した企業の個々の器具の情報（器具光束、配光曲線、保守率、照明率、大きさ、色温度など）をソフトに組み込むことができるようになっています。一般ユーザーは 3D モデルを作成し、実際に販売されている器具の情報を入力して計算することができます。躯体をつくった後、設置したい照明器具と目標平均照度を入力すれば自動的に器具の個数を割り出し、配置を提案してくれる（光束法）という具合に、「計算」がシンプルになっています。任意の面の照度や輝度を「計算」（逐点法）してくれるのも魅力です。他にも、照明器具メーカーによっては独自のシミュレーションを開発したり、Grasshopper や Rhinoceros といった 3D モデリングツールやオープンソースのプログラムを用いて計算することも進んでいます。

　一方、「見え方」についてはどうでしょう。空間を魅力的に演出する上で、光の加減は重要なファクターになるため、スケッチは重要なツールです。こ

れまでは模型写真を加工したり、豆電球を模型に組み込んで、光の状態を表現していました。しかし、できあがってみると、提案されたイメージにはほど遠く、クレームを受けることも起こりえました。完成形に近い「見え方」を作成するには経験と技術が必要になってきます。デジタル化は「見え方」の部分においても進歩を続けており、先ほどの照明シミュレーションにおいては、光の広がり方や反射の具合なども計算してくれますので、レンダリングにより「見え方」が完成形に近づきます [図2]。

照明計画におけるクリエイティビティの拡大

では情報技術の発展に伴い、クリエイティビティはどう拡張するのでしょうか。

　まず「人」の拡張、すなわち対象者の拡がりがあると思います。先ほど学生の設計課題にも触れましたが、照明計画に不慣れな人でも照明シミュレーションによって配置して計算し、アウトプットすることができるようになっています。近年は建築が複雑化し、設備などが増え、「設備設計」という別の専門家が登場していますが、意匠性に関わる照明設計はもしかしたらまた建築家が再び仕事を担っていくことができるようになるかもしれません。そのような時代が来なかったとしても、学生のうちから照明シミュレーションなどの照明計画に触れることで、光の挙動を理解した設計者が増え、全体のボトムアップを図れるのではないでしょうか。

　「空間」の拡張はどうでしょう。これまで手計算や簡易的な照度分布図の作成で終わっていた建物においても、照明シミュレーションなどの情報技術の発展に伴い、計算されるエリアが増えるかもしれません。例えばトイレや廊下などでは、一般的なダウンライトを設置するだけでよいというような計画から、照明シミュレーションを行うことで隣接空間との関係性を再検討したり、より多くの時間を計画に費やすことが可能になったことで間接照明や装飾照明などを検討する余裕が出てきたりするかもしれません。

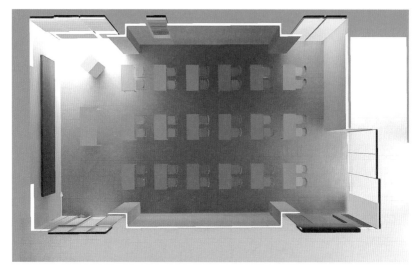

図2 照明シミュレーションによる計算結果の一例（作成：王奕涵）

デジタル化の進展と照明計画の今後

照明計画におけるデジタル化の進展によって、クリエイティビティを発揮できる人や対象となる建物が増える可能性について言及しました。では、クリエイティビティの方向性はどこに向かっていくのでしょうか。クリエイティビティの定義は多々あるかと思いますが、ここでは「人が求めるより良い光環境の創出に向けての能力」と定義したいと思います。

　では、人が光環境に求めるものは何でしょうか。例えば、1961年にWHOが掲げた生活要求の四つの品質は「保健性（衛生性）」「安全性」「利便性」「快適性」でした（後に「持続可能性」も加えられました）。また、1963年には光環境研究者のH・ヒューイットが論文「The study of pleasantness」[*1]の中で、照明環境に求められるものが「Useful」「Comfort」「Pleasantness」と変化していくことを述べています。心理学者のアブラハム・マズローの欲求5段階説をこれらに当てはめてみます。5段階は、「生理的欲求（Physiological needs）」「安全の欲求（Safety needs）」

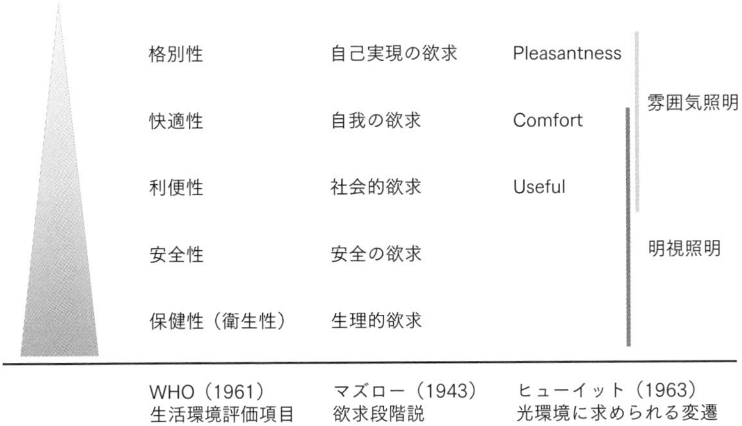

格別性	自己実現の欲求	Pleasantness	
快適性	自我の欲求	Comfort	雰囲気照明
利便性	社会的欲求	Useful	
安全性	安全の欲求		明視照明
保健性（衛生性）	生理的欲求		
WHO（1961）生活環境評価項目	マズロー（1943）欲求段階説	ヒューイット（1963）光環境に求められる変遷	

図3 光環境に求められる項目・性能の段階

「社会的欲求（Belongingness and love needs）」「自我の欲求（Esteem needs）」「自己実現の欲求（Needs for self-actualization）」とされています（和訳は多数存在）。

　三つの文献に見られる用語の共通点をもとに整理したものが、図3になります。下の段階から、①保健性（衛生性）は生理的欲求が、②安全性は安全の欲求が、③利便性は社会的欲求が、④快適性は自我の欲求が満たされる性能を有していることがわかります。ここで、C
omfortとPleasantnessをどのように訳すのかが課題になってきます。熱の分野などでは消極的快適性と積極的快適性などと訳されており、消極的快適性は不満がないこと、適正である状態、積極的快適性は快適であり、必ずしも全員の同意が得られない状態とされています（Comfortで快適としているものもあります）。そこで、マズローの自己実現の欲求を満たすという意味でもPleasantnessを「格別性」と訳してはどうかとと検討しているところです。

　マズローが唱えているように、人の欲求や生活環境に求められる性能に段階があるということは、「人が求めるより良い光環境」の「より良い」が変化することを意味します。人は現状よりも良いものを求める傾向にあるので、あるレベルの性能が担保された場合には、次のレベルに目が向くということです。

　照明の目的には大きく「明視照明（安全に作業・行動できるための光）」と「雰囲気照明（空間の雰囲気に資する光）」がありますが、明視照明は低次の欲求、雰囲気照明はより高次の欲求に関わってくるという見方もできます。それらを踏まえると、今後の照明環境に求められるクリエイティビティも、全員が快適と感じる空間（Comfort）が達成されているものから、個々にカスタマイズされた格別性のある空間（Pleasantness）に注力されると推察できます。

　前項で述べたクリエイティビティの拡張により、Comfort の底上げが行われると同時に多様な Pleasantness を創造することができるようになると考えられます。その際、建築家やデザイナー、照明デザイナーや他の専門家との協働のために、デジタル化が様々なプラットフォーム（例えば BIM）上で調整や創造が行われることになります。時間的な拡張によりリアルタイムでの環境・人の分析から環境調整を行うことができるようになれば、今の気分に合わせた照明の自動調整ということもすぐ実現するでしょう。化粧や服を変えると印象が変わるように、照明を変えただけでも印象が変わるので、同じ部屋でも違う空間に見えます。今後、デジタル化が進展することで、よりクリエイティブな光環境の創出も可能になり、あるいは光の分布から建築の形を提案する時代もすぐそこにあるのではないでしょうか。

*1　H.Hewitt, "The study of pleasantness", Light and lighting, 56, 1963

小﨑美希（こざき・みき）
東京大学大学院新領域創成科学研究科准教授。専門は光・視環境、環境心理学。博士（工学）。著書に『ストリートデザイン・マネジメント』（共著、2019年）、『照明環境規準・同解説　日本建築学会環境基準 AIJES-L0002-2016』（共著、2016年）など。

物質−材料−構造をつなぎ、建築の振る舞いを可視化する

丸山一平
Maruyama Ippei

情報化から見た建築材料学の現状

建築材料学という学問は、建築に用いる資源・素材・材料およびその製造・利用・保全・廃棄・再利用を建築に要求される様々な機能から考える学問です。その中で、マテリアリティという単語は、マテリアルという単語が隠れているがために、私には建築の文脈において具体性・実在性・実質性ということの他に、素材性・現実性という単語を想起させます。

　現状、材料学の観点から情報化するということは、材料の成り立ちと発現される機能についてのデータを整えることを意味し、デジタル化するということは、これらの情報を離散情報形（8ビット、16ビットなどで表現できる形のデータ）で保管することを意味します。現在では、ChatGPT（Chat Generative Pre-trained Transformer。OpenAIという企業が開発したチャットボットで、教師あり学習と強化学習の両方の手法で転移学習された大規模言語モデル）においては言語の羅列であってもそこに概念の相関や因果関係を見いだせる可能性が示されているので、従来は定性的表現であった言葉による記載も有意

な保管方法になります。一方、よりサイエンスの立場に立つと、物質のありようは、クォークに始まり、中性子・陽子・電子のあり方、原子間の結合、結晶、結晶粒子と粒界、物質というマルチスケールな情報を物理情報（電荷、質量、座標等）とそこに生じている力場（重力場、電場、磁場）の状態を記載することで、再現性のある情報群とすることができます。現在の建築設計の場面には直接出てきてはいませんが、材料開発や維持保全の場で、なぜそうなのかという原理原則に戻るときには有用な技術になりつつあります。

　情報化し、デジタル化するという作業を素材や材料に適用する場合には、抽象化というプロセスが不可欠です。材料の機能のあり方やその機能発現メカニズム、あるいは要求性能に対応する性能といったものの考え方によって情報をクラスに分け、そこに必要な項目を格納していくわけです。その過程は、材料の本質と建築材料としての要求性能とのはざまで、何らかの再現性のある関係性を抽出して、それをデジタルの形で保存するという行為に他なりません。

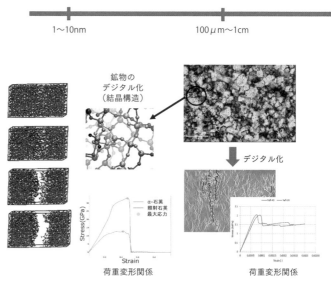

1〜10nm　　　100μm〜1cm

鉱物の
デジタル化
（結晶構造）

デジタル化

α-石英
照射石英
最大応力

Stress(GPa)

Strain

荷重変形関係

荷重変形関係

図1　材料の挙動を評価するマルチスケール実空間−仮想空間連成研究の一例

この材料の本質、しかも建築に用いられる材料の本質と建築材料としての要求性能の関係は、実のところまだ未整理で、属人的になっている部分が多いのが現状です。建築物の性能設計は、戦後に日本でも活発に議論され、早稲田大学、建築研究所、東京大学でも長らく議論されてきましたが、マテリアリティの観点からの整理はまだまだ途上です。なぜなら、そもそも建築の材料の機能発現メカニズムが明らかになっておらず、どの材料のどの物性が、どのような機能にどの程度影響するかという観点まで、材料の発現機能から素材の物性にまで遡ることができないからです。

　例えば、木材に重要な働きをするリグニンという成分があるのですが、化学的な観点での耐久性や物性発現への影響はまだ明確になっていません。また、成長時の細胞分裂の結果、できる組織の多様性によってばらつきが大きくなるわけですが、このばらつきに起因して、木材そのものの実力を完全に表現できる技術はありません。

　また、コンクリートはセメント・水・砂・砂利と化学混和剤からできる複合材料ですが、圧縮強度に支配的な要因はわかっている一方で、施工

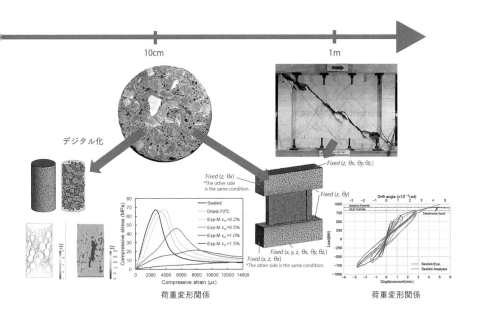

デジタル化

荷重変形関係

荷重変形関係

によって変化する材料の分散度合いや骨材の物性がコンクリートの強度にどのような役割を果たしているかは解明されていません。また、接着剤となっているセメントと水の反応物の物性そのものや、セメントの組成についても、微量な高分子によって影響を受けることはわかっているものの、精緻な物性発現機構は明らかになっているとはいえません。

鋼材に関しても、高純度の素材については多くのことがわかってきていますが、最近は再利用品である電炉材が日本でも多く利用されつつあります。その電炉材については、微量不純物の溶接やその耐食性に及ぼす影響、低サイクル疲労破壊に及ぼす影響など、未解明なものが多いです。

コンクリート研究から見たデータ集積の必要性

マテリアルインフォマティクス（計算科学、情報科学、統計学の力で材料開発を効率化する取り組み）の現場では、「実験科学、理論科学、計算科学、データ科学の連携・融合によって、それぞれの手法の強みを活かしつつ相互に得られた知見を活用しながら新物質・材料設計に挑む」ことが実践されています [*1]。そして、そのためには「①社会的・産業的に要求される機能を実現する新物質・材料の発見の促進、設計指針の構築、②大規模・複雑データから構造・物性相関や物理法則を帰納的に解明する手法の開発とそれを用いた新材料の探索・設計、③未知物質の物性を高精度に予測し、合成・評価の実験計画に資する候補物質を高速・大量にスクリーニングする手法の構築、④多種多様な物質データを包括的に整理・記述・可視化する新しい物理的概念や方法論の構築、⑤データ科学と物質・材料科学の連携・融合に資する物性データ取得・蓄積・管理手法の開発、データベースの整備、各種計算・解析ツールの構築」が必要であるとされています。これらは、むしろ高機能・高付加価値のものを高価であってもつくっていき、世界を変えていこうという狙いがあり、創薬や、エネルギー関連のキーマテリアルの開発といったものがゴールになっています。

では、コンクリートを事例にとって見てみましょう。まず、その素材は、天然由来の岩石と人工的に製造されたセメント、および水が主成分です。コンクリートの物性のみならず、これらの投入した材料についてもデータを保存しておかなければ、大規模データ群とすることも、そこから物理法則や相関を取り出すこともできません。これだけ多くのコンクリートが利用されていても、我々はインフォマティクスに必要な情報とは何かを整理するところから始め、データを構築していくことに取り組まなければ、物性相関（原材料の諸物性と製造物であるコンクリートの諸物性とのそれぞれの相関）や因果関係、物理法則を発見し、その機能発現メカニズムを解明することができません。地産地消であり、組み合わせの多いコンクリートについては、社会的合意の下でデータを蓄積していくことが、今後の価値の創造につながっていきます。例えば、氷晶に関する研究は、市民科学といって市民が雪の日に結晶写真を撮影し、それを集約するという形で発展しました。さらに高度な試みになりますが、データを蓄積することこそが人口減少期にある日本にとって効果的な投資であることは間違いありません。また、それをなさずには新たな価値が蓄積できない将来を考えれば、今こそがデータの蓄積自体を業界で議論すべきタイミングです。

　それでは、決定論的手法で詳細分析を行う技術はどうでしょうか。図1にコンクリートの事例を示しました。骨材は様々な鉱物の集合体です。まず、それぞれの岩石鉱物がどのような物性を発現するか、例えば、ヤング率、引張強度、線膨張係数、比熱といった物性について第一原理計算―分子動力学計算によって求めるナノスケールの研究が基本単位として重要です。

　次に、骨材スケールの物性を評価するためには、鉱物同士の粒界の接合強度のみならず、荷重を受けたときに生ずる応力の分配やそれに伴う3次元的なひずみ分布の形成、予め生じている欠陥（ひび割れや空隙）が巨視的な強度やヤング率、ポアソン比に及ぼす影響などの理解や、岩石の空隙中に存在する水の応力負担とそれに伴って生ずる水分移動といった多孔体としての挙動を含めた上、異なる鉱物粒子群である岩石の巨視的

な物性評価が重要で、一例として、（100μm〜数cm程度のスケールの）強度・ヤング率の数値シミュレーションを実際の骨材の顕微鏡観察結果から自動的に行う研究などが今行われつつあります。

　一方で、セメントと水でできたセメントペーストは、多くの水和物が生成するだけでなく、カルシウムとシリカを中心とした水和物（C-S-Hと呼びます）がコロイド的性質をもっているために、湿度履歴や温度履歴によって力学的物性や体積変化を生じます。このC-S-Hは、1940年代にイギリスで、J・D・バナール（生命の起源の著者、分子生物学、X線結晶構造解析の専門家）が研究を開始しましたが、構造や環境応答のメカニズムが今もって解明されていない謎の物質として多くの研究者が解明に取り組んでいます。

　これらの複雑な材料から成り立つコンクリート内部の3次元構造とそれぞれの構成材料の応力−ひずみ関係を与え、様々な応力場におけるコンクリートの変形と耐荷荷重および内部のひび割れ進展を評価する数十cm程度の研究もまた、多くの分析機器（例えば、X線CT像撮影装置）ともに発展しつつあります。鉄筋コンクリート部材の中の鉄筋とコンクリートの位置情報とそれぞれの応力−ひずみ関係を与え、力学的釣合いを解くことで、内部のコンクリートと鉄筋の応力負担割合、コンクリートの体積変化とひび割れ進展を予測し、任意の部材の荷重変形関係とひび割れを評価する数mスケールの解析手法というのは、すでに実用化の段階に来ています。このスケールになると従来の建築分野の研究、構造力学の研究とリンクしますが、これらのリンクが達成されると、用いる材料の力学的物性がその上のスケールでどのような機能発現メカニズムに寄与するかがわかり、効率的な補強や適切な材料の組み合わせなどを仮想空間でシミュレーションすることも可能になるわけです。すなわち、構造をもととした材料開発や材料選定、最適な調合設計と合理的な施工方法が達成できます。例えば、これらの解析手法から得られたデータセットを用いて機械学習し、効果的な調合設計や部材設計システムを構築することも現実的なレベルにまで近づいています。

　しかし、それでも、材料のばらつき、施工の良し悪しによって生じる初

期の材料非均質性の取り扱いについては未解明のままです。また、解析上、どうしても実験的には明らかにできない特性、例えば粒界の接着強度や、内部に生じる空隙の振る舞いなどについては、一つ上のスケールから結果に適合するように推定するなどの間接的な手法で問題解決をせざるをえません。この問題を解決するために、多くの異なるスケールでのデータの集積が重要な役割を果たすことになります。

材料学の変革が建築を変えるきっかけになる

建築材料の境界条件に目を向けましょう。資材の投入量が膨大な建物の場合、あまりに高価になりすぎると人々の手にわたらなくなっていまいます。そのために、相当な価格抑制メカニズムが働いており、そういった境界条件の中で新材料の開発がなされます。

　例えば、セメントの主要元素は、水素、酸素、ケイ素、アルミ、カルシウム、鉄です。これらは、地球の地殻に豊富にある元素であり、これよりも安い組み合わせは思いつきません。また、セメントはカルシウムをもとに低密度水和物を合理的につくることができるため、体積の変化が少ない化学反応によってコンクリートを成立させることができます。この手法は、地下にある石灰岩の浪費とそこからカルシウムを取り出すために多量の CO_2 を排出することで可能になっています。すなわち、安価な材料は CO_2 と限りある資源とのトレードオフの関係にあるのです。

　かつてであれば、この境界条件を無理に変更した場合には、それに伴う設備投資と資材価格の高騰を避けることはできなかったでしょう。しかし、大量の人間を抱えた地球は様々な観点で限界に近づきつつあり、たった200年にわたり安定してきたにすぎない状況がこのまま継続するとは限りません。今後、CO_2 排出が課税対象となり、また、材料の循環性に応じて税金が課される社会がくることは間違いありません。こうした外部環境の大幅な変化は間違いなく、建築材料が変化する時代の到来を意味し

ており、そうした時代の変化に向けてクリエイティビティが要求されています。そのためにも、建築でのアクティビティを情報上に可視化することが重要です。デザインも構造もすべては材料が起点です。材料学の変革とクリエイティビティの向上こそが次の建築の変化のきっかけとなるでしょう。

　工学と科学の違いを一言で表せば、工学はわからなくても前に進む学問であり、科学はなぜを明らかにする学問です。工学では「なぜ」が理解できなくても、繰り返し再現される法則があればそれをもとに前に進みます。いうならば、コンクリートの強度発現メカニズムが解明されていなくとも、実際には超高層建築物をコンクリートで建設しています。これは、法則とその法則からのゆらぎ、あるいはばらつきの両者をみて、安全率をかけて地震が来たとしても一定程度には破壊や崩落が生じないように「設計する」という行為があるから実現されています。しかし、設計する一方で、本当の剛性や耐力、破壊モードを確認できていないということが建築学では大きな問題です。大量の資源を投じて、大金をかけた建築物であるからこそ「なぜ」を明らかにするチャンスが必要なのですが、それがないのです。そのためにつくりっぱなしになってしまい、科学がなく、そして、有用なデジタル化もなされません。物質－材料－構造の架け橋をつないで、その振る舞いをデジタル化してこそ、新しい建築の目＝クリエイティビティが生まれます。このことは、工学に安住してしまった建築に関わる人々にもっと目を向けてほしい事実です。

*1　国立研究開発法人科学技術振興機構「［マテリアルズインフォ］理論・実験・計算科学とデータ科学が連携・融合した先進的マテリアルズインフォマティクスのための基盤技術の構築」
　　https://www.jst.go.jp/kisoken/presto/research_area/ongoing/bunyah27-4.html

—

丸山一平（まるやま・いっぺい）
東京大学大学院建築学専攻教授。名古屋大学大学院環境学研究科教授（クロスアポイントメント）。東北大学グリーンクロステック研究センター客員教授。専門は建築材料学。文部科学大臣表彰若手科学者賞、Le Chatelier Distinguished Paper Award 2021、日本建築学会賞（論文）など受賞多数。

アルゴリズムによる最適化と
人間の選択に宿るクリエイティビティ

谷口景一朗
Taniguchi Keiichiro

意思決定を拡張させる環境エンジニアリング

環境シミュレーションの歴史を遡ると、1960年代初頭のアメリカでの熱負荷解析に関する計算アルゴリズムの基礎研究に一つの源流を見出せます。その後、光環境解析や気流（CFD：Computational Fluid Dynamics）解析の分野でも同様の基礎研究が進められ、1990年代には商用の各種解析ソフトウェアの充実やCADソフトウェアとの連携拡充とともに環境シミュレーションを建築設計に利用する事例が増えていきました。2000年代後半からはBIMソフトウェアとも連携し、設計段階でのシミュレーションを活用した環境エンジニアリングがますます促進されてきました。

　一方で、設計段階においてより効果的に環境シミュレーションを活用するためには、適切な設計フェーズに、適切な解析ソフトウェアや取り扱うべきパラメータを取捨選択して検討する必要があります。その適切なプロセスを整備する必要があると考えた筆者は、「環境シミュレーションを活用した建築の設計手法」を提案・実践することを主軸に据えて、日々の研究

活動を実施しています。本稿では、その中でも特に設計の初期段階において、シミュレーションを活用した環境エンジニアリングが設計プロセスにおける意思決定をどのように拡張させることができるのか、その可能性や課題について論じてみたいと思います。

アルゴリズムによる多目的最適化と人間による切断

まずは、横浜市に建つ大学施設の設計プロジェクトでファサードデザインの検討に環境エンジニアリングを活用した事例を紹介します。このプロジェクトでは遺伝的アルゴリズム（GA：Genetic Algorithms）を用いた多目的最適化を行い、「昼光利用」「夏期の日射遮蔽」「ルーバーの本数削減によるコストダウン」といったお互いがトレードオフの関係にある複数の評価指標を同時に高いレベルで実現するファサードデザインを検討していきました［図1］。遺伝的アルゴリズムを用いた多目的最適化はすでに様々な分野で試みられている最適化手法の一つですが、遺伝的アルゴリズムを用いて非常に多くの検討ケースを生成しながら、唯一の最適解ではなくパレート解と呼ばれる複数の最適解の集合体（パレートフロント）を抽出する点がこの手法の大きな特徴です。この「唯一の最適解を抽出しない」ということ

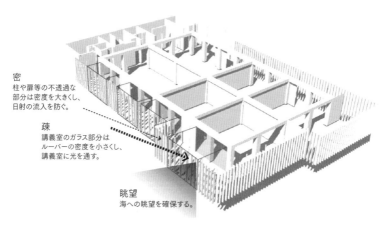

図1 複数の評価指標を同時に実現することを狙ったファサードコンセプト

が環境エンジニアリングの視点から建築設計に関わっていく上でとても重要なスタンスであると私は考えています。

図2に、エンジニアリングの視点から建築設計に関わり、より良い提案を行い、デザインをより進化させていくために必要と考えているダイアグラムを示します。このダイアグラムの通り、デザインを生成しエン

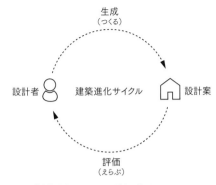

図2 「建築進化サイクル」のダイアグラム

ジニアリングによって評価する「建築進化サイクル」をできるだけ多く、かつ高速に回していくことがきわめて重要だと考えています。その中で、例えば遺伝的アルゴリズムによる多目的最適化のような解探索手法を用いて、人間の手でこのサイクルを回すよりもはるかに高速に、はるかに多くのサイクルを回すということがデジタル技術の進歩によって可能となっています。

一方で、最終的に一つの案に収斂させる、つまり建築として一つの提案にまとめるときに、このサイクルを繰り返すことで自動的に1案に絞られるのではなく、人間（建築家）による選択、すなわち「切断」を行うことが必要になると考えます［図3］。つまり、必ずしもデジタル技術の力で案を決めきるのではなく、建築家の感性による選択といった人間の手が介在する余地を残すことが求められます。先ほど紹介した設計プロジェクトでも、ファサードデザインについて複数の評価指標を両立させるパレートフロントを提案して、その中から1案を選択するようなシミュレーションの活用を実践していたのは、まさにこの人間の手が介在する余地を残すためでした。

このプロジェクトでは3層のファサードについて、遺伝的アルゴリズムを用いた検討ケースの生成ルールを階ごとに変化させることで、同じ評価指標を用いながら各階で異なるファサードデザインを決定していきました。デジタル技術を活用した建築設計において、評価指標を抽出すること、それによって建築進化サイクルを駆動させること、そして最後に「切断」によっ

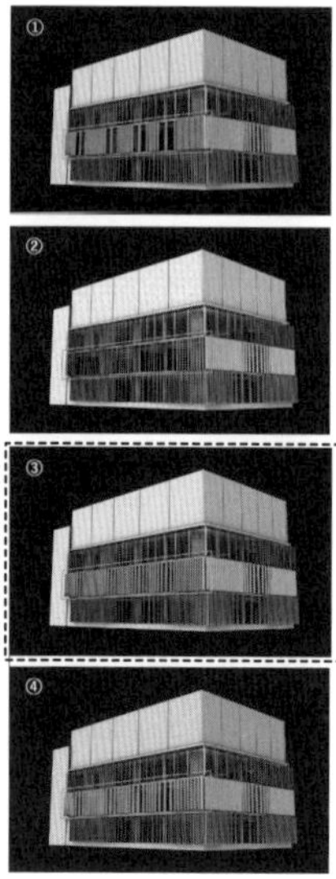

Parameter (2F South-West)	
Max Interval(mm)	995
Mim Interval(mm)	268
Angle(°)	-37
Optimization	
2F sDA(%)	59.1
2F Solar Radiation(kWh/m2)	118
2F South Number of Louvers	81

Parameter (2F South-West)	
Max Interval(mm)	1075
Mim Interval(mm)	430
Angle(°)	51
Optimization	
2F sDA(%)	63.1
2F Solar Radiation(kWh/m2)	136
2F South Number of Louvers	61

Parameter (2F South-West)	
Max Interval(mm)	768
Mim Interval(mm)	358
Angle(°)	-32
Optimization	
2F sDA(%)	59.2
2F Solar Radiation(kWh/m2)	119
2F South Number of Louvers	73

Parameter (2F South-West)	
Max Interval(mm)	956
Mim Interval(mm)	512
Angle(°)	-45
Optimization	
2F sDA(%)	58.7
2F Solar Radiation(kWh/m2)	124
2F South Number of Louvers	55

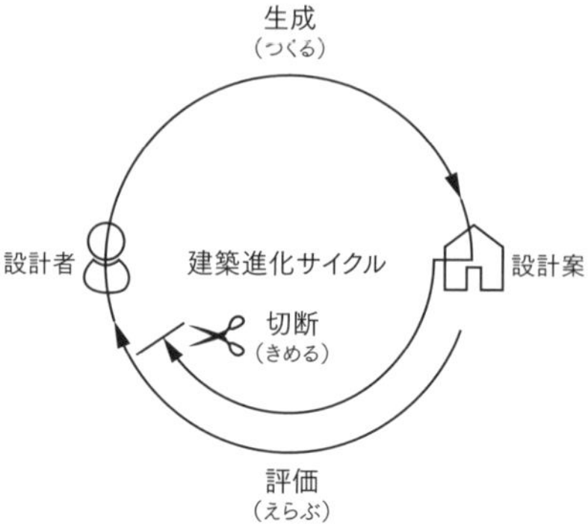

図3　人間による選択=「切断」によるデザインの決定

て案を決定するところに、ある種のデジタル・クリエイティブな作家性が宿っていくのではないかと私は感じています。

不確実性を許容する最適化

前述したような設計フェーズでシミュレーション技術を活用してデザインにフィードバックしていく取り組みは、冒頭にも言及した通り着実に増えてきました。一方で、設計時の予測と運用時の実態との間に乖離が生じるという問題点も、昨今多く指摘されています。最近は、この環境エンジニアリングの限界とその乖離を埋めていくための手法の開発に興味を持っています。

なぜ、予測と実態との間に乖離が生じるのか。それは、シミュレーションで行う条件設定に由来するものです。シミュレーションでは、例えば卓越風向・風速や平均気温といった特定の代表値を解析の条件として用いて予測を行うのが一般的です。しかし、当然のことながら運用時の諸条

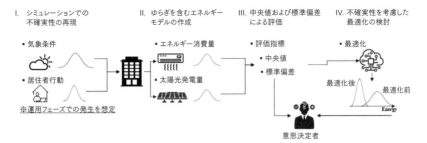

図4 不確実性を許容するロバスト・オプティマイゼーションのフレームワーク

件はそのように一意に決まることはなく、様々なバラツキ、いわゆる「不確実性」を有しています。この不確実性がシミュレーションの予測精度に大きな影響を与えます。

　従来は多くの場合、不確実性を見て見ぬふりをして、シミュレーションを活用した環境エンジニアリングを実施してきました。しかし、それでは予測と実態との乖離が埋まりません。そこで、不確実性を有することを許容して、そのままシミュレーションを行い、最適化の検討を実施する「ロバスト・オプティマイゼーション」と呼ぶ手法の提案を行っています ［**図4**］。具体的には、予測と実態との乖離の原因となりうる気象条件や建物内での人の行動といった諸条件について、ニューラルネットワーク（NN）を用いてその不確実性を考慮した予測モデルを生成します。その予測モデルを用いてシミュレーションを行うことで、不確実なものを不確実なまま予測する、不確実性を許容した最適化の検討が可能となります。この場合、予測結果も不確実性を有している、つまりバラツキを持っています。そのバラツキを調整していく、例えば解析結果のバラツキをより快適な領域あるいはより省エネな領域に分布するように建築デザインにフィードバックしていくような環境エンジニアリングの方法がありうるのではないかと考えています。

不確実性を調整する情報提供

	1	2	3	4	5	6	7	8	9	10	11	12	13	14	15	16	17	18	19	20	21	22	23	24	25	26	27	28	29	30	31	
January	8.5	9.5	9.2	5.2	5.9	9.1	10.2	10.4	10.4	9.2	8.5	9.0	8.4	9.5	11.2	13.1	12.5	12.9	13.0	12.3	12.5	11.3	10.8	8.3	8.1	7.5	7.3	8.0	8.1	8.5	9.3	←暖房期
February	10.6	12.2	12.0	11.5	10.3	9.2	9.5	9.4	11.1	11.8	11.8	10.1	9.5	11.8	11.7	12.7	12.0	12.1	13.3	14.3	13.5	14.3	15.5	14.5	14.5	15.1	15.8	17.3				
March	15.6	15.1	15.3	15.5	17.6	17.0	17.2	15.5	15.5	14.7	14.7	15.2	17.9	19.8	21.5	19.5	19.5	20.4	19.5	18.1	16.7	15.0	15.2	17.5	19.5	21.5	22.7	24.2	24.7	24.3	24.3	
April	25.2	25.8	25.3	25.5	24.2	23.7	21.5	20.0	19.4	20.0	20.0	20.9	20.9	20.9	20.4	20.5	20.5	20.5	22.2	23.5	25.0	25.3	25.0	25.0	23.5	24.1	24.3	24.5	25.0	25.9		
May	27.3	27.0	25.5	24.2	24.5	25.1	24.5	23.7	23.2	22.4	22.4	23.3	24.0	24.0	25.0	25.3	27.3	27.8	25.7	25.5	25.7	25.3	25.1	25.0	27.0	27.1	27.5	28.3	28.8	29.2	27.2	
June	27.2	27.5	28.4	29.1	29.5	28.1	28.5	30.2	29.3	29.5	29.8	28.5	27.5	27.5	25.5	25.4	27.2	27.7	28.7	25.8	28.8	29.3	29.4	29.3	30.8	31.4	32.2	31.5	31.5	32.3		
July	33.3	34.3	34.8	34.1	32.4	31.2	30.3	31.1	32.0	33.0	33.0	33.4	34.4	34.4	35.1	35.5	35.3	35.7	35.9	37.3	37.8	38.4	38.5	35.4	35.2	38.2	38.1	37.9	38.4	38.7	38.5	
August	33.1	39.2	39.2	39.2	39.4	38.5	37.3	36.1	36.4	36.2	38.2	35.3	35.5	35.5	37.0	35.5	34.5	34.2	34.5	34.7	35.7	35.8	37.4	37.7	37.8	37.9	37.7	35.5	35.9	35.5	34.1	←冷房期
September	32.8	33.3	24.2	34.1	34.4	35.0	33.8	32.0	30.9	29.3	29.7	29.8	30.1	30.2	29.5	30.1	30.9	32.0	32.3	30.4	29.8	30.4	31.2	30.9	29.5	29.8	28.9	30.0	29.0	25.3		
October	25.2	27.8	29.0	28.5	29.0	30.9	30.3	30.1	32.0	30.1	28.1	26.8	29.1	28.1	29.3	29.1	28.6	28.8	28.7	27.2	27.7	28.4	25.5	25.1	27.5	28.1	27.3	25.8	24.5	23.2	22.1	
November	22.3	24.0	25.3	24.5	25.7	25.0	25.8	25.8	25.4	25.3	25.8	25.3	25.5	24.8	25.3	25.5	24.4	25.0	23.5	23.0	23.5	22.3	19.8	20.5	21.5	22.1	23.1	23.3	23.3	22.0		
December	22.1	21.7	22.8	22.5	20.7	19.5	18.5	15.7	14.7	15.8	15.8	15.3	14.2	11.0	13.3	14.2	14.4	13.4	13.3	13.5	15.1	15.2	15.8	14.8	15.3	15.2	13.5	12.2	11.0	10.5	10.4	←暖房期

暖房期間	101
冷房期間	82
暖冷房不要期間	182

図5 「暖冷房不要期間」を示すチャート

もう一つ、興味を持っているのは、人間に行動変容を促すような情報提供、いわゆる「ナッジ」によって設計時の予測と運用時の実態との間に生じる乖離を埋めていくことです。例えば住宅でシミュレーションを行う際、居住者の生活スケジュールは重要な条件設定の一つですが、実際に住み始めてからの居住者の行動はなかなか設計段階で予測しきることは困難です。前項では、このようなシミュレーションの条件設定に対して、不確実性を有する予測モデルを構築することを提案しました。それに加えて、居住者に対する情報提供によって行動変容を促すことで、生活行動のバラツキをより快適でより省エネな行動パターンへと変容させていくようなことができないかと考えています。

行動変容を促すためには、提供する情報にわかりやすさが求められます。その一例として、図5に示すチャート図を紹介します。このチャート図では、シミュレーション結果をもとに年間365日を「暖房が必要な日」「冷房が必要な日」「いずれも不要な日」の3色に塗り分けることで、1年間のどの時期に暖冷房設備を使用する必要があるのか、あるいはいつであれば暖冷房設備に頼らなくても快適に過ごすことができるのか、が一目でわかるようになっています。住宅の外皮性能の違いや居住者の行動が室内の温熱環境にどのような影響を与えるかについて解析したシミュレーション結果をこのようなチャートで一望できるようにすることで、性能向上や行動変容によって暖冷房不要期間が減少していく様子がわかりやすく表現されています。このような情報を提供していくことで、より快適かつ省エネな

生活行動を居住者が自主的に実施していくようになることが狙いです。

デジタル技術の進歩と環境エンジニアリングのこれから

このような情報提供は居住者の行動を制限することにつながるのではと思う人がいるかもしれませんが、そういった窮屈な話をしているわけでは決してありません。むしろ、日々の自身の生活行動がどのように快適さや省エネにつながっているのか、そのようなことを想像しながら日々の生活を楽しみ、工夫してもらうための一助になるものと考えています。私が行っている別の研究では、オフィス空間において室内の温度分布を可視化して情報提供した場合に、自身で好みの温度帯の場所に移動して仕事をしたり、周囲の人とコミュニケーションをとりながら空調制御を行ったりと働き方を工夫することで、室内温度分布に関する情報提供がない場合と比較して快適さや満足度、作業効率や生産性が向上するといった結果が得られたものもあります。人の行動変容を促す情報提供や、センサーを用いたデータに基づいたオペレーションなど、そのようなデジタル技術の活用が、不確実性をうまく調整しながら建築のデザインにフィードバックする環境エンジニアリングを可能にしていくと考えています。

　今後ますますデジタル技術が進歩していくと、より多くのパラメータを同時に取り扱いながらシミュレーションをしていくといったことが可能になってくると思われます。それと同時に、その中では扱いきれない不確実性のようなものも、ますます増えてくるでしょう。そのような要素を排除せずに積極的に向き合っていくことで、デジタル技術を活用した環境エンジニアリングの新しい領域が拓けてくると考えています。

—

谷口景一朗（たにぐち・けいいちろう）
東京大学大学院工学系研究科建築学専攻特任准教授。専門は環境エンジニアリング、環境シミュレーション。博士（工学）。主な著書に『光・熱・気流 環境シミュレーションを活かした建築デザイン手法』（共著、2022年）、『建築情報学へ』（共著、2020年）など。

02
デジタル・
インタラクティビティ
DIGITAL
INTERACTIVITY

情報は本来、人間と人間の間で交換されるもので、通信や記録そしてその信号処理はその媒介にしか過ぎないはずです。しかし、高度に自動的な制御システムを受け入れるにつれて、人間は自身と環境の間に起きる相互作用性（インタラクティビティ）にこそ情報の本質があると考えるようになってきました。利用者の振る舞いに適応する空調や照明の制御、災害情報の把握と予測を兼ねた対応システム、そして利用方法と建設方法が同じ場所と時間で影響しあう空間システムなど、建築が情報技術に期待することは、どれも環境と人間のリアルタイムな反応を強化するサイバーフィジカルシステムの構築に向かっています。つまり情報は、人と人、人と機械、人と環境の間の様々な相互作用を助け、それらの一体的な働きを組織する効果にこそ存在意義があるのです。

　この視点に立ってよく考えてみると、もともと人間と環境の関係はインタラクティブなものであり、多数の人間の視線の交錯関係によって空間の性質が左右されるのも、我々が後天的な経験から立体的な環境の知覚を形成できるのも、そのインタラクティビティによるものであったことが、デジタル化によってより鮮明になってきました。ただ、デジタル化はそのインタラクションの高速化・高頻度化を引き起こし、その量の変化は質の変化となって建築のあらゆる分野に影響を及ぼしています。

　このようなインタラクティビティをより高めることが建築における情報技術の利用方法だとすれば、そのシステムで使われるセンサーや、人間の活動に働きかける様々なデバイス、そしてそれらに流れるデータの共有こそが建築の存在価値を高める源だということになります。したがって、その基盤としての BIM にリンクされた、リアルタイムにデータを共有できるシステムの構築が目標になるのです。

池田靖史

建築空間の数理モデリングが描く人々のインタラクティビティ

本間裕大
Honma Yudai

数理モデリングを適用しにくい建築計画

「建築計画×数理モデリング」と聞いて、どのようなことを思い浮かべるでしょうか。待ち行列理論 [*1] を活用した施設規模論、あるいは奥平耕造先生が提唱された微分方程式を活用したエレベータ断面積モデル [*2] などを思い浮かべた方は、この分野に造詣の深い方と想像します。あるいは、isovist 理論 [*3] を活用した視線分析や、ネットワーク分析を用いた動線計画を連想し、具体的に分析されている方もいるでしょう。そうは言っても、コンピューテーショナルデザインや BIM（Building Information Modeling）などの技術や、構造や環境分野におけるシミュレーション技術に比べると、建築計画分野における数理モデリングの活用はまだまだ限定的です。

　建築計画は、人々の生活と密接な関わりがあるので、丁寧にそこに向き合う必要がありますが、この人という側面こそが、数理モデリングを建築計画に適用することを難しくしています。すなわち、人々が行う意思決定と行動・交流、ひいてはインタラクティビティ（双方向性）を理解し、適切

に数理モデリングすることが重要となります。では、建築計画ならではの
数理モデリングとは一体どのようなものなのでしょうか。筆者が行っている
研究例をいくつか挙げながら、考察してみましょう。

都市計画における数理モデリング例

建築スケールの話に入る前に、都市スケールでの分析例から始めましょう。
都市計画も、人間が重要な役割を果たすという意味で、建築計画と共通
項がありますし、空間解析論[*4]と呼ばれる「都市計画×数理モデリング」
のような研究蓄積も数多くあります。そのような空間解析の一手法である
施設配置問題を活用し、道の駅の最適な配置に関する分析を行った研
究を紹介します。道の駅とは、国土交通省によって登録された道路利用
者のための休憩施設で、全国に約1200カ所あります。特徴として、道路
利用者のための休憩機能だけなく、地域住民のための連携機能や防災
機能も兼ね備えていることが挙げられます。ですので、道の駅という建築
が都市のどこに立地しているかによって、その使い勝手は大きく変化する
ため、その「最適な配置」を分析することは重要です。

　一連の分析は国土交通省のプロジェクトとして実施したのですが、そこ
での私の役割は、様々な候補地点から最適な候補地点を選ぶ数理最適
化分析を行うことでした[*5]。具体的には、まず各候補地点を識別する i
という添え字を準備し、点 i に施設を配置するならば1、配置しないなら
ば0をとる x_i という0-1変数を準備します。その上で、最適な x_i の値を
離散最適化手法[*6]で求めました。施設配置問題として標準的な、数理
モデリングの考え方です。

　考えうる配置パターン数は、候補地点数 m と配置施設数 n を用い
て、$_mC_n$ と表せます。例えば $m=9$、$n=2$ ならば配置パターンは高々 $_9C_2$
$=36$ 通りなので、この程度のパターン数であればすべてを検証すること
も可能ですが、実際の分析では $m=816$、$n=268$ という数でしたので

${}_{816}C_{268} = 6.61 \times 10^{222}$ 通りの配置パターンを考える必要がありました。かなりのパターン数ではありますが、最新の数理最適化ソルバ[*7] を用いると、様々な条件で最適解を求めることができ、その結果を図 1 に示しています。(a)は実際に道の駅がある場所を、(b)はすでに建てられている道の駅の場所を考慮せず、数理最適化を用いて同じ施設数だけ最適に配置した場合を、(c)はすでに建てられている道の駅をできるだけ活用し、10 カ所の施設のみ再配置した場合を、それぞれ示しています。このように、地元住民のニーズ、広域の利便性、防災といった複数の観点から考えた上で、地元の方々はもちろん、観光客にとっても利用しやすい理想的な道の駅の配置が提案できました。

ここでは人→施設というインタラクションを考慮したように、都市スケールにおける人の行動は方向性をもったものが多く、インタラクティビティの特徴である対等性の側面が弱いです。一方、建築スケールの解析では、より対等なインタラクティビティが生じ、都市スケールでは表面化しなかった追加の数理的発想が有効になることも実感しています。そうした建築空間ならではの新たな数理モデリングの可能性について、以降で二つの事例を紹介します。

建築計画における二次計画に着目した数理モデリング例

建築スケールと都市スケールとの大きな違いとして、空間の解像度の高さが挙げられます。これは、数理モデリングにおける人間の取り扱い方に大きな変化をもたらします。具体的には、先の都市スケールの例で紹介した道の駅の最適配置分析では、1km メッシュ単位の人口分布で多数の人々をまとめていたのに対して、建築スケールにおいては、その空間解像度の高さゆえに 1 人 1 人の人を個別の要素として取り扱う必要があります。

典型的な建築スケールならではの数理モデリング例として、二次計画の発想を紹介しましょう。

図 2(a)のような、2 人が座れるベンチを考えます。こぢんまりとしたベンチなので、2 人が親しい関係であれば並んで座れますが、見知らぬ 2 人が並んで座ることは気が引けるようなものを想像してください。このようなベンチで生じる状況としては、図 2(b)に示したような四つのパターンが考えられます。さて、「見知らぬ 2 人が並んで座ることは気が引けるため、並んで座るというパターンは発生しない」という状況を数式で表現するためには、どのようにしたら良いでしょうか。

先の施設配置問題の数理モデリングに倣い、$x_左$と$x_右$という二つの変数を用意しましょう。それぞれのxは、人が座っている場合を 1、座っていない場合を 0 で表す 0-1 変数です。このとき、「並んで座るというパターンのみ許さない」という制約は$x_左 \times x_右 = 0$と書けます。なぜなら、並んで座るパターンのときのみ$x_左 \times x_右 = 1$になり、この制約条件に反するからです。

この$x_左 \times x_右$こそが二次計画の発想です。数学的には、変数同士の掛け算（二次式）を考慮に入れたことを指して、二次計画と呼んでいます。一見、都市スケールにおける施設配置問題と類似しているように見えますが、変数が整数で与えられつつ、目的関数と制約条件の両方に二次式が含まれると、非常に厄介な数理最適化問題となることが知られています。このように、問題の次元が一つ上がった理由としては、空間の解像度が高いゆえにパーソナルスペースというインタラクティビティの影響が強く表れたことが挙げられます。より建築計画的に表現すると、人と人との意思決定のせめぎ合いとも言えるでしょう。その意味で、いわゆる図 2 の構造は、都市スケールでは表層化せず、一方で建築スケールでは致命的に重要となる、建築空間ならではの特徴と言えるでしょう。

この構造を正面から取り扱った筆者らによる研究例として、美術館における人々の鑑賞位置を数理的に分析した事例 [8] を紹介します。想定したシチュエーションは、美術館で絵を鑑賞する際に互いが互いの視界に入ってしまうという問題です。もちろん実際には譲り合って、互いに邪魔にならないよう鑑賞するわけですが、人数が多くなると、必ずどこかで誰かが他

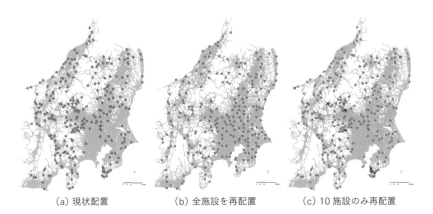

(a) 現状配置　　　　　　(b) 全施設を再配置　　　　(c) 10施設のみ再配置

図1　多様な利用者と機能展開を想定した「道の駅」の多目的最適配置

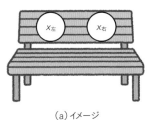

(a) イメージ

状況	$x_左$	$x_右$	$x_左 \times x_右$
誰も座っていない	0	0	0
左のみ座っている	1	0	0
右のみ座っている	0	1	0
左右とも座っている	1	1	1

(b) 考えうる状況

図2　ベンチに座る行為の数理モデリング例

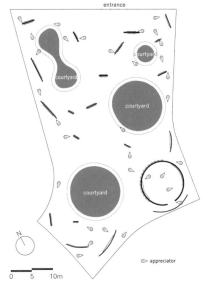

図3　軽井沢千住博美術館での分析結果。他者が視界に入らない最大人数とその位置が示されている

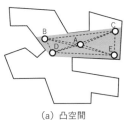

(a) 凸空間

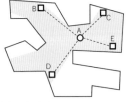

(b) 可視空間（A が視認できる空間）

図4　凸空間と可視空間の違い

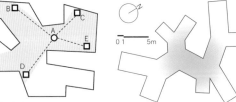

図5　凸空間の列挙により導き出されたパブリックとプライベートのグラデーション

者を視認せざるをえません。そこでこの研究では、ベンチの例を拡張し、他者が自分の視界に入ることなく心地よく鑑賞することができる最大人数を求める数理最適化問題を提案しました。図3は、軽井沢千住博美術館での分析結果で、32人が他者を視認することなく同時に滞在する配置を導き出しています。この美術館は、床の緩やかな起伏とガラスで囲われた中庭で構成された空間が特徴なので、このように他者が視界に入らず鑑賞できたら、きっと心地良いことでしょう。そのように考えると、建築学的には空間の受容量を求めたとも言えるかもしれません。このように、人と人のインタラクティビティを数理モデリングで明示的に考慮する空間設計は、確実に可能となりつつあります。

建築計画における完全グラフに着目した数理モデリング例

次に、より多数の要素間で定義されるインタラクティビティという観点から行った、建築スケールならではの数理モデリングの例を紹介しましょう。

　3人以上が建築空間内で行うインタラクティブな活動例として、複数人で談笑するというシーンを想像してみます。例えば4人で談笑するとき、この4人の間にはどのような状況が成立しているでしょうか。間違いなく、4人のうちのどの2人のペアに着目しても、互いが互いに視認できているはずです。数学的に表現すると、4人の間に可視性に関する「完全グラフ」[9]が完成していると言えます。

　この例のように、建築スケールでは、数多くの人々が同時にかつ対等に交流します。すなわち、5人、10人、20人で談笑する状況が頻繁に生じるのが、建築スケールならではのインタラクティビティです。このアイデアを正面から取り扱った筆者らによる研究例として、凸空間の列挙による建築空間解析手法[10]を紹介します。凸空間とは端的に言うとくぼみのない空間であり、建築的な解釈をすると「部屋」です。一見、完全グラフと異なるように感じられるかもしれませんが、新しく提案した凸空間の列挙

手法は、クリークと呼ばれる部分的な完全グラフの列挙を応用しています。何より、凸空間ならば、その空間内に何人いようとも、互いが互いを視認できる前述した可視性の完全グラフをつくることができることに着目してください [**図4(a)**]。なお、建築空間における視認性分析としてはアイソビスト理論がよく知られていますが、ある点から視認することができる可視空間を記述することが目的であり、そこには主：見る点、従：見られる点という明確な主従関係が存在しています [**図4(b)**]。前述のように複数人が対等に交流する完全グラフ的な発想ではないことに注意してください。

　筆者は、任意の外周形状を与えたときに、その内部で考えうる極大凸空間を列挙するシステム実装をソフトウェア開発会社セックと共同で行い、ソフトウェア開発用のプラットフォームである GitHub 上で無償公開しています *11。図5は、建築家・藤本壮介氏設計の House O のフロアプランを例に、当該システムを用いて凸空間の列挙を行い、そのすべてを重ね合わせたものです。この建物は、廊下や間仕切りを持たず空間の形が緩やかな分節を生んでいることに定評があります。そのような空間構成が生み出すパブリックとプライベートのグラデーションを表現している、とも解釈できるのではないでしょうか。。

インタラクティビティが重要となる建築計画の数理モデリング

本稿では、空間で生じる多様な意思決定と行動・交流、ひいてはインタラクティビティという観点から、建築計画における数理モデリングの可能性を解説してきました。最も伝えたかったのは、建築スケールにおける空間解析は都市スケールにおけるそれの延長ではない、ということです。建築スケールと都市スケールとの大きな違いの一つは、空間の解像度の高さです。結果として、建築スケールでは、パーソナルスペースのような、あるいは談笑のような、より対等な人と人とのインタラクティビティが、致命的に重要となってきます。そのようなインタラクティビティの本質を表現するにあたり、

二次計画や完全グラフが数理モデリングの構造として新たに有効となることも概説しました。

　もちろん、紹介した数理モデルはあくまで一例に過ぎません。建築スケールならではの数理モデリングの手法はまだ数多くあるはずなので、様々な観点から追求し続ける必要があるでしょう。

*1　待ち行列理論：様々なサービスを受けるときに生じる待ち行列の長さや、予想される待ち時間などを数学的に予測するための理論。例えば、病院の受付数やエレベーターの台数、駐車場の台数などを適切に決めることに役立つ。
*2　奥平耕造『都市工学読本：都市を解析する』彰国社、1976年
*3　アイソビスト理論：ある特定の地点から見える空間の範囲を数学的に計算する理論。空間の開放性や閉鎖性、使いやすさを定量的に評価することに役立つ。
　　L.S.Davis and M.L.Benedist, "Computational models of space: Isovist and Isovist Fields", Computer Graphics and Image Processing, Vol.11-1, 1979
*4　貞広幸雄ほか『空間解析入門』朝倉書店、2018年
*5　本間裕大・甲斐慎一郎・堀口良太・佐野可寸志・大口敬「多様な利用者と機能展開を想定した『道の駅』の多目的最適配置」『土木学会論文集 D3（土木計画学）』Vol.77、No.5、2021年
*6　離散最適化手法：整数計画法とも呼ばれ、数理最適化で具体的に決めたい変数が整数値であると想定したときのことを指し、整数計画法とも呼ばれる。施設配置問題の場合、変数が0か1かの離散的な値（整数）を想定している。
*7　数理最適化ソルバ：数理最適化問題を具体的に解くための専用のソフトウェアまたはライブラリのこと。
*8　若杉美由紀・本間裕大・今井公太郎「視認の非対称性を考慮した鑑賞者の位置と総数による展示空間の数理的評価」『日本建築学会計画系論文集』No.775、2020年
*9　完全グラフ：グラフ理論において、任意の二つの異なる頂点が直接的な辺で接続されているグラフを指す。
*10　野畑剛史・本間裕大・今井公太郎「凸空間の列挙による建築空間の形態分析」『日本建築学会計画系論文集』No.766、2019年
*11　Convex Space Visualizer　https://github.com/sec-archispace/ConvexSpaceVisualizer

—

本間裕大（ほんま・ゆうだい）
東京大学生産技術研究所准教授、同付属複雑社会システム研究センターセンター長。専門は建築・都市計画、数理最適化モデリング。博士（工学）。文部科学省高等教育局技術参与、金融庁総合政策局専門研究員等を歴任。著書に『空間解析入門』（共著、2018年）など。

空間システムのデジタル化が
設計・施工・利用をインタラクトする

今井公太郎
Imai Kotaro

デジタル技術を用いたセルフビルド可能な空間システム

住宅を建てるのには膨大なエネルギーとコストが必要です。私たちの研究室では、簡単にセルフビルドが可能な住宅のプロトタイプを開発する「PENTA プロジェクト」を進めています。これは建築構造の重要なパーツである仕口（ジョイント）に 3D プリント技術を適用した新しい空間システムの実証的研究です ［図1］。近い将来、マニュファクチャリング（製造）まで含めたデジタル技術が広く普及すれば、誰でも簡単に自ら住宅を建てることができるようになるかもしれません。そして、こうした空間システムを媒介として、ユーザーと設計者、施工者の間に新たな関係性が生まれる可能性があります。デジタル技術がそれぞれの立場の間に介在することで、自由な空間を希求する人々のインタラクションが次のステージに移行します。ここでは、この PENTA プロジェクトの特長を述べ、デジタル技術が人を結びつける潜在的な力について考えます。

　技術的な話の前に、そもそもなぜこのようなプロジェクトを進めているの

図1 PENTA-HARDの外観および内観。4人で2日間ほどで組み立てることが可能（撮影：山中俊治）

かについてお話します。一つ目の意図は、住宅が人を縛りつけるものではなく、人を自由にするものであってほしいと願っているからです。経済的に見れば、庶民にとって住宅は一生で一番高い買い物であり、長期間の住宅ローンに縛られたくない人は借家に住み、高い家賃を払い続けることになります。終身雇用制度が崩壊し不安定な雇用状況に陥った現代の日本において、多額の先行投資を行うことは大きなリスクです。最初は最小限のものから始めて、必要に応じて徐々に増築できるような、成長可能な住宅の空間システムが望まれます。こうした発想は、メタボリズムの建築にも見られるような古いアイデアですが、優れた解決策はいまだに見出されていません。

　もう一つの意図は、文化的に見たときに、我々はかつて住宅を自ら建てていたことを忘れてしまってよいのか疑問に思うからです。住宅が産業

化される以前は、民家を村人全員で作るといった住文化は当然のことだったのですが、今では伝統的な茅葺屋根の葺き替えイベントなど極めて限定的にしかその住文化を見ることができなくなりました。世界を見渡してみると、モンゴルの遊牧民（ノマド）の移動式住居ゲルや、アフリカの遊牧民フラニ族の住宅などが、分解・組み立てを自由に行うことができる住宅として知られています。彼らのライフスタイルは大変自由で快適そうに思えますが、近代化に伴う住宅の産業化・高度技術化と安定化志向によって、こうした文化は徐々に失われつつあります。現代のデジタル技術が、これらの軽快で自由、豊かでノマディックなセルフビルドの文化を復活させられるか否かということも興味の一つです。

住宅を簡単にセルフビルドできる PENTA

PENTA は辺の長さが同じアルミパイプで構成されたスペースフレームで、辺同士をつなぐ交点に 3D プリントによるアルミ合金製の仕口を用いることで、辺同士の角度を各部分で自由に調整することができます。そのため、全体として自由な形態の空間を作成することが可能です ［図2］。辺の長さが一定なので、フレームの間にはめ込む外壁パネルはすべて同じ大きさの正三角形になります。その外壁には、ポリカーボネート製の透明パネルや、断熱パネルが用意されています。仕口を差し替えれば、形を変更させることができるので、家族が増えたり環境が変化したときに増築したり、敷地を移動すればその敷地の形に合わせて変形させることができます。変形させたとしても仕口以外のパーツは共通なので、ほとんど無駄がありません。

　PENTA の空間システムは独特な幾何学を元にしています ［図3］。まず基本的な形として、同じ辺の長さのフレームで正三角錐・正四面体（TETRA-hedron）を構成できます。また、ピラミッドのように底面を正方形とした正四角錐・五面体（PENTA-hedron）を構成することもできます。さらに底面を正五角形にすれば、もう一面多い正五角錐・六面体（HEXAhedron)を構成できます。このうち、TETRA は変形せず安定した形ですが、PENTA や HEXA は、仕口の角度を自由にすることで、ぐにゃぐにゃと動くことができる形です。この安定した TETRA と不安定な PENTA や HEXA を適当な割合で組み合わせることで、ほどほどに安定したスペースフレームが作れるというアイデアです。発明家バックミンスター・フラーのジオデシックドームが正四面体で固めた幾何学を元にしていたことからすると、PENTA はそのアイデアをアップグレードし、球体以外の形を作れるようにしたシステムと言うことができます。

　TETRA、PENTA、HEXA のそれぞれのモジュールをいくつずつどのように立体的に配置するのかというフレーム全体の構成が与えられると、等辺の条件や支点の接地レベルなどの境界条件によって、フレームの安定した形とともに仕口の形・角度も自動的に決まります。フレームの形状の入力や仕口の形のモデリング計算は、Grasshopper 上で簡単に把握できるようにコード化されており、そのデータをもとに金属用の 3D プリンターで仕口を出力・製造することができます［図4］。アルミパイプと 3D プリント仕口のつなぎ方は独自の篏合接合（伝統木造の継手・仕口のように部材同士をはめ合わせて接合する方式）の方法で標準化しており、その部分の工夫についてもモデリングはコード化されています。また、仕上げに必要な水切り金物や外壁パネルのガスケット受けなどのパーツを構造仕口に一体化してカスタマイズができるのも、3D プリンターを活用する PENTA の特長です。

PENTA の三つの特長

PENTA は軽量なためトラック 1 台で運搬が可能です。パーツはすべて人力で運べるので重機を用いずにセルフビルドが可能で、好きな形にカスタマイズもできます。これらが PENTA のメリットですが、それらは予見されデザインされたものです。一方で、実際にプロトタイプを建造したことで得られた気づきがあります［図5］。

図2 PENTAシステムで自在に変えられる形態のバリエーション（撮影：今井研究室）

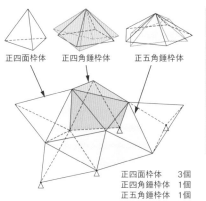

正四面枠体　　正四角錐枠体　　正五角錐枠体

正四面枠体　　　3個
正四角錐枠体　　1個
正五角錐枠体　　1個

左：**図3**　PENTAの幾何学システム

上：**図4**　PENTA-HARDに用いている12個の3Dプリ
ント仕口（撮影：今井研究室）

　一つ目は、設計作業の極端な省力化と、その省力化を支えるシステム
の解像度の高さです。設計の段階では、何度も案を作り、モデリング上
で結果のシミュレーションを行い、案が成り立っているかどうかを構造の
検討により確認します。現段階では、一見その作業は通常の設計プロセ
スとあまり変わらないように見えます。大きな違いとしては、PENTA のよ
うに連続的な角度の変化を許容する空間システムは大変珍しく、形態の
操作を効率的に行うための形態制御アプリの開発が必要になるものの、
微妙な形態の調整により高い解像度で好みの形に近づけることができる
点です。それにもかかわらず、設計案が繊細に変化してもパーツは仕口を
除き変化しないので、いわゆるモジュール建築やユニット建築などと言わ

基礎の設置

フレームの組み立て

外壁パネルの取り付け

重機を使わずに人力のみで設置が可能

図5 プロトタイプの建造過程（撮影：上2点・下左・今井研究室、下右・⑥Yutaka Suzuki）

図6 テストのために組み立てられた店舗用のプロトタイプ。仕口の形状とレイアウトがPENTA-HARDと異なる（撮影：今井研究室）

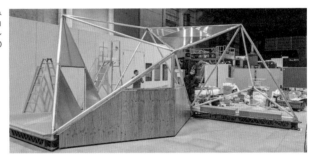

れている建築の特長も併せ持っています。

　現在、構造の検討（主に風圧とフレームの安定性に関する検討）は、モデルが修正されるたびにエンジニアの協力を得て行っています。しかし、構造のコンセプトがシンプルであるため、将来的には、このプロセスを構造解析アプリの開発により自動化することは十分に可能です。それが実現できれば、エンジニアの作業を境界条件の設定に限定することで設計プロセスを高速化し、設計から最終形状を得るまでの時間を数時間程度にまで大幅に短縮することが可能になります。あとは、ユーザーインタフェースとして誰でも利用できるような設計アプリ（形態制御＋構造解析）を開発することによって、すべての設計作業をほぼ自動化できるため、ユーザーと設計者の

境目がなくなることになります。

　そして二つ目は、作りながら考える、考えながら作る、というプロセスを繰り返すことにより、ユーザーから設計者へ繊細な希望のニュアンスをフィードバックできる点です。実物を用いて設計することができると言っても良いでしょう。3D プリンター製の仕口以外のパーツは共通の部材なので、仕口の差し替えだけで、フレーム全体の形態を変化させることができます。建造場所の移動に伴う敷地形状の変化や、ユーザーの数の変化に伴うフレームの追加・増設を仕口の変更のみで容易に行うことができます。

　図 6 は、現在のバージョンの一つ前にテストで構築したフレームで、簡単な飲食の販売用店舗で用いるためにカウンターと座席をつけてカスタマイズし、キオスクカフェのように運用することを想定して組み立てたものです。実際に作ってみると、必要な大きさを高精度にイメージできるようになり、より良くするための工夫を現在のバージョンのデザインに反映することができました。また、実験に付き合ってもらった共同研究者（ユーザー）も、事前にフレームが変更できることがわかっていたので忌憚なく意見を出しやすかったのではないかと思います。

　三つ目は、製造プロセスがデジタル化されることで、設計者と施工者の区別が曖昧になるという点です。今回用いた金属用の 3D プリンターはまだ一般的なツールになっていませんが、それは時間が解決してくれるでしょう。金属製の 3D プリント仕口が建材になりうるかどうかという課題については、建築材料工学や鋼構造工学の研究テーマで、デジタル・インタラクションというよりは、デジタル・マテリアリティやデジタル・クリエイティビティの範疇の内容になるでしょう。今回のプロジェクトでは、この部分については構造エンジニアの東京大学の佐藤淳先生（5 章 1 節参照）や福島佳浩先生と共同で研究しており、技術的な可能性が徐々に検証されています。むしろ、課題は技術的な部分よりも、エンドユーザーに対して「設計者が製造者責任を負えるか」といった社会制度的な内容になります。今回は大学で行っているプロジェクトですので、ユーザーと設計者と施工者の一体性がそれほど大きな問題になりませんでしたが、社会の一般的な

プロジェクトに適用するにはこうしたハードルを突破する必要があります。

設計・施工・利用をシームレスにつなぐ

PENTA のように、デジタル技術の進歩と空間システムを結びつけることによって、設計から製造・施工までがシームレスにつながった状況を提供することができます。これにより建築の専門性の境界も曖昧になり、職能のあり方も変化するでしょう。しかしながら、教育や専門的知識を持たない人々がある日突然、設計の専門的な判断を下すようになるのは不可能です。むしろ、こうした新しいシステムの出現は、建築に興味を持つ人々に建築教育の機会と新しい建築体験を提供するきっかけになります。

　また、ユーザー・設計者・施工者の立場を行き来できるようになれば、お互いの理解をインタラクティブに深めることにもなるでしょう。職能の壁を超え、建築の構想から建設、利用までがシームレスにつながることにより、ユーザー・設計者・施工者の三者間でより良い空間を作り出すための協力関係を強化し、より高い満足感を共有することが可能になります。

　近代化とともに、技術の鍛錬と効率化の追求がなされ、分業化が進んだことで、1人の職人がすべての作業を行う世界は失われました。しかし、デジタル技術の発展により、この過程が反転し、再び職人的な満足感を追求できる時代が到来しています。デジタル技術を利用することで、個々のプロセスをインクルーシブにつなぐことが可能になります。その結果、自らが設計し、建設し、利用するという状況が生まれます。このようにユーザー・設計者・施工者の役割を越え、人々の役割をつなげるインタラクションの力こそがデジタル技術の核心です。

今井公太郎（いまい・こうたろう）
東京大学生産技術研究所教授。専門は建築設計・建築計画・都市解析。博士（工学）。作品に「PENTA-HARD」（2022年）、「千葉実験所総合実験棟」（2017年）、「IISアニヴァーサリーホールS棟」（2013年）など。

人と設備の双方向の働きかけを可能にする適応的環境システム

赤司泰義
Akashi Yasunori

時間的・空間的に変動し流動する環境・設備の特質

建築空間の熱・空気・音・光に関する環境状態は、感じることはできても直接目にすることはできません。少し離れた場所になると、感じることもできなくなります。一方、設備はある環境状態をつくりだし、制御していますが、それによって環境状態の分布や変動を少なくすることはできても、完全になくすことはできません。例えば、図1はある建物一室の暖房時の室温分布を実験的に捉えたものです。机上・壁面等に20個以上の温度センサーを分散配置し、その計測データをコンター図（等高線図）におこしています。やや凹凸のあるL字形のプランと西面の窓ガラスによって比較的大きな温度分布が生じています。当然のことですが、仮に計測しなければ、室温分布がどこにどの程度生じているのかはわからなかったはずです。

　このように「できない」「わからない」と言うと、「分布や変動はない方が良いので、それらがあっても仕方がないと言うべきではない」という声

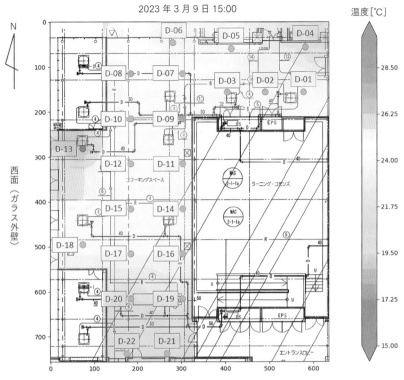

図1　室温分布の例
（出典：平井里奈・谷口景一朗・宮田翔平・赤司泰義「環境ソフトセンサー開発と室内温度分布予測の基礎的検討」『空気調和・衛生工学会大会学術講演梗概集』2022年の図に筆者加筆）

が必ずあがります。もちろん、人に不快感を与え、設備に無駄な負荷を
与えて非省エネになるような設計は論外です。しかし、建築は光も風も入
らないような箱ではありません。分布や変動は建築だからこそ本来的に生
じるものと捉えて、むしろそれらを積極的に把握し、人の満足感の向上
や省エネ等の課題解決に活用することを考えるべきだと思います。

　時間的・空間的に常に変動し、流動していることが環境・設備の特質
の一つですが、その実態はこれまでほとんど把握されてきませんでした。
その理由は様々に考えられますが、建築運用のビジネスを育ててこなかっ
たこと、その裏返しで、発注者に建築運用時の課題を十分に伝えてこな
かったことがその一つに挙げられると思います。

軽視されてきた環境・設備の運用マネジメント

日本もようやく数年前に、温室効果ガスの削減目標を 2013 年比で 2030 年までに半減（46％減）、2050 年までにカーボンニュートラルを達成することを宣言しました。そこでは、建築の運用エネルギー消費に関わる 2030 年の民生部門の温室効果ガス削減目標として、業務で 51％減、家庭で 66％減という非常に高い目標が設定されています。そして 2050 年のカーボンニュートラル達成に向けては、日本の事情に合わせてバックキャスティングし、目標設定、実態把握、評価改善ができるかにかかっています。

　この民生部門の温室効果ガス削減に建築が貢献するには、三つの方法しかありません。①大幅な省エネ設計・施工、②積極的な再エネ導入、③高度な運用マネジメントです。①②については、ZEB（net Zero Energy Building）・ZEH（net Zero Energy House）[*1] の普及、建築物省エネ法適合義務基準の強化という形で進められています。ところが、③はこれまでほとんど重視されずにきました。このことは、建築運用のビジネスが育っていないこと、ゆえに環境状態や設備挙動の実態把握が極めて不十分であること（ほとんどセンシングされていないこと）と無縁ではありません。そして、設計で ZEB・ZEH の認定を受ければカーボンニュートラルが達成されると思っている発注者も少なくありません。①②は設計・施工において性能の「ポテンシャル」を評価するもので、カーボンニュートラル実現に向けては必須ですが、運用でその性能が発揮できることを保証していません。

　環境・設備の設計・施工では、はっきりと決められない多くの変数があります。例えば、設備設計では在室人数やその変化のスケジュールを想定しますが、実際は設計の想定通りにはなりません。在室人数の変化に応じて、空調であればそれを自動制御することになりますが、自動制御にもその働きを決めるパラメーターがあり、竣工時には未調整なものとして残っています。また、我々は完璧ではありませんので、不具合も必ずと言っていいほど残っています。したがって、運用において不具合を見つけ出し

て解消し、自動制御のパラメーターをその建物に見合ったものにチューニングしていく必要があります。これによって竣工直後から20％程度の省エネが可能です。このことは多くの事例から明らかになっていますし、世界では費用対効果の高い省エネ手法として常識になっています。しかしそのためには、必要な計測やデータ保存・利用のシステムを設計・施工に盛り込み、それを運用で活用することが前提です。残念ながら日本では、そもそもそういったことを設計・施工であまり検討してきませんでしたし、場合によってはコストカットの対象にもなってきました。

　「計測しなければマネジメントできない、マネジメントできなければ省エネできない」とはまさしく名言ですが、運用のマネジメントを重視してこなかったために、計測も不十分で、省エネやカーボンニュートラルにつながるサービスも提供できていないのが、今の日本の建築です。こうした竣工後の評価や価値向上が前提になっていない現状を変える必要があります。

マネジメントは静的・平均的・平坦的から動的・個別的・立体的へ

このように、日本の建築運用には大きな課題があります。しかし、近年の情報技術の進展により、時々刻々と変化する環境分布、設備の挙動、人の活動状況などを把握することのできる時空間的に高解像度なセンシングが可能になってきました。また、AIを活用した様々な予測アルゴリズムの開発、メタデータスキーマ[*2]の導入、オープンプラットフォームの構築なども着実に推進されています。こうした情報技術が日本の建築運用にはまだ十分に広がっていないのですが、情報技術が大きく進展している今が世界からの遅れを取り戻す良い機会になります。社会全体の建築運用に対する問題認識を醸成しつつ、建設業の取り組みを強化し、業態のイノベーションにつなげる必要があります。

　先に室温分布の例を挙げましたが、人の室温の感じ方には生来の個人差があります。また、その部屋に長時間静かに座っている人の温冷感

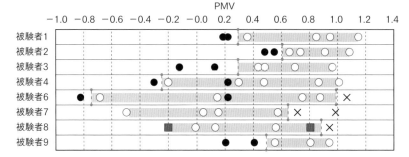

○：移動しなくても良い　●：寒く感じ移動したい　✕：暑く感じ移動したい　■：気流や放射により移動したい

:検知できた許容PMV帯の範囲　:検知できた許容PMV帯の上・下限値

図2　温冷感と座席移動希望の有無の調査結果
（出典：石浦皓平「室内PMV分布に基づく座席移動が居住者全体の熱的満足度に及ぼす影響」『東京大学大学院建築学専攻 2020年度修士論文梗概集』2021年）

と、暑い外回りから帰ってきたばかりの人の温冷感も異なります。図2は、多くの座席があるやや広い部屋で被験者1人が様々な座席に着席したときに感じる温冷感と座席移動希望の有無を調べたものです。室温分布はもちろん、空調機からの気流や窓際の放射なども関係して、座席周辺のPMV（予想平均温冷感申告）[*3] には座席ごとに多少の分布が生じていました。ここでは被験者からの回答を、「移動しなくても良い」「寒く感じ移動したい」「暑く感じ移動したい」「気流や放射により移動したい」に分類しています。一般に、PMVは-0.5から+0.5の範囲であれば温冷感としては暑くも寒くもなく快適と判断できるとされていますが、わずか10名足らずでも「移動しなくても良い」の範囲には明らかに差異があります。また、被験者全員の範囲が重なるPMVはほとんどありません。

　環境状態には分布や変動があり、個人によって満足に感じる環境が異なると言えば、当たり前に思うかもしれません。しかし、時々刻々と変化する実現象の中でそれらを高解像度に把握することに意味があります。計測によって、例えば、室温分布と個人の熱的嗜好をマッチングし、その個人にとって快適なエリアにその個人を誘導する、あるいは、同じような熱的嗜好をもつ数人をあるエリアに誘導して集め、そのエリアをその数人にとって快適になるように空調する、というようなマネジメントができるかもしれません。また、そういった様々な状況の変化に応じて、空調の自動制御パラ

メーターのチューニング、制御ロジックの最適化、電力やガスの戦略的な購入、デマンド調整といったマネジメントを通じて、最大限の省エネや再エネ利用を効果的に実現できる可能性もあります。これらのマネジメントは、空調機器という「モノ」を新しくすることで可能にするのではなく、情報技術と組み合わせたアプリケーションで可能になり、新たな「コト」を創出します。既存建築にも比較的容易に安価で導入することが可能で、空調の機能や性能をアップグレードできます。

このようなことを考えると、そもそも本来、室温分布や個人の熱的嗜好の違いがあるにもかかわらず、現在は平均的な人の温冷感から決められた設定室温に対して空間内である一点の室温による空調制御を行っていて、その結果をどこにもフィードバックしていないということがはっきりわかります。これは、熱と空調設備に限らず、光と照明設備、音と音響設備にも共通にあてはまりますが、一方向で静的・平均的・平坦的にしか捉えられておらず、ほとんど PDCA サイクルが回っていません。しかし、環境分布や設備の挙動、人の活動状況や満足度などを細かく計測できるとすると、見え方が違ってきます。双方向で動的・個別的・立体的に捉えることができ、ハイサイクルに PDCA を回すことが可能になります。環境・設備・人の総体としてのシステムを環境システムと定義したとき、それは「適応的環境システム」であると言うことができます。

適応的環境システムの構築

では、適応的環境システムを実効的に構築するには何が必要でしょうか。適応的環境システムに対して様々なアプリケーションを適用し、データを活用した効果的なマネジメントを実施して、新しい価値（サービス）を提供することが求められます。したがって、一つは、フィジカル空間のデータを活用し、サイバー空間でアプリケーションやマネジメントの有効性を検討し、それらをフィジカル空間にフィードバックしてそのアップグレードに結びつける

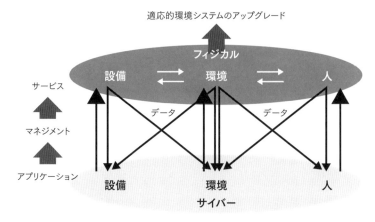

図3 サイバーフィジカルシステム
（出典：赤司泰義「データ駆動型のスマートビルディング：カーボンニュートラル時代に向けた建築設備システムの新たな運用とアップデート」『Arch Future 2022』2022年の図に筆者加筆）

ようなサイバーフィジカルシステムが必要になります。図3は、設備が環境を通じて人に働きかけ、また逆に人が環境を通じて設備に働きかけるという双方向の適応的環境システムがサイバー空間とフィジカル空間に構築され、それらがデータを介して連動するというフレームワークを示しています。

　もう一つ必要となるのが、データ駆動のためのエコシステムです [**図4**]。建物それぞれの個別性が高いがために、ある建物で作成したアプリケーションは、他の建物でそのまま使用することが非常に難しいという問題があります。まさにこの問題が運用時のマネジメントの普及を阻害する一つの要因になっていますので、アプリケーションのスケーラビリティを高める必要があります。この点については、オープンな通信規格やメタデータスキーマをもつプラットフォーム上で、第三者のアプリケーションを容易かつ迅速にインストールすることができるしくみを導入していくことになります。

　これまで環境・設備分野の視点から述べてきましたが、例えば建具の置き方一つで、空間内の気流や窓からの採光状態が変わり、空間の見え方や印象も変わります。環境・設備だけでなく意匠や構造なども含めて、データを媒介にした総合的な視点からの評価と運用はこれからますます重要になります。そして、それが建築とマネジメントの新しい関係を紡ぎ

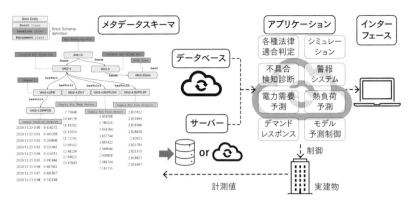

図4　データ駆動のためのエコシステム
（出典：宮田翔平・赤司泰義「スマートビル実現にBEMSが抱える課題と今後の期待」『エネルギー・資源』43（1）、2022年の図に筆者加筆）

出すことにつながります。ただし、日本の建設業のプロセスにおいて、様々な変化に応じて新たな価値を提供するようなサービスのためのしくみを誰がどの段階で考え、構築するのか、実際のマネジメントを誰が行うのか、データモデルのオープン性やアプリケーションの拡張性をどう確保するのかなど、取り組むべき課題は少なくありません。

*1　ZEB (net Zero Energy Building)・ZEH (net Zero Energy House)：業務用建築物や住宅において、高断熱、高気密、日射遮蔽、自然通風といった建築的な工夫と、機器やシステムの高効率化といった設備的な工夫によって大幅な省エネルギーを実現した上で、その建築物または敷地に設置した太陽光発電等による創エネルギーでその建築物で使用するエネルギーを賄うことによって、年間エネルギー消費量を正味でゼロにしたもの。

*2　メタデータスキーマ：メタデータとはデータを説明するためのデータを意味する。例えば、空調システムを構成する機器間の接続関係やセンサーの種類・位置の情報などが当たる。それらの情報を表現するための枠組みがメタデータスキーマである。近年はアメリカにおいてBrick SchemaやProject Haystackなどの開発が進められている。

*3　PMV（予想平均温冷感申告）：温熱環境と人体との間の熱収支に基づき、気温、湿度、放射温度、気流、着衣量、代謝量の6要素から温冷感の数値（評価指標）を算出するもの。1967年にデンマーク工科大学のファンガーによって開発された。PMV＝0が熱的中立を示しており、寒い（PMV＝－3）～暑い（PMV＝＋3）の7段階で評価される。

―

赤司泰義（あかし・やすのり）
東京大学大学院工学系研究科建築学専攻教授。専門は環境・設備。博士（工学）。九州大学教授を経て、2013年より現職。スマートビルのエネルギーマネジメント、室内熱環境と行動変容などに関する研究。

サイバーフィジカル化する世界と建築計画

横山ゆりか
Yokoyama Yurika

都市化の進んだ現代を生きる私たちは、膨大な建築群の織り成す環境の中で人生を送っています。新しいデザインが日々生まれ、私たちの心理や行動に影響を及ぼします。変わりゆく建築を、人々のためにどのように計画するかという根源的な問いは、世界に先駆けて日本で学問の一領域を形づくりました。私の研究室でもその建築計画学の研究に取り組んでいます。その中から二つを紹介して、サイバー空間とフィジカルな空間の間に発生する建築計画学の可能性について考えてみたいと思います。

オンラインと現実をつなぐ建築計画

2020年秋、ショッピングモールのベンチの分布と人が座る位置について研究している学生がいました。トイレからの距離が影響するとか、待ち合わせ場所の都合だろうとか、手堅い仮説を展開していましたが、トイレの近くなど限られた場所での人の座り方を説明できても、全体の分布に対する考察の決め手に欠けていました。そこで、実際に調査することにしました。

　調査対象のラゾーナ川崎プラザは、広々した中廊下に面した中小店舗

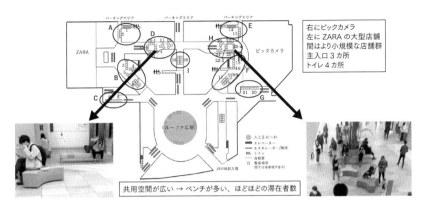

右にビックカメラ
左に ZARA の大型店舗
間はより小規模な店舗群
主入口 3 カ所
トイレ 4 カ所

共用空間が広い → ベンチが多い、ほどほどの滞在者数

図1 ラゾーナ川崎プラザのフロアプランと概要

群を ZARA とビックカメラの大型店舗が挟む形をとり、イベントなどが行われる広場から放射状に放たれた通路もこの二つの大型店舗の入口に向かっています。さらに、館内には数多くのベンチが設置されており、十分な滞在者数が見られました [図1]。

　ベンチに座る人の様子を見ると、手元を見ている人も多くいます。休憩しながらネットサーフィンや SNS、メールをしているのだろうとよく説明されますが、本当だろうかとふと疑問に思いました。ZARA やビックカメラはオンラインショップを持ち、調査当時 e コマース化率が物販系分野の平均の約 2 倍という企業です。そのことは着座行動と関係があるのか、ないのか、問いが頭に浮かびました。そこで単純な予備調査に入りました。

　座っている人に何を目的にベンチに座ったか、フロア全体で尋ねて歩きました。すると学生の仮説の通り、「トイレ待ち・トイレ休憩」と答えた人が 33% で 1 位、また「連れ待ち」も 18% で 3 位となりました。一方で、わざわざ「オンラインサイトで情報収集をするために座った」と回答した人が 28% もいて、2 位を占めていたことが目を引きました。そこで改めてオンラインサイトで情報収集をしていた人を対象に「なぜそのベンチに座ったか」と聞くと、「対象店舗に近いから」という答えが約半数を占めて 1 位となり、「後ろに壁があるから」という着座時の物理的環境や「空いていたから」といった機会の問題の倍の頻度となりました。これらを踏まえて、

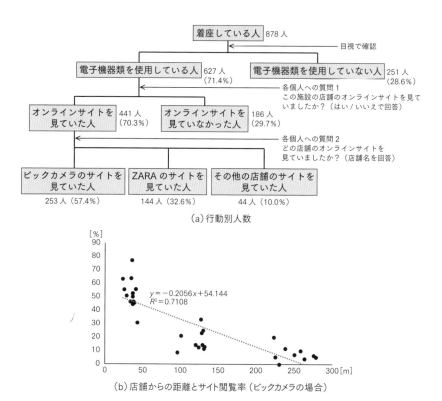

(a) 行動別人数

着座している人 878人
目視で確認

電子機器類を使用している人 627人 (71.4%)
電子機器類を使用していない人 251人 (28.6%)

各個人への質問1
この施設の店舗のオンラインサイトを見て
いましたか？（はい／いいえで回答）

オンラインサイトを見ていた人 441人 (70.3%)
オンラインサイトを見ていなかった人 186人 (29.7%)

各個人への質問2
どの店舗のオンラインサイトを
見ていましたか？（店舗名を回答）

ビックカメラのサイトを見ていた人 253人 (57.4%)
ZARAのサイトを見ていた人 144人 (32.6%)
その他の店舗のサイトを見ていた人 44人 (10.0%)

$y = -0.2056x + 54.144$
$R^2 = 0.7108$

(b) 店舗からの距離とサイト閲覧率（ビックカメラの場合）

図2 調査結果

改めてベンチに着座していた878人に本調査をした結果が図2です。

71.4%と多くの人が電子機器を使用していました。その中でSNSやネットサーフィンをしていて施設内の店舗のオンラインサイトを見ていなかった人は約30%で、ベンチでスマホを見るのは休憩ついでにSNSやネットサーフィンをするからという従来の説明に該当する人は1/3程度とわかりました。ベンチで電子機器を見ている人のうち2/3が店舗のオンラインサイトを見ており、それはベンチに座る人全体の半数強を占めていたのです。さらにどの店舗のサイトを見ていたかを尋ねると、eコマース化率の高いビックカメラとZARAのサイトを見ていた人が90%を占めました。着座している人の全体から見ても、45.2%の人がビックカメラかZARAのサイトを見ていたことになります。これは驚きでした。また、座っていた場所からサイトを閲

2章 ── デジタル・インタラクティビティ

覧していた対象店舗までの距離を計測して、着座者数に占めるサイト閲覧者数の割合との相関をとってみました。ビックカメラも ZARA も、対象店舗からの距離が近いほどベンチでのサイト閲覧者の割合が高いことが明らかになりました（相関係数はそれぞれ r=0.84、0.74）[*1]。フィジカルな店舗に近いところでオンラインの店舗を見ていたのです。

　e コマースを展開する企業については、実店舗で情報を収集してもネットで購入してしまい、実店舗の利益にならないというショールーミング化の問題が指摘されています [*2]。一方で逆のリバースショールーミングという現象も指摘されています。いずれにしても企業全体で収益を上げるためには、実店舗も含めて複数の情報収集チャンネルがあり、サイバー空間の店舗（オンラインサイト）と実空間の店舗（リアルサイト）の同時並行的なスムーズな利用が求められるわけです。その中で、ここで見られたような実店舗周囲での消費者の情報収集行動があることは気づかれていませんでした。コロナ禍の時期の適度な人口密度という観測に都合の良い条件と、e コマースを強力に展開している企業の有力店舗という条件、そしてベンチが豊富に設置された広い通路という環境条件が整った調査から、これまで見落とされていた需要が浮かび上がってきたのでした。

　コロナ禍の時期に日本の e コマースは一段と進展を遂げ、オンラインショッピングをする世帯が増えた [*3] 反面、実店舗は e コマースとの共存が求められる難しい局面にさしかかっています。実店舗の魅力を高める設計に留まらず、店舗周囲の空間にしばしの滞留を受け入れる快適なベンチを配置し、自発的な情報収集の環境を整える設計を探究することが、サイバーフィジカル化する世界の需要をさらに喚起するかもしれません。

サイバー空間での実験と建築計画

　二つめの研究 [*4] は、ある学生の美しい思い出から生まれました。その学生は小さい頃ジェットコースターに乗ることが好きでした。そして、ジェッ

トコースターの上から見る風景が美しいことを証明したいと、私たちの研究室に入りました。認知科学の先生方は半信半疑でしたが、ありうるように思えました。もしそれが正しいとすると、ジェットコースターは上から見る束の間を大事に設計すべきであり、遊園地全体もジェットコースターの上から美しく見える景観を設計すべきだと言えます。

「美しい」という感覚は普段素直に感じることがあるにもかかわらず案外難しい概念で、多様な解釈があって一つに定まりません。そこでここでは、（嫌悪の対象としてではなく）「記憶に残る」＝「印象深い」≒「美しい」と解釈することにしました。例えば蛇に出会って威嚇されたら記憶に残るかもしれませんが、美しいと感じる前に嫌悪を感じるでしょう。「嫌悪の対象としてではなく」と付記しているのは、蛇のような記憶の残り方を除外するためです。そして、ジェットコースターから美しく見えるかどうかを吟味するための風景は、嫌悪を感じるものは除外される一方で、普通に見ればとりわけ印象深いわけではなく、特定の条件（ジェットコースターの上）では印象に残るかもしれないというものになります。そこで、ジェットコースターに乗っていたときに見た風景や、その一部を変えてつくった見えたはずのない風景を多数見せて、その記憶をテストする実験を企画しました。

実験開始にあたって、記憶テストの他にもう一つ、様々な地点での被験者の生理状態を計測することにしました。ストレスがかかり覚醒が上がる（緊張したり興奮したりする）と、皮膚表面の電気伝導度が上がることが知られています [*5]。皮膚の電気伝導レベルを計測すれば、ジェットコースターに乗っている間の各地点で被験者の覚醒の度合いがわかるはずです。

ジェットコースターについてはヴァーチャルリアリティ（VR）環境を準備し、体験してもらいました [図3]。本当にスリルを感じてくれるか心配でしたが、皮膚の電気伝導レベルの上昇だけでなく、被験者の言動や行動からも、十分にハラハラしていることが確認できました。ジェットコースターの興奮は上下の移動速度から生じますので、各場所で高さ方向の移動速度の絶対値と皮膚の電気伝導レベルの値との相関をとると、しっかり正の相関が出ていました。上下動が激しいところでは覚醒が高くなっていたわけです。

①VR 開始
（走行開始）
②上昇開始
③頂上到着
④落下開始

図3 ヴァーチャルリアリティ環境のジェットコースターから見える風景

　一方、記憶テストの方は、最も覚醒が高くなるのは落下の最中ですが、その間は記憶どころか何も見えていない状態でテストになりませんでした。そして、見た風景を見覚えがあると言い、見た風景と違うところがある風景を見覚えがないと最も正しく言えたのは、期待通り頂上で束の間の水平移動をしているときだったのです。言い換えると、頂上で束の間に見た風景が最も印象に残っていたのです。この結果から、やはり遊園地はジェットコースターの上から見た景観を美しく見せる設計をするべきだという結論を導くことができました。では、同じ水平移動をしているのに、走行開始後や落下後の水平走行時よりも頂上での水平走行時に見た風景を顕著によく覚えていたのはなぜでしょうか。心理学には、「情動予期」という考え方があります。何かほどほどに覚醒させる不快なもの（蛇の顔写真とか）を一定時間後に見せられることがわかっていると、それを待っている人は不安な感情を抑制するために別の認知課題に注意を逸らすことができるという説です [6]。それ以上は確認されていませんが、私は特に大きな覚醒を伴う危機的場面での情動予期は、人類の進化の過程で残ってきた機序（脳を含めた身体機構のしくみ）ではないかと想像しています。危ない場面を切り抜けたときの情報は、人類にとって有益な情報となります。予期しながら実際に恐ろしい事態が起こるまでの束の間に、恐怖を抑制して認知機構を活性化させ、冷静に記憶を働かせた者がよりよく社会で生き残り、子孫にその有利な機序を伝えてきたのではないでしょうか。ジェットコース

ターは一つの人工物ですが、その機序を失わせないように繰り返し鍛える重要な環境なのかもしれません。また、だからこそ怖さを超えて楽しく感じるのではないでしょうか。サイバー空間ならではの実験でフィジカル空間の意味がわかった気がしました。

ヴァーチャル化する世界でこそ重要なフィジカルな空間知覚体験

ところで、ここまで読んでくださった皆さんは、安全なヴァーチャル空間で十分にハラハラできるなら、何もリアルな遊園地に危ないジェットコースターを計画する必要はないのではないかと思われたのではないでしょうか。

　私が面白いと思っている錯視実験の一つに、エイムズの台形窓の実験というのがあります。本当は回転している台形窓のボール紙が、どう見ても左右に往復して半回転しているようにしか見えないというものです。第二次大戦後の実験の映像 [7] が残されていて、これまで講義で何度も学生と見てきましたが、実際の通り回転して見えると言う人は一人もいませんでした。ところが、この実験をアフリカのズールー族の子供たちに実施した研究者たちがいます [8]。当時はまだズールー族に先祖代々四角いものをほとんど見たことのない未開生活をしてきた人たちがいました。その実験では、私たちに見えるような錯視が見えず、私たちのほとんどがそう見えない見え方、つまりは正しく回転して見える人が何人もいたのです。逆に言うと、私たちは基本的な視知覚のレベルから文化の影響を受けていて、四角いものが多数ある環境に生きてきたことによってかなり以前から視知覚の機序が変化してしまっているのです。

　例えば今、アニメに描かれた世界に聖地を見出し、何度かモデルとなった町を巡礼するうちに愛着が醸成され、そこに実際に移住するに至る現象が顕在化しています [9]。私たちはこれから様々な機会に仮想の空間とフィジカルな実空間を連続的に体験するようになっていくと思いますが、もしジェットコースターの体験が実際には安全なヴァーチャルの世界の体験

だけに封じ込められてしまったら、先祖から受け継がれた危機的場面への反応の機序を保てるでしょうか。ズールー族の子供たちへの実験から想像すると、案外簡単に失われてしまうかもしれません。

　以上二つの研究を通して、サイバー空間の存在感が大きくなるほど、そしてサイバー空間とフィジカル空間の区別が曖昧になり世界がサイバーフィジカル化するほど、フィジカルな実空間や実建築の存在が重要なことが認識されるのではないでしょうか。それゆえ、サイバー空間の建築計画学という新しい地平に挑む時代が来ても、サイバー空間のアンカーとなるフィジカル空間に関する建築計画学の研究課題が尽きることはないでしょう。

*1　菊池翔太・横山ゆりか・金徳祐「商業施設内においてオンラインサイトで情報収集を行う人の着座場所の特徴」『日本建築学会技術報告集』28巻68号、2022年
*2　Ann Zimmerman, "Showdown Over Showrooming", The Wall Street Journal, January 23, 2012
*3　総務省『令和3年度版情報通信白書』2022年
*4　佐久間嶺央・横山ゆりか・福田玄明・植田一博「ジェットコースター刺激を用いた高覚醒状態における景観記憶の研究」『日本認知科学会第33回大会発表論文集』2016年
*5　福田玄明「生理計測で何がわかるのか」『MERA Journal』41号、人間環境学会、2018年
*6　Susanne Erk, Birgit Abler, Henrik Walter, "Cognitive modulation of emotion anticipation", European Journal of Neuroscience, 2006
*7　"Ames Visual Illusions", 1951　https://www.youtube.com/watch?v=W_5wpPxCcyw&t=727s
*8　Gordon W. Allport, Thomas F. Pettigrew, "Cultural influence on the perception of movement: The trapezoidal illusion among Zulus", Journal of Abnormal and Social Psychology, 55 (1), 1957
*9　横田祐季・横山ゆりか「聖地巡礼を通じたアニメファンの地域愛着と聖地移住のプロセス：『ラブライブ！サンシャイン!!』聖地静岡県沼津市の場合」『2020年日本地理学会春季大会発表要旨集』

—

横山ゆりか（よこやま・ゆりか）
東京大学大学院総合文化研究科広域システム科学系教授（同工学系研究科建築学専攻兼担）。専門は建築計画学、環境心理学、図形科学。博士（工学）。

災害情報のデジタル化による
レジリエントなまちづくり

楠浩一
Kusunoki Koichi

災害対応の現状とデジタル化の必要性

日本は、地震・津波・火山・洪水・竜巻・台風・豪雪など、多種の災害に見舞われる世界有数の災害国です。地震を見てみると、およそ10年に一度甚大な被害を生じる地震に見舞われてきましたが、1994年の北海道東方沖地震以降、近年では2016年の熊本地震、2018年の大阪北部地震など、大きな被害を生じるような強い地震がさらに頻発しています。また、地球温暖化の影響か、風水害も激甚化・頻発化しており、このままでは旧来の主要河川を中心とした治水では立ち行かなくなり、主要河川に流入する前の水が氾濫する内水氾濫も危惧されています。

　頻発する災害への対応に目を向けると、これまでの災害対応は基本的に紙と鉛筆の世界であり、被害の把握、避難所の開設、救援物資の手配、救助・救援が人海戦術により行われてきました。それは、電気機器が災害時に使えるかどうかわからないという意識と、そもそもコンピュータなどの機器は重く大きくて現場での利用が困難であったという技術的問題によ

ると思われます。しかし今日では、デジタル通信が社会の基盤インフラとして整備され、そのシステムの堅牢化とともに素早い復旧も図られるようになってきました。また、コンピュータはますます小型化し、スマートフォンやタブレット機器は災害現場でも十分に使用できるようになっています。データの転送速度も飛躍的に高速化し、多くの人が日常的に動画再生を手元で行うことも可能になりました。

　しかし、災害現場ではいまだに人海戦術による情報収集・情報共有が広く行われています。例えば、2020年に実施された川崎市の水害対応図上シミュレーション訓練の様子からもわかるように、災害対応活動ごとに島をつくり、一部でネットワークを用いてはいるものの情報収集が人海戦術で行われ、それを市の意思決定部と共有しています。

　一方、国レベルで見ても、災害対応は一つの省で対応できるものではなく、内閣府、国土交通省、農林水産省、総務省、経済産業省、文部科学省をはじめ、多くの府省が関わることから、災害情報の素早い共有化とそれに伴った迅速な意思決定が望まれています。そのためには、災害に関するデータをデジタル化して災害情報とすることが急務で、さらにその災害情報を共有するためには、情報を共有するためのネットワークが必要となります。しかし、膨大な災害情報をそのまま共有するだけでは、かえって適切な判断に資することはできません。そこでは、いかにその膨大なデータを処理して有益な情報に昇華するかが肝となります。そのためには、データを作成する・処理する・統合する・提供するといったプロセスの構築と、データの連携が必要となります。

　そこで、国レベルでのイノベーションを起こすために2014年から実施されているのが、内閣府が主導する府省連携プログラム「戦略的イノベーション創造プログラム（SIP）」です。第一期は2014年に、第二期は2018年に開始されました。年間の予算規模はおよそ300億円で、防災・減災に関する課題は第一期・第二期で採択され、2022年度に終了しました。本稿では、終了したばかりの第二期の活動を中心として、災害対応という活動の中での情報空間（サイバー空間）と現実空間（フィジカル空間）

の融合について紹介します。また、建築物の被害の早期把握の例として、文化財である五重塔の観測例を紹介します。

災害を予測・把握し避難・緊急活動に活かすシステムの構築

SIP の第一期は、2014 ～ 2018 年度に「レジリエントな防災・減災機能の強化」と題して実施されました。災害の予測技術としては「津波予測技術」と「豪雨・竜巻予測技術」が開発され、災害発生後の被害状況の把握を目的として「リアルタイム被害推定技術」が開発されています。特筆すべきは、政府内の災害に資する情報のデジタル化と共有化を目指して、「府省庁連携防災情報共有システム（SIP4D）」が開発されたことです。

第二期は、2018 ～ 2022 年度に「国家レジリエンス（防災・減災）の強化」と題して実施されました。第二期では激甚化・頻発化している風水害に注力し、自治体への情報共有・意思決定支援を行うシステムの開発を行っています。具体的には、府省間の情報共有基盤として SIP4D、市町村への災害対応支援システムとして「市町村災害対応統合システム（IDR4M）」、政府への災害対応支援システムとして「避難・緊急活動支援統合システム（CPS4D）」といった災害対応のためのシステムを開発しました。また、災害予測システムとして「線状降水帯の発生を予測する技術」と「スーパー台風の進路を予測する技術」、被害状況の把握技術として「被災地の衛星画像を素早く取得するための衛星管理システム」の開発も行われています。以降では、第二期の活動について紹介します。

SIP の第二期の主要な研究開発テーマとその連携について、図 1 に示します。先述のように第二期では風水害を主要な対象としており、その要因を台風と線状降水帯としています。災害発生前には、気象観測・予測データなどにより線状降水帯の発生予測が行われます（テーマV）。また、台風の進路予測などから、主要河川の流量・推移およびそれらに基づく洪水予測を計算し始めます（テーマVI）。これらの情報の精度は、実際に災害

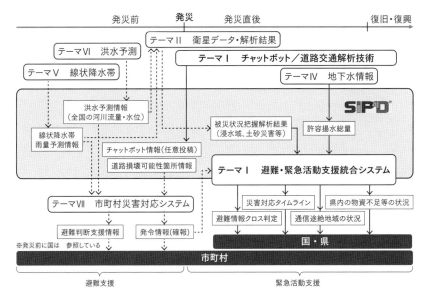

図1 「戦略的イノベーション創造プログラム」第二期における各テーマの研究開発項目とその連携

が発生する時刻が近づくにしたがって向上していきます。また、防災チャットボットを利用して街中や道路交通の状況などを逐次収集します（テーマⅠ）。これらの情報は情報共有システムであるSIP4Dを介して、市町村災害対応システムに統合され、再度フィジカル空間に戻して、避難指示・誘導に活用されます（テーマⅦ）。さらに、線状降水帯と台風の情報は、「衛星ワンストップシステム」に共有され、災害発生後の効率的な衛星観測につなげられます（テーマⅡ）。衛星によりフィジカル空間での広域災害情報が把握された場合には、即座にサイバー空間でSIP4Dを介して国に情報共有されます。さらに、医療活動に必要となる水を確保するため、災害時に利用可能な地下水量の情報も提供されます（テーマⅣ）。このように、フィジカル空間で起こる災害の情報をサイバー空間で予測・把握し、フィジカル空間にフィードバックして実際の避難や災害対応に利用する全体システムの開発が行われています。

　2023年度から、SIPは第三期に継続することが決まり、「スマート防災ネッ

トワークの構築」と題して、取り組みが開始されています。第三期の研究開発のイメージは、まさにフィジカル空間（現実空間）とサイバー空間の融合です。すなわち、現実空間で発生した災害を衛星・ドローン・センサーなどを駆使していち早く把握します。その把握は直接デジタル空間で行われ、それにより都市の被害状況がそのままデジタル空間に再現されます。さらに、建物やインフラに関する都市の基礎データをきめ細かくデジタル空間上に構築した都市（都市のデジタルツイン）に、この災害状況を重ね合わせることで、災害リスクに関するシミュレーションも可能となります。このデジタルツインには、道路や橋といったインフラだけではなく、建物情報も含まれます。超高層建物がどこにあり、どのような属性の人が住んでいるのか、どういった構造で何人収容可能な避難所がどこにあり使用可能なのか、拠点となる病院は機能を継続しているのか、などが逐一、デジタル空間上に表現されることになります。また、災害源が時々刻々と移動していく風水害や、余震が多発する地震などでは、変化していく災害状況を大規模計算により予測することも可能になります。それらの情報を統合・整理して災害対応責任者に提供することで、きめ細かな災害対応を実現することができます。さらに、例えば「車椅子で生活している」「持病がある」「人工透析が必要である」など、それぞれの状況に応じた避難誘導の実現も目指しています。

センサーを用いた五重塔の被害状況の把握

ここでは、建物の被害状況把握技術の最新の技術を紹介します。近年、「建物の構造ヘルスモニタリングシステム」と呼ばれる、災害時の建物の挙動をセンサーにより計測し、その計測値を用いて被害状況を判断するシステムの開発が進められています。特に地震に対するシステムが多く、地震発生時には即時に建物の被害状況を判断し、その情報を共有するシステムとして期待されています。被害状況の判断方法としては、センサーによ

図2　善通寺五重塔

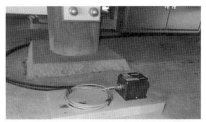

図3　五重塔に設置されたセンサー（上：心柱の横に設置された振動センサー、下：五重に設置された風向風速計）

り建物の各層が変形した最大値とあらかじめ設定した閾値とを比較してその損傷度を判断するシステムが最も一般的です。

　一方、筆者らは、建物に設置した加速度から建物に作用した慣性力を計測し、さらに観測した加速度を二階積分することにより変位を算出して、双方のデータをもとに建物に作用する力と変形の関係を把握することによりその被災度を判断するシステムを開発し、建物への設置・展開を進めています。その一例として、図2に示す善通寺五重塔（香川県）に設置したシステムを紹介します。計測にあたっては、塔の基部と各層、さらに芯柱の先端に加速度計を設置しました。商用電力（100V）では火災のリスクがあるため、基部で電力を携帯電話のモバイルバッテリーと同じレベルの5V（2.5A）に変換し、LANケーブルを通して電力を供給できるPoE（Power on Ethernet）を用いてLAN配線1本でデータの収集と電力の供給を同時に行っています。この技術により、火災のリスクを大きく低減し、文化財への設置を容易にすることが可能になりました。

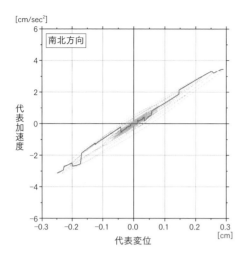

図4 2022年1月22日に発生した日向灘を震源とする地震での善通寺五重塔の挙動

四天王寺をはじめとして、五重塔はこれまでにも台風などの強風で倒壊した例があります。そこで地震とともに強風時の挙動を把握するため、塔の五層の対角にそれぞれ風向・風速計を設置し［図3］、併せて計測を行っています。データは24時間休みなく観測し、学術情報ネットワーク（SINET）のSIMを用いて直接東京大学地震研究所の観測サーバーに転送しています。地震が発生し、所定の震度を超えた場合には、システムが自動的に地震と判断してその観測記録を抽出し、被災度の判定を開始します。その判定結果は、登録されたメールアドレス宛てに「Quick report」として自動で送信されます。

善通寺では、観測を始めておよそ1カ月後に比較的大きな地震が発生しました。地震は2022年1月22日の1時8分に宮崎県東部の日向灘を震源として発生し、観測された最大震度は5、塔の基部では震度2を記録しました。地震後速やかに損傷度の判定が行われ、図4に示すような力と変形の関係が得られました。この図からもわかる通り、建物の力と変形の関係はほぼ直線であり、損傷による目立った傾きの変化も見受けられないため、システムは「無被害」と判断しました。

このシステムが多くの建物に設置されると、地震発生後速やかに被害の分布を把握することができるようになり、それをもとに緊急車両の計画的な配車、避難所の開設計画などに活用することが可能となります。2023年9月現在、すでに国内外で66棟（うち18棟が東京大学キャンパス内）に設置されており、今後順次設置を進めることにしています。

新たな減災の時代に向けて

災害は現実世界（フィジカル空間）で発生するものです。そして、その災害情報をデジタル化することで、災害状況はサイバー空間へと移行し、いち早く情報の共有が可能となります。

　現に、センサーを用いた建物の被害状況の把握は実用化の段階に入っています。そこでは、風向・風速など、環境工学分野の観測ともオーバーラップしますし、都市のデジタルデータ、建物一つ一つの BIM 情報、住民や就労者の情報など、他のサイバー空間に存在するデータとの連携も考えられます。そしてそれらと連携することで、災害状況を含めた都市のデジタルツインが構成できるようになるでしょう。このデジタルツインにより、災害発生後の近未来の予測、例えば台風や線状降水帯の移動による災害状況の変化や余震に対する災害の予測計算も可能となるでしょう。さらに、このデジタルツインは、都市防災だけではなく、自動車の自動運転などへの活用も期待されます。

　災害発生時に多岐にわたる情報が大量に集約される時代は、すぐそこまで来ています。これまではそれぞれの分野が別々に研究開発を行ってきました。しかし、デジタル化が進むと、分野を横断して情報が集められ、それをもとにどのように災害対応判断を導き出すか、まさに「総合知」が求められるようになるでしょう。即時化・膨大化するデータの海の中で、災害時に適切な対応の方向性を見出せるのか、デジタルシステムの中にも人間の英知が求められます。我々の社会は、そして日本の高等教育は、こういったまったく新しい、しかし極めて重要な社会の変革についていけるのでしょうか。災害対応は待ったなしです。

—

楠浩一（くすのき・こういち）
東京大学地震研究所災害科学系研究部門教授。専門は耐震工学。博士（工学）。東京大学生産技術研究所助手、建築研究所主任研究員、横浜国立大学助教授、東京大学地震研究所准教授を経て、2018年より現職。2021年日本建築学会賞（論文）、2015年日本建築学会教育賞を受賞。

システム的思考と建築情報学

糸井達哉
Itoi Tatsuya

個別の分野における合理化、着目する評価軸上での最適解の探索などの伝統的な工学の枠組みには、現代社会において有効な側面もあります。

一方で、そこには重大な欠落もあります。それは、人と技術、人と環境、環境と技術の間の複雑な相互作用（インタラクション）が、私たちが生きている現代社会を特徴づけているのに対して、伝統的な工ではその学点を必ずしも重要視してこなかったためです。このような特徴を有する現代社会、あるいはその要素である都市・建築物における今後の形を明確にするためには、それらをシステムとして見ることが有効です。伝統的なシステムの定義では、システムは境界を有し、システムを構成する人やものは明確に定義され、達成すべき目的や目標も明確であることを前提としていることがほとんどです。一方、現実では、関わる人を含めたシステムの全貌、境界条件、目的や目標そのものにあいまいな部分が残ることが一般的です。関わる人や組織は、それぞれの立場や考え方に基づきシステムを理解し、その理解を前提に、課題を解決したり、価値を創造したりすることを試みざるをえないことになります*1。

このとき、人や組織のシステムに対する理解は、多くの場合、相互に矛盾や対立をはらんだものとなります。そのようななかで、課題を解決したり、新しい価値を創成したりするためには、関係する人や組織が共創することにより、境界条件、目的や目標などに関する共通認識を形づくることが求められます。

建築物、特に公共的な建築物など多様な人や組織が関わる場合には、利用者の要請や実際の振る舞いに加えて、技術の発展を含めた社会情勢、周辺の自然環境、あるいはそれらの相互作用によってその空間が形づくられ、日々変化することが求められることは論をまちません。つまり、新たな建築物を設計するとき、加えて建築物の使用中においても、設計者をはじめとする関係者が、建築物そのものや形づくる空間の状態、さらには社会の変化などを、そこに関わる人々とともに継続的に監視し、理解したうえで、将来の可能性を予測し、その予測を踏まえながら共創的に建築物の機能を再構成し続けることが、建築物が新たな価値を生み続けるために必要と言えます。現代では、「ハコ」という静的な存在である建築物、また建築に関わる人や組織も、アジリティ（敏しょう性）が高く臨機応変であることが求められているとも言えます。

近年の技術の発展において特筆すべきものの一つが、本書のテーマである情報技術による社会の高度情報化です。現代社会は、サイバー空間上にリアルタイムに収集・更新・蓄積される膨大な情報（ビッグデータ）を高度に活用することで、これまで解決できなかったような課題を解決し、新たな価値を創造し続ける社会と言えます。情報社会の発展により建築物の使われ方が不可避的に変化することもあり、それにより新たな建築物の使われ方が発見されることもあります[*2]。加えて、サイバー空間が建築物の形づくる物理空間と相互に連関する形で構成されれば、物理空間とサイバー空間の間でのリアルタイムな相互作用により新しい建築空間をつくりだすことも可能になると考えられます。例えば、物理空間におけるモニタリングデータを活用した問題の発見[*3]、サイバー空間上における高度なシミュレーションによる分析や将来予測[*4]、それらの予測結果に基づく物理空間の高度な制御などがそのために必要な要素技術となります。

このような新たな枠組みは、一見対立する個々人の異なる嗜好を同時に満たす空間の実現など、膨大なリソースが必要であるがゆえに従来議論の俎上に乗らなかったような建築物の新たな価値を生みだす可能性があります[*5]。一方、そのような検討において、境界条件などを定める作業はより複雑になります。高密度のモニタリング（状態監視）や機械学習の活用がそのような複雑な作業を容易にすることも期待されますが[*6]、上述した人々の共創が必要不可欠な部分も多く残ること、また、その共創が新たな価値を生みだす原動力になることについては言うまでもあり

ません。加えて、建築物の設計・建設においてより運用を考えた備えを行うことも含めた建設業界の考え方や慣行の変革、また、建築業界以外の他分野との協働もより重要な要素になります。

---

*1 例えば、古田一雄編著『レジリエンス工学入門』日科技連出版社、2017年など。
*2 例えば、本章4節の例など。
*3 本章5節の例など。
*4 本章1節の例など。
*5 本章3節の例など。
*6 Sangwon Lee, Tatsuya Itoi, "From 'Structural Health Monitoring' to 'Building Health Care': Opportunities and Challenges", 8th International Symposium on Reliability Engineering and Risk Management (ISRERM 2022), 2022

糸井達哉（いとい・たつや）
東京大学大学院工学系研究科建築学専攻准教授。専門は地震工学。博士（工学）。著書に『東日本大震災合同調査報告 総集編』（共著、2016年）、『Resilience: A New Paradigm of Nuclear Safety: From Accident Mitigation to Resilient Society Facing Extreme Situations』（共著、2017年）など。

03

デジタル・
サスティナビリティ
DIGITAL
SUSTAINABILITY

「科学技術の進化が単純に人類の長期的な繁栄と幸福をもたらしているのか」という疑問を意識するようになったことが、「持続可能性（サスティナビリティ）」という概念の根幹にあるとすれば、情報技術と建築の関係もまた、その価値観に基づいて吟味されるべきものでしょう。

　建築と都市の情報化は、人類のサスティナビリティに対して社会と経済の情報システムの側面から貢献することが期待されています。地球環境に対する影響が懸念される化石エネルギーの過剰な使用を抑制するために、情報技術が建物の温熱環境の効率化と制御に応用されることはその典型だと考えられ、すでに様々な分野で実践されています。そして、建築にとってエネルギーと同様に持続可能性に大きな意味を持つのが建物を構成する材料であることから、そのライフサイクルを意識した建築のデザインや、建物の寿命を超えた資源循環システムを考えることも始まっています。もとは設計や施工の作業効率化に端を発する建築情報の統合モデルであるBIMの役割についても、次第に資源とエネルギーの合理的な使用と循環という課題に対する貢献が期待されるようになりました。なぜなら、建物に関する膨大なデータを履歴として長期的に蓄積していることが、その後の建物の保全管理や資源の再利用を合理化する上でも役立つからです。

　このような長期的に蓄積されるデータは、建物の寿命を超えて地域の歴史的な記憶やアイデンティティを保全するという文化的なサスティナビリティを高めるツールとしても注目を集めています。そうであれば、単に物体としての建物だけでなく、そのデータの維持管理や社会への提供の方法も、建物のサスティナビリティに関わる重要な要素として考えるべきでしょう。その上で、人間が良かれと思って進めたことに意外な落とし穴があることも忘れてはなりません。

池田靖史

木造建築を持続可能にする情報化技術の活用

藤田香織
Fujita Kaori

歴史的な木造建築から学ぶ持続可能性

持続可能な社会の実現に情報化技術がどのような形で貢献できるか建築学から考えることが、本章の狙いかと思います。私は歴史的木造建築の構造性能の研究をしています。木造建築は木材という有機材料でできており、構造材料としてはやわらかく決して強い材料でもありませんが、1千年以上も生き延びてきました。木造建築を健全な状態で継続的に使用するための研究をしていますが、むしろ長く生き延びてきた木造建築から持続可能性を学ぶべきなのかもしれません。

木造建築の構造性能評価への情報化技術の適用

一つ目の話題は、既存の木質構造の構造性能評価に情報化技術をどのように利用していくかです。私が研究対象としている歴史的な木造建築の

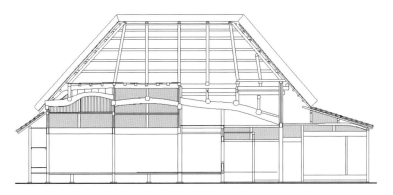

図1 歴史的木造建築の断面図の例
（出典：Kaori Fujita, Tetsu Kondo, Mikio Koshihara, Shinji Iwata, Mahito Nakazono , Isao Sakamoto, "On-Site Lateral Loading Test of a Traditional Timber House in Japan", Journal of Asian Architecture and Building Engineering, 2004）

場合、天井から下の見えがかり材には角材など整形された木材が使われていることも多いですが、小屋組などの野物（もの）材には曲がっている部材もよく用いられます［**図1**］。また、見えがかりの材でも、経年変化や長年荷重を負担してきたために変形しているものもあります。さらに、加工精度の粗さなども含めた部材の計測・記録・評価の方法は、目的に応じていくつか考えられます。近年は 3D スキャナーが手頃に使えるようになってきたので、これを利用することで、専門家の高度な技術や知識がなくても正確な形状が計測・記録できます。

　文化財建造物などで保存・修理が目的の場合は、その分野の専門家が時間と労力をかけて図面化してきており、小屋裏の部材や、修理直前の変形状態などの図面も見ることができます。これらをもとに、建物の修理と保存が行われ、測定方法や図面化の技術も培われてきました。ただし、国宝・重要文化財に指定される建造物の数も年々増えており（現在は 5 千棟以上）、登録文化財や未指定の歴史的な建築物などの利活用も活発化しています。専門家の数に対して修理しながら使っていきたい歴史的建築物の数が増えており、3D スキャンは非常に有効な手法であることは間違いありません。

　建物の構造性能の評価を行うことが目的の場合は、材積や構造的に

重要な部材の正確な形状と寸法が必要になります。この場合も、現在は文化財修理の専門家が描いた詳細図・矩計図をもとに構造計算が行われています。特に詳細な検討が必要な部分において、3Dスキャンは計測・記録するだけでなくその値を構造計算に反映させることもできる点が大きな利点です。計測した点群データを構造計算に利用できるデータに落とし込む際には、専門家の知見が必要になりますが、手作業で実測して描くよりも手間がかなり省けることが期待できます。

　構造性能の評価により補強が必要だと判断された場合、補強部材の設計と取り付けが問題となります。この場合は、既存部材との取り合いが重要になるため、精度の高い形状測定が求められます。特に小屋組の部材などは長期鉛直力によるクリープ変形などが生じうる難しい部分ですので、その部分の形状が正確にわかるのはありがたいことです。さらに、不整形な部材はもちろんのこと、経年変化などにより部材が変形・欠損している場合などは特に、3Dスキャンにより正確なデータが得られることによる利点は大きいです。

　一方で、従来は形状の不安定さを収まりの工夫で逃げる設計が求められており、それが設計者に培われてきた技能だったと言えます。3Dスキャンと3Dプリンターにより、既存の複雑な形状の部材にピタっと合う補強材が製作できるようになったとしても、補強設計の技能の継承には目を配る必要があるように思います。

　構造性能の評価について、正確な情報がわかることにより攻めた設計になってしまうことも見逃せません。従来から行ってきた計測・図面情報では、わからない部分や丸めた部分があることを前提としているため、安全率をしっかりとり、用心深く対応してきた面があります。しかし計測精度が高いことが前提になると、安全率は最低限に抑えることができるようになります。材料特性や見えない部分など、まだわからないことが多いということをつい忘れてしまうのは、とても怖いことです。

　実際、本当に知りたいのは見えない部分の情報です。細かい情報が必要な部分と必ずしもそこまで必要ではない部分がありますが、木造の

図2 建長寺仏殿でのX線
写真撮影風景

図3 建長寺仏殿の柱貫接
合部のX線写真の一例
（出典：辛殷美・讃岐将嗣・青木ゆ
い・藤田香織「継手を有する柱貫接
合部の実験的研究（建長寺仏殿・法
堂の構造性能評価 その1）」『日本建
築学会構造系論文集』80巻、711号、
2015年）

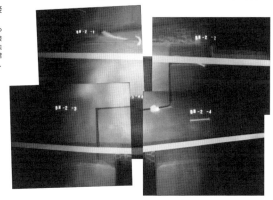

構造性能として最も必要な情報は接合部の形状です。例えば小屋部材の
場合は、軒先周りや上部から荷重がかかる束材との取り合いなどになりま
す。基本的にスキャンできるところは見える部分なので、専門家が時間と
労力さえかければ実測・図面化することは可能です。実際に文化財建造
物などはそのような方法で記録し、建物を残してきました。建物を解体で
きれば、接合部の形状や壁の内部なども正確に計測することができます
が、解体修理は時間も手間もかかる仕事で、文化財以外ではあまり現実
的であるとは言えません。建ったままの状態で接合部や壁の内部は見ら
れませんが、構造性能の検証にはぜひとも必要な情報です。

そのため、見えない部分をどのように知るかはとても重要です。私たちは、

過去の類例調査を多く行うことで推測していますが、これは確実性がや
や低く、できれば実測したいわけです。

　現地で木造接合部をX線で調査したことがありますが、これは大変困
難でした。図2、3は、鎌倉にある建長寺での調査の様子と結果です。
2日間かけて4カ所の接合部を合計100枚ほど撮影し、その中で最もき
れいに撮れたものが図3です。なぜうまく撮れないかと言うと、まず部材
が丸い（丸柱）ために照射する深さが場所によって変わってしまうこと、そ
して木材に干割れなどもあり、接合部のつなぎ目との違いがわかりにくい、
接合部が木材同士であるがためにある程度の隙間がなければはっきりと
映らないといった要因が挙げられます。これはどの木造建築でも同様に起
こる問題です。建物が建ったままの状態で、虫害や断面欠損なども含め
て壁や接合部の中の状態が可視化できるようになれば、既存建築物の
構造性能の評価は格段に行いやすくなります。これは情報化というより検
査方法の話題ですが、今後実用的な方法が普及することを期待していま
す。

木造建築の挙動を活用した構造ヘルスモニタリング

前項では木造建築の接合部や加工精度などの詳細情報の活用について
述べましたが、本項では逆に建物全体としてのマクロな情報の時間的な
推移について紹介します。20年ほど前から、いくつかの歴史的な木造建
築に地震計を設置し、地震時の挙動を観測しています [**図4**]。当初の目
的は、強震時における伝統的木造建築の挙動を実測することでした。で
すが、ここ20年で計測器や通信技術の進歩は著しく、みるみる性能が
上がる一方値段は下がり、データ記録容量が増大するだけでなく、データ
の転送も容易になりました。そこで、トリガーレベルを下げて、地震だけで
はなく微小な振動も常時測定し、そのデータを研究室にいながらにして見
られるようになりました。私たちは10年以上かけて小さな揺れも含めた多

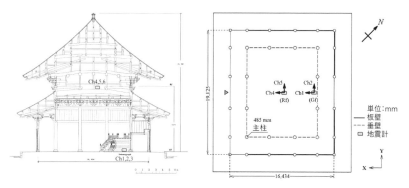

図4 建長寺法堂での地震観測調査（出典：Kaori Fujita, Kazuki Chiba, "Long-Term Earthquake Response Monitoring of Nineteenth-Century Timber Temple Kencho-ji", International Journal of Architectural Heritage, February, 2022）

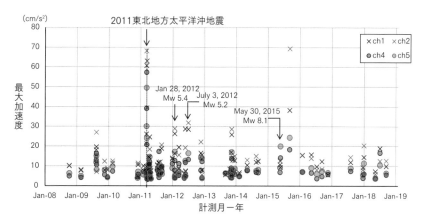

図5 建長寺法堂における最大加速度の観測結果（2008〜19年）（出典：図4に同じ）

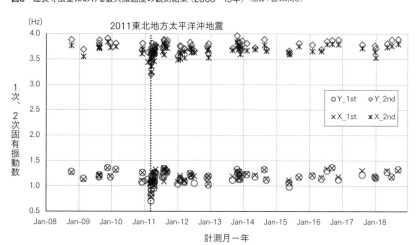

図6 建長寺法堂における固有振動数の観測結果（2008〜19年）（出典：図4に同じ）

くの記録を取ることで、伝統的木造建築の挙動（具体的には剛性）が経年や地震の前後で変化していないかを調べています。加速度記録［**図5**］の構造ヘルスモニタリングへの適用です。

　図6は、前述の建長寺で行っている地震観測から得られた結果で、横軸に計測の日時、縦軸に固有振動数を表しています。2008年から2019年の12年間計測した結果、固有振動数（初期剛性）に変動はありますが、全体的にほとんど変わっていないことがわかります。私の予想としては、10年くらいたてば少し剛性が下がるのではないか、あるいは東北地方太平洋沖地震などの大きな地震の前後で剛性が落ちるかもしれないと考えていましたが、計測結果からはそういった傾向は見られません。地震の最中には剛性が下がりますが、地震が終わると元に戻る、非線形弾性的な挙動を示していることもわかります。

　逆に言えば、歴史的な木造建築だと木材もすでに十分乾燥しているので、固有振動数は10年程度ではあまり変動しないので、もし大きな変動があれば、どこかが傷んでいるはずだということになります。つまり、当初は強震観測を目的で取り付けた加速度計の情報が、実は長期間計測することでヘルスモニタリングに応用できると考えられます。この分野は、現在大変活発化しており、東京大学赤門（旧加賀屋敷御主殿門）でも東京大学地震研究所の楠浩一先生（2章5節参照）と一緒に調査を実施しているところです。

　なお、木造建築でヘルスモニタリングに応用する場合、もう一つ重要な点があります。固有振動数のグラフをもう一度見ると、長期的に見れば変動はあまりありませんが、同じ時期でもある程度ばらつきがあることがわかります。これは実は、季節と連動していることが最近わかってきました。木造の建物では温湿度の影響を受けますので、この影響も含めて考えることでより正確にヘルスモニタリングに適用することが可能になると考え、現在、温湿度環境の異なる複数の国と地域で調査を実施しています。

情報化技術に求められる持続性

ここまで、歴史的な木造建築のように、不整形な材、木材・竹・土などの不均質な天然材料を用いる建築物であっても、デジタル化や情報化と必ずしも相性が悪いわけではないというお話をしてきました。むしろ、これまで高度な知識・技術と多大な労力で支えられてきた歴史的建築物は、デジタル化や情報化といった技術的な進歩により計測・記録しやすくなり扱いやすくなってきたという側面もあります。

　ここで一つ、私自身が困っていることを共有します。情報化の技術は現在、急速に発展している分野なので、パソコン・計測機器・接続機器・記録媒体・ソフトのすべてで更新期間の長短が異なり、いずれも建物の寿命よりも圧倒的に短い。歴史的な木造建築を20年間計測してきましたが、計測機器や配線・ソフトの入れ替えなどに相当な手間をかけなければなりませんでした。特に寿命の長い建築物を扱う場合には、長期間使い続けられるような計測方法や簡単に更新できる機材、さらには計測者が代替わりしても最低限のデータは読み出せるような手法が、今後ますます開発されると良いと思っています。建築物を持続させるシステムはできているので、それを支えていくための新しい技術にも持続性が求められているのではないでしょうか。

—

藤田香織（ふじた・かおり）
東京大学大学院工学系研究科建築学専攻・教授。専門は木質構造、特に歴史的木造建築の構造・構法を専門とする。博士（工学）。東京都立大学助手、首都大学東京助教授、東京大学准教授を経て、2019年より現職。

住宅の脱炭素化における
デジタル活用

前真之
Mae Masayuki

筆者は住宅の省エネルギー化と室内温熱環境について、25年以上にわたり研究を行ってきました。住宅はすべての人々の最も基本的な生活の基盤であり、その脱炭素化は単なる省エネ化・温室効果ガス削減にとどまらず、冬のヒートショックや夏の熱中症予防の観点からも、健康・快適な室内温熱環境の確保のために極めて重要です。一方で、住宅の省エネ化や室内環境の改善は遅々として進んでいないのが現実です。本稿では、住宅の脱炭素化を加速するためのデジタル活用の可能性について考察することにします。

住宅の脱炭素化の現状とデジタル化の二つの効用

2021年10月に当時の菅義偉首相が、2050年における日本の脱炭素化目標を表明して以降、様々な施策が展開されています。一方で、その多くはアンモニア火力発電や原子力発電、製鉄など、重厚長大産業を対象としたものが目立ち、住宅・建築物に関する取り組みは十分とは言えません。

　住宅の脱炭素化および室内温熱環境改善に有効ですでに確立された

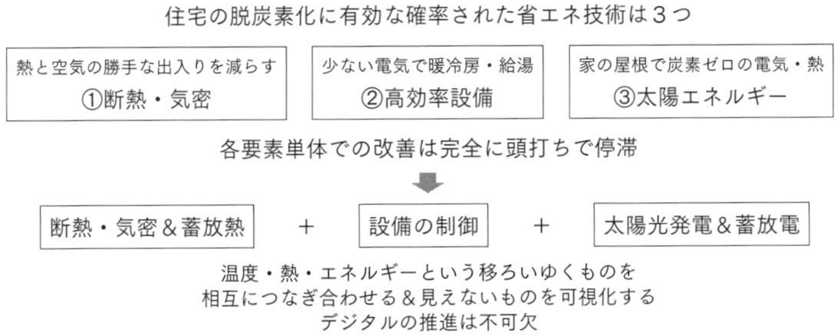
住宅の脱炭素化に有効な確率された省エネ技術は３つ
熱と空気の勝手な出入りを減らす
①断熱・気密
少ない電気で暖冷房・給湯
②高効率設備
家の屋根で炭素ゼロの電気・熱
③太陽エネルギー
各要素単体での改善は完全に頭打ちで停滞
断熱・気密＆蓄放熱
＋
設備の制御
＋
太陽光発電＆蓄放電
温度・熱・エネルギーという移ろいゆくものを
相互につなぎ合わせる＆見えないものを可視化する
デジタルの推進は不可欠

図1　住宅の脱炭素化に有効な三つの省エネ技術とデジタルの必要性

省エネ技術は、①断熱・気密、②高効率設備、③太陽エネルギーの三つになります［**図1**］。従来、日本では、②に関する給湯機や照明・家電のエネルギー効率の向上が省エネ化の中心でした。LED照明やヒートポンプ給湯機、エアコンや冷蔵庫などが代表的な高効率設備でしたが、2010年以降は効率の向上は停滞しています。

①断熱･気密に関しては､1999年に「断熱等級4」が定められて以降、特に温暖地で普及が著しく停滞していました。2022年に「断熱等級5･6･7」が新設されたこともあり、今後の本格的な普及が期待されるようになっています。ただし、外皮の高断熱・高気密化は部材や施工費の上昇を招くため、コストの制約が課題となることが少なくありません。また、既存住宅の多くは実質的に無断熱であるため、その断熱改修も重要となりますが、一般の居住者は自宅の温熱環境や暖冷房エネルギー消費に無自覚で、改修へのモチベーションが低いことも課題です。

③の太陽エネルギーの活用については、従来からの太陽熱の屋根集熱による給湯や暖房への利用に加え、近年では太陽光発電の普及が進んでいます。また、開口部からの日射熱取得で暖房に必要な熱をまかなうダイレクトゲインは、外皮の高断熱・高気密に伴い、その有用性を高めています。太陽エネルギーの活用は、エネルギー消費に伴うコストやCO_2排出の削減に極めて効果的ですが、熱や電気を取得できるのが晴天日の昼間に限られるため、蓄放電・蓄放熱の制御が欠かせません。

デジタル化の定義はあまたありますが、筆者が住宅の脱炭素化に有効

と感じるのは、「移ろいゆくものを相互につなぎ合わせる」ことと「見えないことを可視化しつなげていく」ことの二つになります。以下では、この二つのデジタル化の効用について見ていくことにしましょう。

デジタル化の効用１：移ろいゆくものを相互につなぎ合わせる

住宅の脱炭素化において、再生可能エネルギー、特に住宅スケールで実用的な太陽エネルギーの活用は極めて重要です。一方で、太陽熱・太陽光発電は、晴天日の昼間にしか得ることができない不安定な「移ろいゆく」ものです。従来は、火力発電や原子力発電のように長時間安定供給できるエネルギー源が良いとされてきましたが、前者は CO_2 の大量排出、後者は出力変動が困難で安全対策による運用コストの増大に懸念があります。幸い、近年の IoT 技術の発展により、移ろいゆく太陽エネルギーを適切に活用できる技術が発展しつつあります [図2]。

　住宅ごとのオンサイトの再生可能エネルギーの利用としては、「太陽光パネルの屋根への設置（屋根載せPV）」が代表的です。従来は余剰電力の買取単価が高額であったために売電が有利でしたが、近年では買取単価が引き下げられたこともあり自家消費が有利となっています。電気として充電する定置型蓄電池や電気自動車(EV)が自家消費の代表例ですが、より低コストな手法として、太陽光発電の電気で沸き上げを行う昼間沸き上げ型給湯器も注目されています。

　屋根載せPVは戸建住宅では容易に設置可能ですが、集合住宅では制約が厳しい点が課題です。そのため、野立ての太陽光発電や風力発電など、敷地外のオフサイトの再生可能エネルギーの活用も求められます。九州など柔軟性のない原子力発電がベースロード電源と称して多数運用されているエリアでは、再生可能エネルギーの電気が系統に供給を停止される「出力抑制」の多発が問題となっていますが、今後はオフサイトの再生可能エネルギーの供給状況に応じ、太陽光発電がない集合住宅に

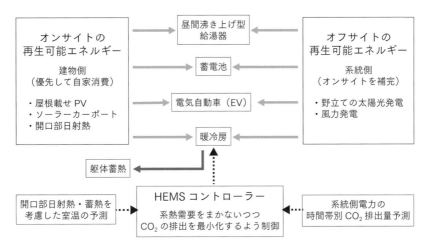

図2 デジタル技術によるオンサイト・オフサイトの再生可能エネルギーの住宅への活用

おいても給湯機の昼間沸き上げや蓄電池の充放電が普及する可能性があります。それにより、「オフサイトの再生可能エネルギー」と「住宅の熱・電気需要」という二つの移ろいゆくものを相互につなぎ合わせることで、遠く離れた需要と供給を協調させることが可能となります。筆者の研究室では、開口部の日射取得や躯体の熱容量による蓄放熱を活用し、室温を快適な範囲に保ちながら再生可能エネルギー利用を最大化する制御技術の研究を行っています。オンサイトはもちろんオフサイトの再生可能エネルギーも含め、発電・発熱と電気需要・熱需要を相互に接続して制御するデジタル技術は、今後欠かせない存在となるでしょう。

デジタル化の効用2：見えないものを可視化する

日本の住宅においては、従来より冬の寒さは当然のこととして許容されていましたが、近年になって室間温度差による健康被害「ヒートショック」が広く知られるようになり、断熱性能の向上がようやく本格化した経緯があります。また、地球温暖化による夏期の温度上昇により最高気温が35℃

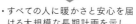

①行政	②業者	③施主
・きちんとした断熱リフォームの普及策を示していない ・補助金も単年度でコロコロ変わる ・省庁縦割りで補助金額も小さすぎ	・リフォームに適した計画・施工の定型がなく、効率が悪い ・補助金申請や確認に忙殺される ・補助条件が中小業者に不利	・断熱リフォームを行った人の間では満足度は非常に高いが、実際に体感するまで効果がわからない
・すべての人に暖かさと安心を届ける大規模な長期計画を示し、業界をリード ・申請・確認業務を徹底効率化	・リフォームの計画・施工管理の効率的な定型をつくり、共有化 ・補助金申請・事後報告も自動化	・簡易な計測・データ整理の自動化で温度・電気代を見える化し、断熱改修の効果をわかりやすく示す

行政・業者・施主のすべてで効率化が不可欠
DXの推進が重要に

図3 断熱改修の普及における行政・業者・施主の課題とデジタル技術による解決策

を超える猛暑日が頻発するようになり、夏の暑さを防ぐためにも断熱性能の確保が必須となっています。

しかし、残念ながら住宅性能の確保は著しく遅れており、1999年に制定された「断熱等級4」ですら、住宅ストック全体の13％にしか普及していません。新築住宅の着工数が減少するなか、既存住宅の断熱改修も、本格的な普及には至っていないのが現状です。

断熱改修が普及しない理由を、図3に整理しました。まず、①行政については、長期計画を示すことなく場当たり的な対応に終止しており、細切れの補助金の乱発と手続きの煩雑化が深刻です。一方、②業者にとっても補助金申請への対応は大きな負担であり、専属のスタッフを配置できる大手業者はともかくとして、中小業者の中には申請自体を躊躇する場合が少なくありません。また、新築に比べてリフォームは計画・施工管理が煩雑であり、効率化・収益化が遅れているのが現状です。他方、③施主にとっても、断熱改修の存在自体を知らないのが一般的で、知っていても効果の実感がないために費用負担をためらう場合が多いのが実情です。断熱改修を行った施主の満足度は高いものの、実際に断熱にまで取り組んでいるのはほんの一部にとどまっています。

こうした断熱改修の普及における三者三様の障害については、「見えな

いものを可視化する」デジタル技術が解決の大きな力となるでしょう。①の行政にとっては、補助金支給に関する業務の効率化にデジタル技術は大変有効であり、直近の国土交通省・経済産業省・環境省合同の「住宅省エネ2023キャンペーン」においては、複数の補助金の連携が効率化されるなど改善が始まりつつあります。②の業者についても、補助金申請業務のデジタル化は大きな恩恵となっており、さらにリフォーム業務の効率化に向けて工程管理ツールの開発も進みつつあり、収益性の向上が期待されます。

　また、③の施主の理解向上のためには、断熱リフォームによる室内温熱環境の改善や暖冷房費の削減の効果の「見える化」が有効だと言えます。筆者の研究室では、一般の施主向けに、断熱改修による室内温熱環境の改善と暖房費の削減の効果を見える化した資料を作成・公開しています［**図4**］。そこでは、モデル住宅における数値流体計算（CFD）や熱回路網計算による計算結果を遠赤外線画像や改修手法とともに示すことで、改善効果を直感的に理解してもらうことを目的としています。

施主と業者がともに住宅性能を高めるために協力できるDX

断熱改修のさらなる普及に向けて、業者と施主の課題を効果的に解消するため、筆者はアンドパッド（施工管理ツール）・YKKAP（窓メーカー）・新建新聞社（工務店向けメディア）と共同で「住宅性能向上DX」の研究を進めています［**図5**］。その目的の中心は、業者側の業務効率化と、施主側の効果認識であり、断熱改修に関わる資料の収集・一元化と施工管理の効率化、さらには温度・電力の計測・分析の効率化を目指し、ツールの開発を行っています。

　DXという言葉の提案者であるエリック・ストルターマン（インディアナ大学情報学・コンピューティング学・工学系研究科情報学教授）は、DXを「情報技術の浸透が、人々の生活をあらゆる面でより良い方向に変化させること」と定義し、情報技術と現実が徐々に融合して結びついていく変化が起こるこ

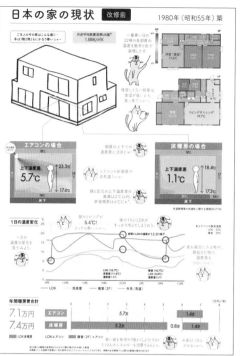

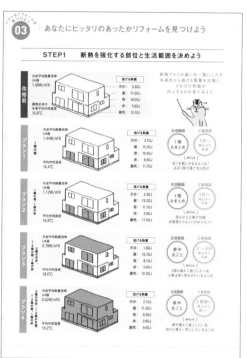

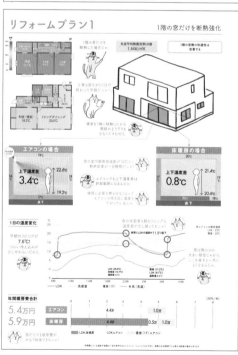

図4 断熱改修の普及に向けた室内環境や暖房費の効果の可視化資料の事例
（出典：前真之監修、暮らし創造研究会発行「健康で快適な暮らしのためのリフォーム読本」（https://kurashisozo.jp/img/effort/reform.pdf））

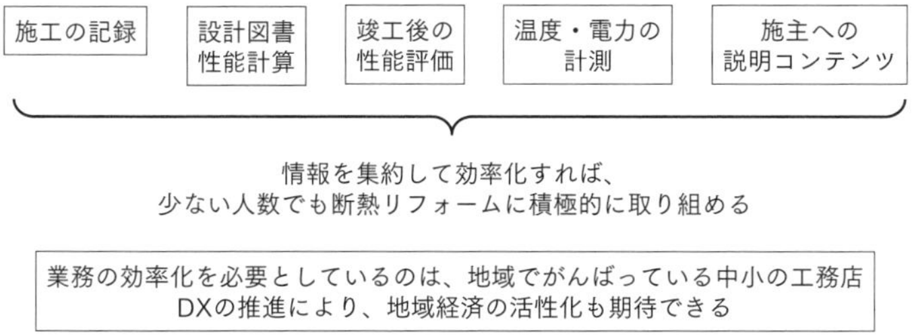

施工の記録	設計図書 性能計算	竣工後の 性能評価	温度・電力の 計測	施主への 説明コンテンツ

情報を集約して効率化すれば、
少ない人数でも断熱リフォームに積極的に取り組める

業務の効率化を必要としているのは、地域でがんばっている中小の工務店
DXの推進により、地域経済の活性化も期待できる

図5 断熱改修を促進する「住宅性能向上DX」の取り組み

ととしています。建築分野でも各所でDXの必要性が叫ばれていますが、事業者側の業務効率化に偏っている印象は否めません。筆者にとってのDXの意義は、建物のつくり手と使い手の間で状況が常時共有されることで、建物の効用が可視化され、効率的な運用や改善につながっていくことにあります。今までは「一部の専門家にしかわからない」または「建ててみなければわからない」とされてきた建物の性能・実情がオープンに見える化されることは、供給者側の立場が強かった建築分野に長期にわたる変革をもたらすものと予想しています。

　筆者は、環境面から建築が満たすべきことは、「冬暖かく、夏涼しい健康・快適な環境」を「電気代も安心なわずかなエネルギー消費」で「すべての人に届ける」ことと考えています。この実現に向けて、デジタル技術、デジタル・トランスフォーメーションは大きな力になることを期待しています。

—

前真之（まえ・まさゆき）
東京大学大学院工学研究科建築学専攻准教授。専門は建築環境工学。博士（工学）。国立研究開発法人建築研究所研究員等を経て、2008年より現職。著書に『窓でかわる住宅のパッシブ設計』（共著、2023年）、『エコハウスのウソ』シリーズ（2012、2015、2020年）など。

建築のライフサイクルと情報技術

清家剛
Seike Tsuyoshi

解体時の BIM の活用

建築のライフサイクルとは、設計・施工・使用・修繕・改修・解体という建築物の一生のことを指します。その各場面で、情報技術が活用されています。特に建築分野で代表的な情報技術としては、BIM（Building Information Modeling）があります。BIM は 2 次元の CAD に代わる 3 次元のツールのように理解されることが多いのですが、名称に"Information"が含まれていることからもわかるように、建築の情報を活用することができるツールなのです。

　BIM の現状については、設計や施工について様々な BIM が開発され、普及に向けた取り組みが進められており、最近では維持管理に向けた BIM も開発されています。こうしたなかでまだ取り組みが少ないのが、解体時の BIM の活用です。

　解体時の取り組み例として、実証実験・研究用の住宅「コエボハウス」の事例を紹介します。この住宅は、2014 年に日本で初めて本格的に CLT パネル（ひき板を繊維方向が直交するように積層接着したパネル）を使った

建物の一つとして、東京の有明に建設され、その後慶應義塾大学湘南藤沢キャンパスに移築されました。もともと一定期間が過ぎれば取り壊す予定で、2023年に解体することが決まりました。そこでCLTパネルを部分的に再利用することを目的として、BIMで解体のシミュレーションを行い、敷地条件と解体期間を考慮して、適切な作業方法およびタイミングを導き出しました［図1］。このように解体時にデータを有効に活用することが実証できましたが、一方で実際の建築は少なくとも30年以上は使われるため、解体までの長期間、データが継承されるのかという課題もあります。

　建築は、戸建住宅でも約100t、ビルになると数千〜数万tという重量になる、大量の資源を使った一品生産の製品です。その資源を有効に活用するためには、その建築の情報が正しく記録され、解体時まで継承されることが重要になります。

　建築分野では、CADやICタグといった技術が開発されるたびに、建築の履歴を残そうとか、建材のデータを残そうという取り組みが行われてきました。しかし、これまでは将来のデータ活用のイメージが、必ずしも明確ではありませんでした。一方で、現在は環境に配慮した設計が求められており、将来の解体時にもリユースやリサイクルを積極的に行うことが重視され始めています。BIMの使い方として、建築のライフサイクルの最後にあたる解体まで考慮することは、今後重要になると考えています。

建設時のCO_2排出量削減

環境に対する配慮が強く求められるなか、資源の有効活用以上に話題になっているのが、地球温暖化に対する負荷を減らすこと、その指標であるCO_2排出量を減らすことです。2050年のカーボンニュートラルの実現に向けて、そもそも寿命の長い建築においては、使用時のCO_2排出量の削減が重要であり、そのために省エネルギー化に取り組んできました。例えば標準的な戸建住宅を30年使用した場合のCO_2排出量は、7割程

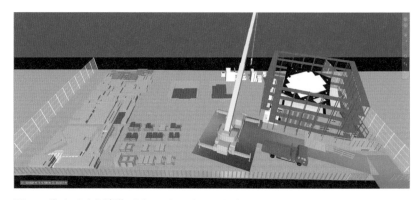

図1 コエボハウスにおける解体のシミュレーション（作成：王索奥（東京大学池田靖史研究室））

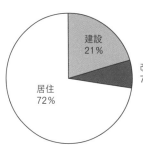

建設
21%

改修・修繕・解体
7%

居住
72%

※一般的な仕様の住宅を30年間使用した場合について、
CASBEE戸建の評価ツールに組み込まれたCO$_2$排出
量の標準計算を用いて算定

図2 標準的な戸建住宅のCO$_2$排出量の構成

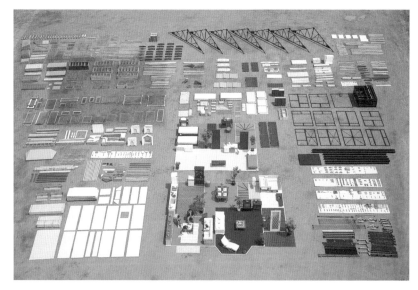

図3 プレハブ住宅を構成する部品。積水ハウスの戸建住宅1棟の部品を展開した例で、およそ6万点の部品で構成されていた（提供：積水ハウス）

度が使用時のもので、建設と改修・修繕・解体時の排出量は3割程度にとどまります[図2]。この傾向は、大規模な建築でもそれほど変わりません。したがって、使用時の CO_2 排出量の削減、つまり省エネルギー化に力を入れることが、建築にとって最も重要な課題とされてきました。

　しかし、できる限りの省エネルギー化と、太陽光発電などの創エネルギー技術によって、ZEH（ゼロ・エネルギー・ハウス）やZEB（ゼロ・エネルギー・ビル）に向けた取り組みが増えるなか、使用時だけでなく建設時の CO_2 排出量も減らそうという動きが出てきています。日本全体で見ると、建設時の CO_2 排出量は年間総量の1割程度を占めています。

建材に関するデータベースの整備

では、建設時の CO_2 排出量も計算・評価して減らせばよいのですが、そこには多くの課題があります。

　建築は、数多くの材料や部品といった建材で構成されています。その中には、鉄・コンクリート・木材といった主要な構造材料だけでなく、屋根や外壁、窓やドア、天井や床、その下地となる材料や、それらをつなぐ釘・ネジ・金物等で構成されています。規模の小さな戸建住宅でも、数で数万、種類で数百から千くらいの部品で構成されていると言われています［図3］。ところが、これら部品の一つ一つがどのような製造過程でつくられ、どのように現場に持ち込まれて施工されたのか、それぞれのプロセスでどれくらいの環境負荷がかかったのかを明らかにして、それらのデータベースを整えなければ、建築まるまる1棟の建設時の CO_2 排出量は計算できないのです。

　現在日本では、日本建築学会が提供するLCA指針のツールで、建築のライフサイクルにおける CO_2 排出量を計算することが一般的です。このツールでは、産業連関表という日本国内の統計データをもとに、日本建築学会が各建材のデータベースを作成しており、それを使って計算できる

ようになっています。ちなみに、図2に示した戸建住宅のCO_2排出量の算定でも、このツールを利用しています。そのデータベースには、建築で使われる主要な建材のデータが組み込まれており、入力の手間はかかりますが、建設時のCO_2排出量も計算できます。

しかし、課題もあります。木材やガラス、あるいは窓などのそれぞれのデータは、統計データに基づいて計算されています。そのため、例えばCO_2排出量の削減努力をしたガラスを用いていたとしても、一律の「ガラス」として扱うしかなく、個別の努力の結果を反映できるようなしくみにはなっていないのです。

こうした個別の努力を反映させるには、産業連関表ベースのデータではなく、積み上げベースのデータの方が有利だと言えます。積み上げベースのデータは建材メーカーが自社製品のデータを自らつくるもので、各社の手間はかかりますが、製品ごとにデータをつくるので、それぞれのメーカーの努力は反映しやすくなります。海外ではこちらが主流ですが、実際には各社のデータのつくり方が統一されていないため、建築1棟の計算に用いるには課題があるようです。しかし、日本においても、ある程度ルールを統一化した、積み上げベースによる建材データの必要性が議論されています。データベースの構築には時間はかかりますが、いずれは一つの選択肢として検討されることになるでしょう。

環境情報に関するリテラシーの重要性

CO_2排出量に代表される環境情報については、そのデータについて理解した上で取り扱う必要があります。情報技術、具体的にはBIMの普及により、環境情報が身近に扱えるようになる場面では、それを使いこなす社会の成熟も必要になるのです。

ここでは、建設時のCO_2排出量を例に説明します。建設時のCO_2排出量の構成を見ると、輸送や施工よりも建材の製造時のCO_2排出量

が最も大きくなります。その中でも、1000℃以上の高温で製造される鉄・セメント・ガラスなどの CO_2 排出量はかなり大きくなります。一方で、建築1棟では鉄とコンクリートの占める重量の比率が高く、結果として RC 造などではこの二つの材料で重量の9割、CO_2 排出量も9割を占めることになります [図4,5]。これらは基本的な構造材料ですので、そう簡単に減らすことはできません。したがって、建設時の CO_2 排出量を大きく減らすには、鉄とコンクリートを新規に使用する量を減らす、つまり木造にするとか、リノベーションを増やして新築を減らすといった対処法しかないのです。このように、CO_2 排出量の大きな削減は容易ではないということをまずは理解することが重要です。

　次に建設時の CO_2 排出量を減らし、究極の省 CO_2 住宅を目指した LCCM（ライフサイクルカーボンマイナス）住宅のデモンストレーション棟での取り組みを紹介します。図6は、検討段階での計算結果を示したグラフになります。左端の一般的な住宅の数値に対して、左から2番目のデモンストレーション棟の最初の結果は、十分な断熱材と大きな開口部を備えた設計や、屋根に 8kW の太陽光発電を載せたため、ずいぶん大きな値になりました。それを少しでも減らすために、低環境負荷の高炉セメントや真空ガラス、高性能断熱材の採用による材料の使用量削減を検討し、最終的に右端のグラフにまで減らしました。

　こうした削減の検討を行うためには、各建材の CO_2 排出量が一つの建築の中でどのような比率を占めているのか、何をすればどれくらい減らせるのかについて、設計者や発注者がきちんと理解して取り組む必要があります。つまり、建築で可能な努力の範囲を理解して設計することが、重要になってくるのです。

　一方、データには様々な誤差が含まれていることも理解しておく必要があります。まず、計算過程で誤差が発生します。建設時の CO_2 排出量の計算では多くの入力項目があるので、その過程で人によって判断が分かれる部分もあり、誤差が生じます。以前、建築学会の LCA 指針を使いこなす2人の専門家が、試しに同じ建物で計算してみたことがあるそうで

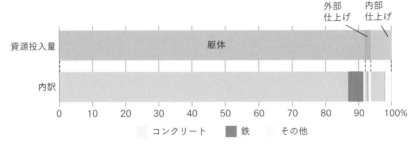

図4 RC造8階建て共同住宅の材料別重量の構成（出典：日本建築学会のLCA指針のツールのモデルビルディングで計算）

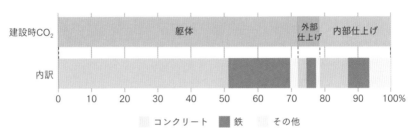

図5 RC造8階建て共同住宅のCO_2排出量の構成（出典：日本建築学会のLCA指針のツールのモデルビルディングで計算）

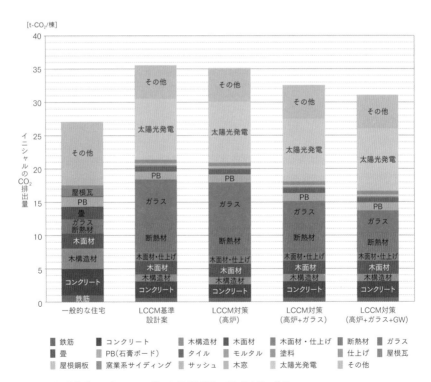

図6 LCCM住宅デモンストレーション棟における建設時のCO_2排出量の検討

す。その結果、2人の計算の差は5％程度でした。専門家から見ると5％の差は極めて小さい数字で、「さすが」ということになります。しかし、一般の方にとっては誤差が5％も出るのかと驚かれるかもしれません。

　また、データそのものに誤差が含まれていることも理解しておかなければなりません。LCA指針では統計データからつくった建材のデータを使っていますが、そのデータをつくる過程で人によって多少の誤差が生じます。積み上げベースのデータの場合でも同様で、同じルールでつくったとしても、異なる会社間ではある程度の誤差が生じます。

　普段から実験データを扱う、あるいはシミュレーション等に関わる技術者にとっては、そのような誤差はありうると理解されるでしょう。しかし、それを社会が適切に理解し受け入れるかが問題になるのです。特にCO_2排出量については、社会から注目され、ESG投資などにも連動していることから、ステークホルダーにうまく理解される必要があります。

　最近、「ITリテラシー」という用語をよく耳にします。リテラシーとは、ある分野に関する知識や能力を活用する力のことです。情報技術が発達すれば、それを使いこなす側だけでなく、情報を受けとめる側にもそれなりのリテラシーが醸成されなければ、社会としてうまく活用できなくなります。環境に関する情報がBIM組み込まれるようになれば、その評価はより容易になります。情報技術によって環境情報が取り扱いやすくなるのであれば、それを使う側、受けとめる側のリテラシーを育てる努力も怠ってはなりません。今後の普及に向けての新たな課題だと言えるでしょう。

清家剛（せいけ・つよし）
東京大学大学院新領域創成科学研究科社会文化環境学専攻教授。専門は建築構法・建築生産。博士（工学）。建築学科助手を経て、1999年より現所属、2019年より現職。著書に『住環境再考』（共著、2016年）、『サステイナブルハウジング』（監修・共著、2003年）など。

デジタルツインは
建築遺産の悲劇か希望か

林憲吾
Hayashi Kengo

建物の複製に革命をもたらすデジタル技術

建物の歴史を紐解く建築史が私の専門ですが、建築史とサスティナビリティの接点はどこにあるのでしょう。多くの人が歴史的建造物の保存を思い浮かべるのではないでしょうか。今社会で声高に掲げられているSDGs（持続可能な開発目標）でも、歴史的建造物の保存が目標11の中で謳われています[*1]。ある時代に生み出された過去の建物を未来にどのような形で伝えていくべきか。建築史はそれを考究する学問でもあるわけです。

　そんな建築史の分野にもデジタル技術の波が押し寄せています。なかでも建物の計測や記録方法は大きく発展しています。建築史の調査方法の一つに実測調査があります。研究対象の建物が現存している場合、それを計測して新たに図面を書き起こします。この作業は、言うなれば建物の複製です。写真を撮ったり、計測したりと実際の建物の情報を記録して、分析しやすい状態に建物を変換するわけです。かつて、それは紙の上の図面でしたが、現在はコンピュータ上に図面や3次元モデルとして再

現されます。この計測から再現にデジタル技術が革命をもたらしています。3次元測量やフォトグラメトリ（対象物を様々なアングルから撮影した写真を合成して3Dモデルを作成する技術）の進歩によって、建物の精巧な3次元モデルが瞬時に作成できるからです。つまり、デジタル空間上に都市や建物の双子をつくる「デジタルツイン」が建築史に深く関わっているのです。

　では、デジタルツインは歴史的建造物の保存に一体どのような影響を及ぼしうるのでしょう。その問いに対する私の答えは、「悲劇にもなれば、希望にもなる」というものです。本稿では、諸刃の剣とも言えるデジタルツインの性質を、私が関わる二つのプロジェクトを通して提示します。

デジタルで建物を保存する「二工木造校舎アーカイブズ」

一つ目は、千葉大学の頴原澄子先生らと取り組んでいる「二工木造校舎アーカイブズ」です。

　舞台となるのは西千葉。私が所属する東京大学生産技術研究所（以下、生研）の千葉実験所があった場所です。ここに1942年竣工の木造校舎2棟が残されていました [図1]。実験所とその隣の千葉大学のキャンパスには、かつて東京帝国大学第二工学部（以下、二工）がありました。戦時体制下でエンジニアの不足が国家の課題であった1942年に、東大内に新たにもう一つ工学部が設置されたのです。西千葉の敷地にはキャンパスが急ごしらえされましたが、資材統制の影響もあり、鉄筋コンクリート造は容認されず、木造の校舎群が建てられました。まさにこの時代を象徴する出来事です。その後、終戦を迎え、1949年5月に生研が設立され、2年後に二工は廃止されてキャンパスは生研に引き継がれました。さらに1962年に生研が六本木にキャンパスを移すと、敷地の大半は千葉大学に渡り、一部が生研の千葉実験所として残りました。この過程で大半の木造校舎は姿を消しましたが、旧共通第三教室棟と旧応用化学棟の一部が、千葉実験所の施設としてその後も利用されてきたのです。

図1　東京帝国大学第二工学部・旧共通第三教室棟（撮影：淺川敏）

図2　3次元レーザースキャナによる旧共通第三教室棟の3Dモデル（制作：木内佑+「二工木造校舎アーカイブズ」）

図3　天井を取り除いて見えた旧共通第三教室棟実験室の小屋組

　「二工木造校舎アーカイブズ」は、これら木造校舎の歴史を記録し保存・公開するものです。最初に行った活動が3次元レーザースキャナを用いた木造校舎の測量でした。生研の森下有先生にご協力いただき、建物から点群データを取得し、木造校舎のデジタルツインを作成しました。その精巧な3Dモデルの映像はウェブサイト上に掲載しています［図2］*2。

この木造校舎の天井より下の内壁は木摺漆喰やラスモルタルで仕上げた大壁で、上部には梁を補強する方杖が規則的に並ぶ、近代の木造建築の印象です。しかし天井を取り除くと、その印象は一変します。湾曲した長大な丸太の梁に、在来の和小屋が現れます [**図3**]。おそらく戦時下の状況に即応するために、近代以降の手法と在来の手法をアドホックに上下に接合させたのでしょう。こうした特徴は点群データでもしっかり記録されており、3D モデルを輪切りにすると上下の違いがよくわかります。

建築遺産のデジタル化は解体の免罪符か

ここで少し、歴史的な遺産をデジタルツインにすることの意義を考えてみたいと思います。

　第一に、オリジナルよりもじっくりと遺産を観察できることが挙げられます。最近、ルーブル美術館が収蔵品のデジタルツインを作成し、それらをウェブサイト上で公開していますが [*3]、これにより、どこでも美術品を鑑賞できるようになったばかりか、美術館よりも間近で作品を鑑賞できるようになりました。例えば、有名なモナリザは美術館では大抵いつも人だかりができていて、その微笑みをまじまじと見ることはなかなか叶いません。しかし高精細のデジタル写真であれば、口元を拡大することだってできます。オリジナルを収蔵庫に大切にしまっておく選択もしやすくなるでしょう。

　第二に、デジタル空間上では無茶な使い方が許されます。データをバックアップしておけば、ヴァンダリズム（破壊行為）すら許されるでしょう。デジタル空間上の建物を破壊しても復旧可能だからです。実際、破壊系ゲームなるものも登場しています。2022 年に発売された『Instruments of Destruction』は、建物をとにかく破壊しまくるゲームです。もちろんこのゲームには取り立てて歴史的な建物は含まれていませんが、世界遺産をこのゲームの世界に放り込むことだってできるでしょう。

　以上のように、デジタルツインは、デジタル化された遺産をより多くの人

が自由に利用することを許します。それは同時に、オリジナルを破壊から守ることに貢献するはずです。しかし、今建築界で起こっていることは、これとは反対のことです。デジタルツインが制作されるのは、実際の建物が取り壊されるからです。

近年、メタボリズムの名作と言われた、菊竹清訓による都城市民会館と黒川紀章の中銀カプセルタワービルが相次いで解体されました。建築界で話題となったこれらの解体では、いずれも解体前に記録を残そうと建物のデジタルツインがつくられました。ただしツインと言っても、実物が失われるのを前提にした束の間のツインなわけです。

私たちの木造校舎のプロジェクトもまったく同様です。長年、西千葉に残り続けた生研の千葉実験所は、2017年に柏キャンパスに機能移転されました。その移転にあたり木造校舎を保存する議論もありましたが、キャンパス内のすべての建物は取り壊され、跡地は千葉大学と民間事業者に渡ることになりました。そこで、せめて記録だけでもと3次元測量を行ったわけです。もちろん世の中のすべての建物を保存することは、現実的ではありません。諸事情を勘案してやむなく解体せざるをえないこともあります。その際に、デジタルで建物を残せることは一つの救いになります。実物だけがすべてではありません。デジタルもまた、建物の情報や記憶を繋いでいく大切な役割を果たします。その点ではデジタルツインは希望です。

しかしこの傾向が行き過ぎると、転倒した心情を生み出す危険性があるのも事実です。デジタル化したのだから実物を心置きなく壊せるという心情です。いわばデジタルツインが免罪符となり、建築遺産の解体が進む。そんなことが起こりえないとも限りません。そのようなデジタルツインの悲劇を私たちは回避できるでしょうか。

高校生がオンラインゲーム上で百貨店を復元する「BOKUCRA」

二つ目のプロジェクトは、名城大学の田口純子さんらと行った「BOKUCRA」

です。『Minecraft』（以下、マイクラ）というオンラインゲームを利用して、高校生たちが歴史的建造物を復元するプロジェクトです *4。

舞台は大阪の大丸心斎橋店。この百貨店は、建築家ウィリアム・メレル・ヴォーリズが設計した1933年竣工の本館を長年愛用してきました。しかし、ファサードを残して内

図4 マインクラフトで復元された大丸心斎橋店旧本館
（制作：「BOKUCRA」プロジェクト）

部を解体し、2019年にリニューアルオープンしました。この計画が発表された当初、建築愛好家や地域の人々から少なからぬ反対運動が生じました。しかし、率直に言えば、それは一部の層に過ぎません。例えば、大丸心斎橋店のおよそ200m南に通信制高校のN高等学校（以下、N高）があるのですが、ここに通学する高校生たちの大半は、目と鼻の先にある大丸の建物に特別な思い入れはありませんでした。それはごくごく一般的なことでしょう。建築遺産の保存を進めるには、保存運動もさることながら、様々な人に建物に関心を寄せてもらわなければなりません。これは建築史の一つの大きな課題なのです。

そのチャレンジとして始めたのが、「BOKUCRA」です。マイクラはいわゆるレゴのようにブロックを積んで立体物をつくることができ、オンラインで繋がれば複数人の参加も可能です。そこで、N高の学生たちに巨大な旧本館を協力して復元してみないかと声をかけたわけです。すると、およそ30人の学生たちが手を挙げてくれ、半年後には目を見張るほど立派で、ディテールにこだわった愛らしい旧本館がゲーム上に竣工しました［図4］。ほとんどの学生が最初は建物について何も知らなかったにもかかわらずです。

デジタルツインから実物への興味を育てる

大半の学生の参加動機は、建物に惹かれたわけではなく、誰かと一緒にゲームで何かをしたいからでした。しかし、いざ制作を開始するとどんどん凝りだします。建物のディテールやプロポーションが気になり、一粒社ヴォーリズ建築事務所から提供いただいた図面や写真などを食い入るように見て、建物の歴史にも耳を傾けるようになります。学生からの希望で、大丸で働く方に歴史や思い出を語っていただくレクチャーも実施しました。参加動機は何であれ、ゲームで建物を複製し続けているうちに、その副産物として建物への関心が育ってきたのです。

　もう一つ驚いたことがあります。完成披露会のときに、高校生たちと背広を着た大丸の職員の方々がパソコン上の建物を介して和気あいあいと対話をしていた姿です。ゲームに関心はあるが建物への関心は薄かった学生たちと、ゲームは得意ではないが建物を愛用してきた職員の方たちが、消えゆく建物のデジタル化を介して対等な関係で交流しているのです。

　建物を写生する、写真に撮る、デジタル化するといった行為は、手段そのものが楽しみとなりえます。その結果として、建物への関心のみならず、建物に関わる人との交流すら生まれる可能性があります。建物の分身をつくること自体に、そうした効果があるわけです。デジタルツインは、デジタル好きを建物好きにしてしまう希望のツールなのかもしれません。

実物とデジタルの相乗効果を生み出すために

以上のように、デジタルツインは建築遺産の保存にとって諸刃の剣です。解体を促進するツールにもなれば、保存を促進するツールにもなるでしょう。だからこそ私たちは、実物を残す論理をこれまで以上に深く考えなければなりません。今後、デジタル技術の発展は、実空間とデジタル空間の知覚の差をますます縮めていくでしょう。研究でも、実物第一主義ではなく、

図面などが重宝されていくことになるかもしれません。とはいえ、実物が有する資料的価値の大きさは疑いようがありません。情報はあくまで観測できるものからしか得られないからです。例えば、センサーなどの進化に伴って実物から得られる新たな情報は増えます。また、図面や計測されたデータの保存が大きな課題になりつつあります。デジタル機器の更新で古いデータが読み込めなくなるからです。そうした観点からすると、デジタルデータは実物のバックアップなのではなく、実物こそがデジタルデータの最良のバックアップなのかもしれません。

　いずれにせよ、デジタルツインの悲劇を回避するには、実物とデジタル双方の存在価値をゼロにしてしまわないことが肝要です。そのためには、実物とデジタル双方を組み合わせた価値をいかにつくるかが鍵となります。実は二工のプロジェクトでは、その課題に取り組んでいます。建物はすべて失われたのではなく、一部が復元できるように部材が保管されています。そのわずかに残った実物と、全体を写し取ったデジタルデータを組み合わせて、何か新しい体験を生み出せないかと試行錯誤しているところです。実物とデジタルの相乗効果に知恵を絞る時代が来ています。

3-4　デジタルツインは建築遺産の悲劇か希望か

---

*1　目標11のテーマは「住み続けられるまちづくりを」。10個のターゲットの一つに文化遺産の保全が設定されている。SDGs CLUB　https://www.unicef.or.jp/kodomo/sdgs/
*2　二工木造校舎アーカイブズ　https://niko-u.com/
*3　Musée du Louvre　https://collections.louvre.fr/
*4　BOKUCRA　ぼくたちが○○をクラフトする件について。　https://bokucra.com/

—

林憲吾（はやし・けんご）
東京大学生産技術研究所准教授。専門は建築史。博士（工学）。総合地球環境学研究所プロジェクト研究員等を経て、2020年より現職。著書に『メガシティ5 スプロール化するメガシティ』（編著、2017年）など。

持続可能な社会の基盤としての「得体のわかる」建築

野城智也
Yashiro Tomonari

得体のわかることの重要さ

持続可能な社会を構築するには、どのような空間・材料がどのように組み合わされ、どのように働きどのような性能を持っているのかがわかる建築、つまり「得体のわかる」建築を増やしていくことが大事で、そのためにはどうしたら良いのかについて説明します。

まず、「得体がわからない、知れない」と、どんな問題が起きるのか、その例を挙げます。日本の不動産市場評価では、新築後15年経つと2割にまで減価するという家屋評価が当たり前のようになされてきました。このような評価方法は課税標準の減価カーブを準用するところから発したもので、住宅建築の物理的耐用性を反映したものではありません。しかし、特に既存の戸建て住宅の利用価値を異常に低く見積もる評価慣習や、それによって形成された一般市民の感覚には根強いものがあります。

30年前後の長期ローンを払い終わった住宅が無価値に扱われて除却され、また次世代が長期ローンの負担に苦しむ、などという社会は持続

可能とは言えません。既存住宅を使い回すことで居住環境を取得しやすくすることが必要です。

　ただし、すべての既存住宅が使い回し可能であるわけではなく、性能上問題があるものも含まれています。そこで、使い回しできることが推定できる資料が存在する住宅、言い換えれば「得体のわかる住宅」を増やしていくことが大事だと考えた筆者らは、賛同いただいた方々とともに「住宅履歴書（いえかるて）」の整備に取り組んできました[*1]。その推進を担っている一般社団法人住宅履歴情報蓄積・活用推進協議会では、東洋大学の坂村健先生のご支援のもと、世界で唯一無二の ID（共通 ID）を対象住宅に付与する事業も行ってきました。今日、官民連携で不動産 IDをあまねく付与することが進められていますが、その先駆けとも言えます。

建築がどのように成り立っているかを知る

一口に「建築の得体」と言っても、様々な側面があります。その一つの側面である、「建築がどのような材料でどのように構成されているのか」について、その透明度を上げていくために次のような試みをしてきました。

取り組み事例1：建築材料のトレーサビリティ
建築の材料構成は、一目見ただけではわかりません。「いつ、誰によって作られた、どのような材料が使われているのか」というトレーサビリティ情報が必要です。そこで、IC タグやバーコードを活用し、坂村健先生や東京大学の越塚登先生と協働して、優良住宅部品（BL 部品）のトレーサビリティシステムを試作し、火災報知器などに試用してみました[*2]。

　次に、woodinfo の中村裕幸氏らとともに、図 1 に示すように、木材の産地・含水率・ヤング係数などを表示する国内森林材のトレーサビリティシステムを試作しました。このシステムを試行してみると、流通在庫の管理や、動産担保融資（ABL）によるキャッシュフローの改善などにより森林材のサプライチェーンの改革にも貢献できることも明らかになりました[*3]。さら

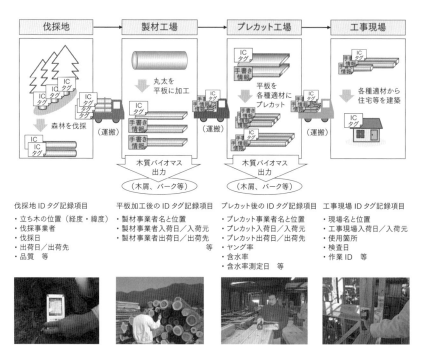

図1 国内森林材のトレーサビリティシステム（2005年度に文部科学省リーディングプロジェクト「一般・産業廃棄物・バイオマスの複合処理・再資源化プロジェクト」で実施された社会実験。詳しくは*3を参照）

に、加工・搬送に伴う地球温暖化ガス排出量の削減策にも活用できると思われます。

取り組み事例2：BIMとEPDの連携

近年はエンボディドカーボン（embodied carbon、建築が新築されるまでに排出される地球温暖化ガス量）への実務的関心が高まっています。海外では、製品に関する環境情報を定量化して、同じ機能を果たす製品間の比較を可能にすることを目的に、建築材料のEPD（Environmental Product Declaration、環境製品宣言）が普及し始めています。EPDに含まれるデータを、使用材料の属性・数量の包括的データベースとしてのBIMと結びつけることでエンボディドカーボンを計算できるようにするための規格（ISO 22057:2022）づくりや、ツール開発も進んでいます。しかし、日本では海外に比してEPDの普及が大幅に遅れています。EPDの先駆けとなるような情報整備が

1990年代前半に当時の建設省によってなされた経緯[4,5]もあるだけに、その普及が期待されるところです。

建築がどのように働いているかを知る

建築の得体のもう一つの側面として、「建築がどのように働いているか」があります。図2は、センサーの高機能化・低廉化、情報ネットワークの発展という状況を受けて筆者が2003年頃に描いた情報具有建築（Information Embedded Building）の概念図です。センサーなどから収集されたデータを連携・分析することでより高次の知による意志決定ができる、あたかもそこに必要な情報が埋め込まれている建築を指す概念でした[6]。

取り組み事例3：エネルギーモニタリング

図2の概念図を下敷きに、東京大学の馬郡文平先生や、建築エネルギー研究所の迫博司先生らとともに、建築の使用エネルギーをモニタリングし、その運用改善を図るシステムを開発し、様々な建築に適用しました[7]。こうしたモニタリングシステムが普及すれば、個々の建築の運用改善に資するだけでなく、建築分野にカーボントレーディング（地球温暖化ガスの超過排出者が他所の削減量を買い取る取引）を導入していく基盤にもなりえます[8]。

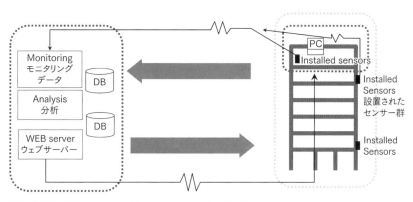

図2 情報具有建築（Information Embedded Building）の概念図（出典：*6）

というのは、カーボントレーディングにおいては、使用エネルギー量をもと
に算定されるカーボンクレジット（温室効果ガスの削減量・吸収量の取引単位）が、
計測可能（Measurable）で、報告可能（Reportable）で、検証可能（Verifiable）
というMRVの原則に則る必要があるからです。発想を変えれば、こう
したカーボントレーディングは小規模建築群にも導入できます。散在する小さ
な建築の使用エネルギーをすべてモニタリングするシステムを導入し、それ
らの使用エネルギーを総量として削減できれば、MRVの原則に基づい
てカーボンクレジットを生成して、カーボントレーディングをすることが可能
です。これにより、当事者からすれば、使用エネルギーの削減に加えて、
クレジットの販売による便益が得られるようになるのです。

取り組み事例4：振動特性モニタリング

図2に示した概念図をもとに、筆者らは東京都市大学の濱本卓司先生
のご指導を仰ぎながら、加速度センサーを各所に配することで建築の振
動特性を分析することを試みました。建築内の様々な振動と峻別できるよ
うに設置場所やセンサーの向きに留意する必要がありますが、スマートフォ
ンに搭載されている加速度センサーを用いて、振動特性をある程度分析
できる可能性があるという感触を得ました[9]。

得体を知って建築を能動的に制御する

以上のように、その成り立ちや働きがわかるという意味で、建築の得体が
わかってくると、建築を能動的に制御する方策が拓かれていきます。図3
は、こうした考え方をもとに、センサーが収集した室内外環境データを解
析してコマンドを送ることで、ルーバー付き開口部建具と照明機器を統合
制御し、快適性と省エネルギー性を実現した事例です。ただし、こうした
統合制御を発展・普及させていくには、次に述べる取り組み事例5、6
に示された課題を乗り越えねばなりません。

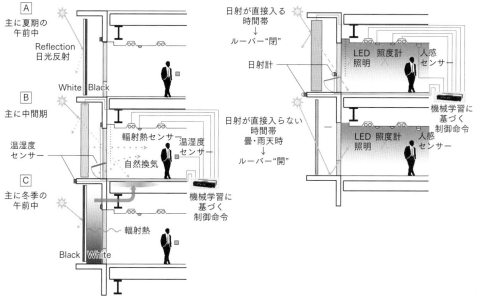

図3 IoTによる建具制御の3モード（左、A〜C）および照明との統合制御（右）（東京大学駒場キャンパス・理想の教育棟）（出典：＊10）

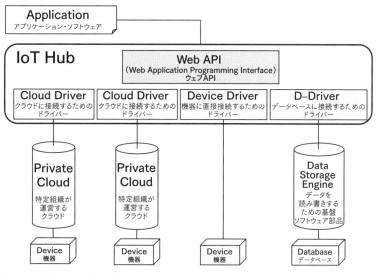

図4 IoT-Hubの概念図（出典：＊10）

取り組み事例5：IoTにおける相互運用可能性の確保

建具などの部品や設備に組み込まれたコンピュータのプログラム言語やそこにコマンドを送る通信規約は様々で、そのままでは統合制御はできません。かといって、それらを標準化・統一化することも現実的ではありません。そこで、筆者らは東京大学の馬場博幸先生らとともに、プリンタードライバーと同様の考え方で変換プログラムを用意し、それらの相違を上繋ぎするIoT-Hubというしくみを考案し、その開発・実装に取り組んできました［図4］ [10]。このしくみを導入すれば、プログラム言語や通信規約の違いを乗り越えて、単一のアプリケーションソフトウェアで異種の部品・設備を統合的に制御する相互運用可能性（interoperability）が実現します。

取り組み事例6：場の状況の自動認識

一つのプログラムで複数の建具などの部品や設備を統合的に制御するためには、人間が直感で認識する場の状況（context）という「得体」をいかにコンピュータでも理解できるように記述するかが課題になります。この課題に対して、筆者らは構造計画研究所の加藤俊介氏とともに、セマンティックスモデルによって状況を記述する方法を探求しています [11-14]。

分野を超えた情報の活用を

「得体のわかる」建築を増やすことが、持続可能な社会を築くために重要であると述べてきました。しかし、「建築の得体をわかるようにするためのコストをどうするのだ」という疑問を持つ方もおられるでしょう。

　ここで留意すべきは、建築の「得体」をわかるようにするために整理・体系化された情報・データは、建築分野を越えて利活用される可能性があることです。例えば、東京大学修士課程に在籍していた赤木拓真は、提供される空間情報を頼りにロボットが自己の位置を推定する方法を探索しました [15]。

　この事例のように分野を越えたデータの利活用が発展していけば、建

築の得体をわかるようにするための経費は、コストではなく投資として扱われていくはずです。そうした発想に基づく様々な取り組みがなされることで、「得体のわかる」建築が増えていくことを切に望みます。

*1　野城智也・腰原幹雄・齊藤広子・中城康彦・西本賢二『住宅にも履歴書の時代：住宅履歴情報のある家が当たり前になる』大成出版社、2009年

*2　米澤昭「ユビキタスな200年住宅を支えるベターリビングの『住宅部品のトレーサビリティ管理システム』」『JACIC情報』88号、2007年

*3　野城智也「バイオマス利用から建築を眺める 第4回 森林バイオマス利活用のためのトレーサビリティシステム」『新建築住宅特集』2008年5月号、2008年

*4　国土開発技術研究センター「建設省総合技術開発プロジェクト 省資源・省エネルギー型国土建設技術の開発（建築委員会）報告書」1994年

*5　田中隆司・野城智也・山畑信博・室井俊一・中村幹・信太洋行「資源有効利用を考慮した住宅構法システムに関する基礎的研究」『日本建築学会 第10回 建築生産と管理技術シンポジウム論文集』1994年

*6　Yashiro Tomonari, "Information embedded building for sustainable living", Proceedings of the Conference on Sustainable Building SB08 Melbourne, 2008

*7　馬郡文平・野城智也・加藤孝志・藤井逸人・光山義紀・塩野禎隆・粟野洋雄「建物データ・リアルタイムモニタリング・システムの開発」『日本建築学会技術報告集』11（21）、2005年

*8　野城智也・北島隆次・梓総合研究所「建築都市分野におけるカーボン・トレーディング：持続可能な社会と環境との共生のために」インプレスR&D、2022年

*9　沖本大樹・濱本卓司・村井一・野城智也「振動計測を目的としたMEMS加速度センサの精度比較に関する研究：木造軸組み2階建て住宅の計測を対象として」『生産研究』74（3）、2022年

*10　馬場博幸・野城智也『生活用IoTがわかる本：暮らしのモノをインターネットでつなぐイノベーションとその課題』インプレスR&D、2017年

*11　加藤俊介・野城智也・村井一「自律分散システム構築のためのBuilding Elementの意味構造に関する研究：セマンティックデータモデルを用いて」『生産研究』74（1）、2022年

*12　加藤俊介・村井一・野城智也「戸建住宅の快適性改善のためのBuilding Elementの意味構造と振る舞いの記述に関する研究：セマンティックデータモデルを用いて」『生産研究』74（2）、2022年

*13　加藤俊介・野城智也・村井一「自律分散型の機能ネットワークモデルによる建築設備の故障箇所推定に関する考察：大学施設の給水設備を例にとって」『生産研究』74（3）、2022年

*14　加藤俊介・野城智也・村井一「機能および検討事項の関係構造に着目した設計事例参照システムの試作：天井放射冷暖房システムを題材として」『生産研究』75（2）、2023年

*15　赤木拓真・村井一・野城智也「移動ロボットの自己位置認識のためのマーカー設置のあり方に関する実験的考察」『第37回 日本建築学会建築生産シンポジウム論文集』2022年

野城智也（やしろ・ともなり）
東京都市大学学長。東京大学名誉教授。専門はサステナブル建築、建築生産、プロジェクト・マネジメント、イノベーション・マネジメント。

情報技術が変える建築と人間の関わり方

大月敏雄
Otsuki Toshio

本章では、人類の持続性を考えた場合に建築学がデジタル技術をどのように使いこなしていくべきかということについて議論してきました。

ここでは、それらを「①建築物に関わる情報」「②建築物と人間のインタラクションに関わる情報」「③建築物のアクセシビリティに関わる情報」という、三つの領域に分けて概観してみましょう。

建築物に関わる情報

建築物の計画・設計・生産・使用・解体・循環までのトータルプロセスにおいて、建築物を成り立たせる素材、部品、部位、ユニット、そしてそれらを駆動するエネルギーレベルまでのトレーサビリティを高め、可視化し、記録していく技術が、BIMのような設計・管理支援技術においてすでに実地に移されつつあります。さらに、非常時における即時的応答技術も制振ダンパーなどで実装されてきています。

これらが長期にわたって実践されていけば、やがて記録された情報群が、将来人類の歴史の一部を考察する際に基盤となるエビデンスとなっていくでしょう。こうした意味で、情報化は建築物の生成から廃棄、歴史の形成までを一気通貫に見通す眼差しを人類に提供しつつあるようです。

ただし、着実なデータ化が現実の中でどこまで可能かといった制約や、デジタルツインの議論にもあるように、現物と記録の使い分けをどのようにするのかといった課題も残されています。

建築物と人間のインタラクションに関わる情報

建築物は人間が使用して初めて価値を生じるものです。

日本の建築計画学ではこのことに焦点を当て、建物の使われ方を研究するという世界でも独自の建築学研究フィールドを開拓してきました。ただしこの展開は、類似のビルディングタイプが社会で多数必要とされるフェーズで標準設計的な建築計画論を生み出すときに有用だったという限界を抱えていました。

しかし、デジタル技術の導入により、個別の建築物と人間とのインタラクションを瞬時に、そして持続的に把握し、解析できることは、建築物とそれを利用する人間の個別最適解的な建築計画論の登場を予感させます。

建築計画論の全体最適解から部分最適解へのシフトを可能とし、より個別のニーズに近い形で建築物を仕立て直し続けることが、建築物を人間生活の快適な

関係を持続的に担保しうるようなイメージが重要になるでしょう。

そうなってくると、人間の活動状況に即応した照明・空調・エネルギー利用の制御といった、建築物と人間活動の間のやりとりのサイクル（フィードバックサイクル）が比較的短い環境工学から、そのサイクルがとても長い建築史学まで、多領域にわたる、構築環境と人間活動のフィードバック・サイクルの構築が可能となるでしょう。そうすると、建築学の専門領域は、フィードバック期間の長さの特徴によって専門が分かれることになっていくのかもしれません。

建築物のアクセシビリティに関わる情報

前述した①②の領域に関する情報が建築物とそれを利用する人間との間で構築されたとしても、特定の建築物を利用したい人にそれらの情報を提供する機会が、一定のルールのもとで万人に開かれていなくてはなりません。

例えば、賃貸・売買される住宅の多くは、一定のルール下で不動産取引によるアクセスが可能です。

ただ、例えば年金で暮らす単身の高齢者が、今住んでいる賃貸住宅を建て替えるためだといって追い出されてしまったら、代わりの住宅を探すのに大変な苦労を強いられます。それは、障害者でも母子家庭でも外国人でも刑余者でもLGBTQ+の人々でも同様です。

不動産事業者は民間の賃貸住宅は紹介してくれるでしょうが（それでも特定の人の入居を拒む大家は多い）、公営住宅やUR住宅、サービス付き高齢者向け住宅といった一般民間の賃貸住宅以外の住宅の情報は扱っていません。こうした住宅の情報が共用化され、万人に開かれるような情報プラットフォームの構築は、技術的には難しくないはずです。

これは一種のインターフェイス・デザインともいえますが、残念ながら日本ではノーベル賞を受賞するような高度な科学技術の開発には力を入れますが、こうした日常のちょっとした利便性の向上、すなわちインターフェイス・デザインを軽んずる傾向があると思います。

国連が採択したSDGs（持続可能な開発目標）のうち、「貧困をなくそう」「飢餓をゼロに」「すべての人に健康と福祉を」「ジェンダー平等を実現しよう」「人や国の不平等をなくそう」「平和と公正をすべての人に」「パートナーシップで目標を達成しよう」あたりは、いずれも20世紀型の住宅政策にとっては縁遠い目標だったかもしれませんが、上述の住宅情報の一元化と入居者差別の解消、そしてインターフェイス・デザインの進展が、今後の情報技術の深化で目指されるべき方向性の一つを示しているでしょう。

―
大月敏雄（おおつき・としお）
東京大学大学院工学系研究科建築学専攻教授。専門は建築計画・住宅地計画・まちづくり・住宅政策。博士（工学）。横浜国立大学助手、東京理科大学准教授等を経て、2014年より現職。著書に『町を住みこなす』（2017年）、『住まいと町とコミュニティ』（2017年）など。

04
デジタル・
マテリアリティ
DIGITAL
MATERIALITY

物質と情報はまったく対極にある存在のようにも思えますが、本当にそうでしょうか。コンピュータ・グラフィックスを中心にした情報技術の発展の一つの方向は、人間の空間体験を仮想的に再現してしまうことでした。確かに人間が感覚器からの情報でしか世界を認識できない以上、建築体験の非物質化はいずれ可能なのかもしれません。

　しかしその一方で、情報の理論と技術はあらゆる物理的現象を構造的に理解するための基盤にもなっています。物質の持つ性質を有効に利用しようというごく自然な動機から、その内部の微小な構造や変化のメカニズムを再現することがその基本です。そこでは、大量の計算を必要とするモデルを扱えるようになったことが、分野を横断して共通の転換点になっています。それによって、音の乱反射の状態、無数の木漏れ日、天然木材の個性といった多様で複雑な物質世界を、単純化された法則に還元するのではなく、複雑なまま再現して利用できるようになりました。

　さらに近年では、デジタル・ファブリケーションによって計算的に生成された構造を物質化する方法が実用化されつつあります。そこには、素材の微妙な調合から表面の凹凸や穴まで、無数の組み合わせを実体化することによる新しい発見があります。重要なことは、そうして物質性（マテリアリティ）を制御する自由度が大きく高まることで、物質の性能を前提にしていた既存の建築システムが見直されることにあります。そして、材料を再び総合的に建築化していく過程では、この計算を可能にする複雑なシステムが共通の基盤になるのです。

　このように「物質の情報化」と「情報の物質化」の間にあっては、建築はそのどちらかに依拠するのではなく、むしろそれらを融合して構築する方法論となりえます。建築の非物質化への置換が進行していることが現代的だとしても、人間が物質的かつ精神的な存在であるように、建築もまた物質的かつ情報的な存在として、その物質性と情報性の関係は考えていくべきテーマとなるでしょう。

池田靖史

デジタルで見る日本の庭
点群データが可能にする動く空間の追跡

三谷徹
Mitani Toru

庭の魅力は動的空間特性にあり

ここ数年、共同研究[*1]で京都東山の庭に通っています。特に日本の伝統的な庭園の植栽がもつ、ファジーでフラクチュアルな常にうごめいている特質が、解析可能なデザイン言語として捉えられないだろうかと考えています。これを可能にしてくれたのが、近年飛躍的に発達しているレーザー測量による点群データ解析です。

　最初に『庭園の詩学』[*2]という書籍を紹介したいと思います。1988年に著されたこの書籍は、各国の伝統的様式庭園を、空間形態という観点から見直したことで高い評価を受けました。建築学では近代以降、建築を空間としてみることが当然となりましたが、庭園学では長らく、植栽の樹種や樹形に関する研究は進められていたものの、空間形態という視点が希薄でした。この書では、庭園における植栽配置も空間のかたちから評価しようというアプローチが開示され、庭園デザイン学の新たな地平を切り開いたのです。

図1　くろ谷金戒光明寺紫雲の庭。日本の庭の柔らかさは、織り重なる枝葉の揺らぎによりもたらされている（上）。下はレーザー点群測量で記述された紫雲の庭の植栽空間モデル
（下図作成：鷲山大介／グロース・リサーチ（2021年））

　しかし、『庭園の詩学』には限界がありました。たしかにこの書は、西欧の庭園に関しては植栽による空間様式を明快に記述しました。ところが日本の庭に関する分析に至っては（例えば桂離宮の植栽が抽出されているのですが）、描き出された植栽群は木立としての「群」でしかない。すなわち、その中の数本があろうがなかろうが、空間デザインとして何ら差異はないのではないかと思わせるほどに、何も語りかけてこないのです。これは明らかに、日本の庭園を単純な意味での「かたち」から理解しようとしたた

めの限界なのです。我々チームの研究は、日本の伝統的な庭園様式は、植物の植物としての特性に着眼し直さなければ、十分にデザイン学として成立しないのではないかという、言ってみれば、改めて「素材」に還る研究です。日本の庭は、一本一本の樹木が配置される「かたち」よりも、樹木が集まったときに現れる「ありよう」を解かなければ、そのデザインの意図が見えてこない。この研究チームが立脚しているのは、日本の庭の樹木群を総体的な一つの空間素材としてみなし、その素材の内部で生じている「ありよう」を解き明かすことです。

　季節の変化、木漏れ日、風に揺れる木の葉の重なりなど、研究チームはこの「ありよう」を端的に「動的空間特性」と名づけました。これを可能してくれるのが、レーザー測量とその点群データの解析技術です。点群による庭園植栽研究分野には専門の研究チームがあり、日本庭園の植栽空間を3次元データとして記録し再現する庭園アーカイブを作成している研究者たちや、レーザー測量が微細な枝葉を持つ樹木をどこまで正確に解析でき、また再現モデル化できるかを探る研究者などがいます[*3]。我々のチームでは、森林分野で開発されている測量解析手法を応用しつつ、特に植栽の動的変化を追跡することでそれをデザイン言語として見出していく研究を行っています。そのいくつかを紹介したいと思います。

透かし剪定を捉える

日本の庭の植栽空間に独特の味わいをもたらしているのは、樹種の構成や樹木の配置だけではありません。庭師による継続的な手入れがもたらしている、細かな枝葉の形の集積も要因の一つです。この手入れは、京都の庭では「透かし剪定」あるいは「透かし」と呼ばれています。しかし、その技術は現在でも、職人間における経験の積み上げとわずかな口伝により継承されているのが実情で、デザイン技法としては「記譜」されていません。「透かし」の前後で細かな枝葉の形がどのように変えられている

のか、それを可視化してくれるのがデジタル技術です。

　南禅寺境内の庭では、研究チームの庭師と協力して透かし剪定前後のデータを取得しました [*4]。その二つを重ねてみると、たしかに、剪定により枝葉の形あるいは点群の形が変化していることが確認できます。点群データの便利なところは、例えばグルーピングやレイヤー分割などにより色々な形に切り分けて観察し直すことができることです。そこではもはや樹木一本一本が分析の対象ではなく、樹木全体が点群というあたかも一つの素材として解析の対象になります。

　試みた分析プロセスはここでは省略しますが、最終的に上下方向に1m 単位でスライスされたレイヤーに分割することで、透かし剪定前後の変化を最も効率よくかつ詳細に追跡できることが判明しました。実は最初の発見は、剪定による枝葉の量の変化を見ていても特徴が現れないということでした。これは困惑でもあり、新たな着眼点の必要を迫るものでもありました。そこで追跡する変数を、枝葉の量ではなく、枝葉分布の複雑さを表す変数に切り替えて解析してみると、明らかな特徴が現れたのです。そしてその変化の強弱が、植栽群全体の中で、上下方向に1m のリズムで増減を繰り返しているという特徴も見出せました。

　庭師の方々は、これまで樹木のどういう枝を抜く（透かす）と、庭全体として、師匠の求める数寄の空間ができるかということを、一本の樹木ごとの剪定すべき部位として習得してきたようです。この研究結果は、剪定の反復により枝葉群の総体の中にどのような穴を開けてゆくか、また、それを空間的にどのように配置してゆくかという図式で透かし剪定を捉え直すことが可能となることを示唆しています。

枝葉は揺らいでいる：測量誤差に意味がある

日本庭園の魅力は何と言っても、その柔らかな木漏れ日にあるのではないでしょうか。木漏れ日の中を歩く感覚が庭園の楽しみとさえ言えます。

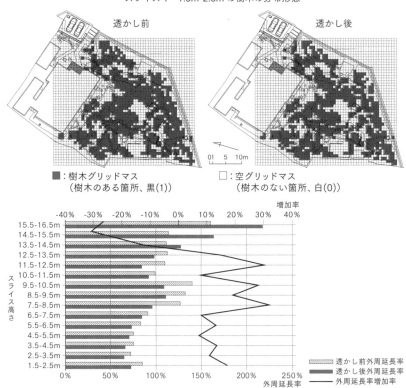

スライス1　1.5m-2.5m の樹木の分布形態

透かし前　　　　　　　　　　　　透かし後

01　5　　10m

■：樹木グリッドマス　　　　　　　□：空グリッドマス
（樹木のある箇所、黒(1)）　　　　（樹木のない箇所、白(0)）

図2　透かし前後で枝葉の分布に複雑性が増していることがわかる（上）。また、その複雑性を表す植栽群の外周延長率は垂直方向1mごとに増減して現れる（下）
（出典：矢作岳・加藤顕・加藤友規・三谷徹「3次元点群データを活用した日本庭園における透かし剪定による樹木形態変化」『ランドスケープ研究』Vol.84、No.5、2021年）

　木漏れ日の魅力は、その影と光がそよ風に誘われ常に揺らいでいる、空間の肌触りのような特質にあります。そのため、何とかこの木漏れ日のデザイン論を組み立てたいと思い、2005 年頃からいくつかの研究を発表してきました [*5]。しかし当時は、写真画像を Photoshop で加工してデータ化する程度の技術しか見当たりませんでした。また、技術的な制約以前に、学会では、植栽は常に変化し続け、成長し、植え替えもあり、庭園研究の定量的な根拠にはならないという批判も受けていました。その後 10 年以上が過ぎて、レーザー測量による森林構造解析の研究者と出会い、改

図3 点群データによる色調再現では、白抜きのノイズが枝葉のフリンジに沿って発生する（左）。その部位を詳細に3回測量すると、枝葉の揺れが検出される（右）（出典：くろ谷金光戒光明寺紫雲の庭における2021年7月調査）

めてこの領域に足を踏み込んだわけですが、木漏れ日のような光の動態を抽出するのはなかなか難しいものでした。

　ところが、あるとき収集した点群データについて意見交換しているなかから、糸口が見えたのです。測量機器が高性能化したおかげで、枝葉の微細な形だけでなく色調も同時に測量し、庭園全体のモデリングとカラーシミュレーションが可能になりました。その動画をつくっていると、どうしても色彩が白抜きになってしまう部分が現れるので、その原因を技術者に尋ねると、薄い葉におけるレーザーの屈折、透過、また動きによる乱反射などで、回避できないノイズ、いわば測量の誤差によるものであるということでした。測量技術としてはこれを誤差と捉えますが、研究チームはこの誤差の発現にこそ植栽の特性があるのではないかと考え、発想を逆転させました。観察してみると、多くのデータで枝葉群のフリンジにこの白抜きが集中していました。それは、裏を返せば、誤差の生じる部分を収集してゆけば、ファジーでフラクチュアルな常にうごめいている部位の分布が捕まえられるわけです。

　その一つが、風による枝葉の揺れです。早速、誤差の集中する部分に経時的にレーザー照射を行う計測を試験的に行ってみたところ[6]、明確に枝葉の揺れを検出できる可能性が見えてきました。しかし、これは部分的な測量で、庭園全体の空間構成として検出するには限界があります。そこで登場するのが、全体的な測量で現れてくる誤差の分布です。現在、研究チームは、機器の誤差について学ぶことから庭園全体における「揺

らぎ」の空間構成を組み立てられないか、さらなる研究を展開しています。

枝葉の重層的な奥行き：チラチラ感を描く

この研究チームの目指すところは、庭園における植栽のデザイン論を開くことにあるので、庭園で生じている動的な特性を数値として検出し解析したところで、それをデザインとして見える図像として表象できなければ意味がないことになります。

　天候により刻々と移ろいやすい木漏れ日の特性の検出に悩んでいるなか、研究チームの1人が、上空に感じる枝葉の重なりとその揺らぎが、庭園を巡って歩を進めているときに視野の前方で感じられる重層的な動きに似ていることに気づきました[*7,8]。また、この研究の核心は、デザイナーとして植栽空間の奥行きを図像として描出したいという点にあります。これまで、多くの建築家、ランドスケープアーキテクトが、樹木の重なりを立面図や断面図に描き出してきましたが、それはまったく直観的な「表現」であり、空間形態に基づいた「記譜」ではありません。建築はブルネレスキ以来、奥行きの表現をパースペクティブ（透視図）に頼ってきましたが、庭園の植栽がつくりだす柔らかな奥行き感を描出する記譜法（再現可能な図法）はずっとなかったのです。

　この研究では、目前に現れる枝葉の重なりと、自分が動いたときのその複層的な動きを「チラチラ感」と呼んでいます。研究発表ではかしこまって「重層性」などと表現しましたが、「チラチラ感」と言った方がずっとわかりやすいかもしれません。この感覚は、近景の枝葉と遠方の枝葉の視野内におけるズレから生じるものなので、これまで樹木の重なりを表す際に直観的に描かれてきた空気遠近法に似た表現に根拠を与える科学的検知が得られれば、客観的な記譜になりえます。研究では、庭園の植栽群を数枚のレイヤーに圧縮・分割し、近いレイヤーほど明瞭に描出するという単純な図法により、現実の「チラチラ感」に最も近い描出法を導こ

うとしています。それにより、数値的な現象になるべく近く、かつ、図面上で最も遠近感を判別しやすい遠近法は、10のレイヤーに分けられた植栽空間の立面図を空気遠近法的に重ねた図であるという結果が得られました [*8]。これよりもレイヤーが多ければ、人の目では図面上で遠近の差がわからなくなってしまい、少なければ飛び出す絵本のようなあまりにも単純な描画になってしまうということです。

様相から空間へ：点群データ解析が示唆する新たな空間デザイン

点群データ解析では、測量された点群にVoxel化というフィルターをかけた後に、定量解析しています。Voxel化とは、単純に言うと、空間を大型のルービックキューブのように格子状に仕切り、その一つの箱の中に一つでも点が観測されれば、箱の中心に一つの点として集約してしまうデータの下処理の手法です。森林の測量で発達したこの測量法とデータ換算法は、Bio-mass（植物の量）を検出する際に実際の値に最も近い結果が得られることが検証されています [*9]。

　Bio-massへの関心が高まっている森林研究の分野では、点のある箱の量や分布形態に研究の主眼が置かれています。しかし、我々は、この測量技術を庭園空間デザインの分野に応用しようと試みるなかで着眼点が反転していることに気づきました。それは、点のない箱、これまで関心の薄かったBio-voidともいうべき箱の方に価値を見出そうとしているということです。枝葉のない空間には何も価値がないわけではありません。その空虚を通過するとき、我々は様々な体験をする。それが「チラチラ感」であり、木漏れ日であり、温熱環境による清涼感、もっと言えば微風、音環境など、あらゆる刺激がその空の箱に到達しているのであり、空の箱には多くの変数が詰まっている。この分布形態を検出してゆくことが、動態特性から読み解く庭園デザイン研究のベースではないかと思います。すなわち、植栽そのものだけでなく、植栽がつくる空間全体を一つの素材と

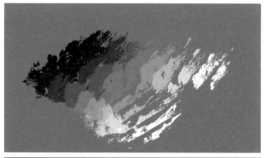

レイヤー数10（レイヤー間明度差11.1%、階調性10）

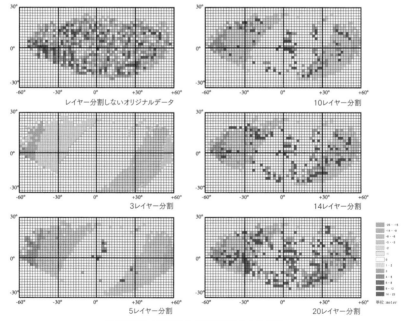

半歩移動による視野内の奥行き変化の分布図

図4　植栽空間をレイヤーに分割することで、奥行き感を表現する植栽立面図が描ける（上）。その枚数の妥当性の検証として、半歩横にズレた場合の枝葉重なりの変化が及ぼす奥行き感の変化を分析（下）
（出典：呂軒「3次元点群データによる日本庭園植栽の空間重層性に関する考察」（東京大学大学院建築学専攻、2022年度修士研究）、2023年）

してみなし、その素材特性を観察してゆく研究とも言えるでしょう。

　建築家の原広司は、1987年に『空間〈機能から様相へ〉』*10を著し、来たるべき世紀の新しい空間論を標榜しました。日本人は、古来からまさに様相の分布により庭園空間を構成してきたのであり、旧来の形態論では読み解けない空間デザイン法を持っているのです。空間を素材として解析することは今再び、空間を様相から立ち上げる技法を教えてくれるのではないかと思います。

*1　加藤友規（日本庭園管理）・加藤顕（森林測量）・三谷徹（空間デザイン）・矢作岳（庭園文化財）らからなる研究チームによる「3次元森林解析技術を発展させた日本庭園植栽の動的な空間特性の研究」（科研課題番号21K04463）。
*2　C.W.Moore, W.J.Mitchell, W.Turnbull Jr., The Poetics of Garden, The MIT Press, 1988
*3　早瀬真弓・今西純一・中村彰宏・戸田健太郎・森本幸裕「地上型レーザースキャナを用いた庭園の借景復元に関する景観シミュレーション」『ランドスケープ研究』Vol.2、2009年、熊崎理仁・國井洋一「レーザー計測による樹木の3Dモデリングへの応用に関する研究」『ランドスケープ研究』Vol.80、No.5、2017年など。
*4　矢作岳・加藤顕・加藤友規・三谷徹「3次元点群データを活用した日本庭園における透かし剪定による樹木形態変化」『ランドスケープ研究』Vol.84、No.5、2021年。南禅寺大寧軒庭園にて、2019年5月および8月にSICK社製LMS511により測量。
*5　児玉治彦・三谷徹「樹冠下の光環境からみる廻遊式庭園の空間構成」『ランドスケープ研究』Vol.70、No.5、2007年など 。
*6　くろ谷金戒光明寺紫雲の庭にて、2021年7月にLeica社Scan Station P20により同部位を3回スキャンし合成。
*7　塚本匠「3次元レーザーを用いた庭園の光環境変化の把握」（千葉大学園芸学部緑地環境学科、2022年度卒業研究）、2023年
*8　呂軒「3次元点群データによる日本庭園植栽の空間重層性に関する考察」（東京大学大学院建築学専攻、2022年度修士研究）、2023年
*9　加藤顕「地上レーザーを用いた正確なバイオマス測定」『森林科学』Vol.74、2015年
*10　原広司『空間〈機能から様相へ〉』岩波書店、1987年

三谷徹（みたに・とおる）
東京大学大学院建築学専攻ランドスケープ学研究室。専門は近代ランドスケープデザイン学、ランドスケープ空間形態論の研究。登録ランドスケープアーキテクト。ランドスケープの設計作品で各賞を受賞。

木材を標準化せず、複雑な特性をそのまま活かす

腰原幹雄
Koshihara Mikio

1千年間に変化してきた木造建築

もともと建築は、身近にある材料を使ってつくることから始まっています。森林資源の豊かな日本では、木材を使って建築をつくるようになったのはごく自然なことです。しかし、木材はコンクリートや鉄骨などの建築材料とは異なり、建築をつくるためにつくられたものではありません。自然に生長した樹木を伐って使っていたに過ぎません。自然の森林では、必ずしも樹木はまっすぐに生長するわけではないので、曲がった木や枝分かれした木をうまく活用する空間認識能力を鍛えたり、木材を加工する道具を進化させたり、木材の長所とともに節や割れ・反りなどの短所を見抜く眼を養ったりすることで自然材料を建築に活用してきました。

　木材に適した構造形式を摸索した変化を見てみます。石であればそれを積む組積造から始まるように、木材は棒状の材なので、軸組構造から始まります。縄文時代の竪穴式住居で用いる部材は、辺りにある木を伐ってきて、柱・梁といった部材の長さに切断しただけの丸太です。地面に

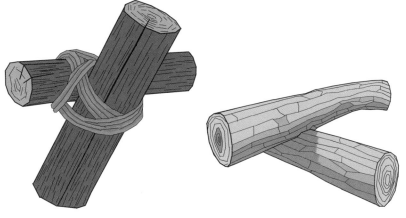

図1 竪穴式住居の縄で縛っただけの接合部 　　図2 農家型民家の曲がり材・たいこ材による小屋組

穴をあけそこに柱を差し込んで立てられた掘立柱。柱と横架材は、木材に特別な加工をしないで、単に縄で縛って接合します［図1］。枝分かれなどの出っ張りをうまく利用したりもしました。大工道具が発達しておらず複雑な木組みの加工ができなかった時代の簡単な接合方法です。原始的な工法ですが、材料をあまり加工せずにそのまま使うという意味では、とても合理的な工法とも言えます。

　製材技術が発達して表面を削れるようになると、丸太から外周の耐久性の低い部分を削って多角形にしたり、側面に直交する部材が取りつきやすいように平らにした「たいこ材」が用いられたりするようになります［図2］。茅葺屋根の農家型民家などでは木材の繊維を切断しないように曲がった材をそのままの形で組み合わせた曲がり梁による小屋組が見られますが、大工の高度な空間認識能力による技術と言えます。木材の交点は少し切り欠いて互いにずれないようにするような木組みも生まれます。

　さらに、大工道具の発展と加工しやすい針葉樹の普及によって木組みの継手・仕口が発達します［図3］。きちんとした四角い部屋をつくるようになると部材も矩形の真っ直ぐな材が好まれるようになり、空間も洗練されていきます。それとともに、部材の接合部はのこぎりや鑿を用いた複雑な

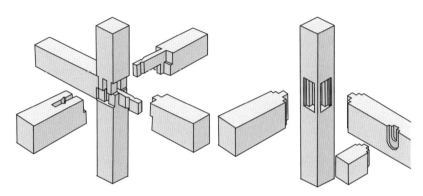

図3 町家型民家の継手・仕口による木組み　　　　図4 在来軸組構法のプレカット部材

形状に変化するとともに、外側からはどのように接合しているか理解できないような大工の遊び心もある接合部が登場し、職人芸として評価されるようになります。しかし、構造面から見ると、一つの接合部に多くの部材が集まることによって中心にある柱には多くの穴があけられてしまい、断面欠損となって構造性能を低下させることになってしまいました。

　また、人口増加に伴い木造建物の需要が増え、大工の高度な加工技術に頼るだけでは生産が追いつかなくなってくると、接合を機械加工で行うプレカットマシンが登場します［図4］。木組みの接合により断面欠損を避けるために、ボルトなどで柱に金物を接合することで木部の加工を最低限にとどめながら構造性能を担保する金物工法も生まれます［図5］。このように、1千年以上の歴史を持つ日本の木造建築も時代の要求に応じて変化をしてきたのです。

職人の技術に頼らずに木材加工を可能にするデジタル化

こうした変化というのは、ある目的を実現してきた変遷とも言えますが、必ずしもすべての面で良い方向に向かっているとは限りません。あるいは、良い方向に向かっていても技術が追いつかずにうまく変化できなかったも

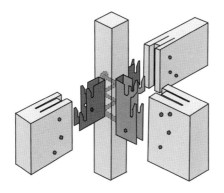

図5　現代木造住宅の金物工法

のもあります。

　これまでの木造建築の変化は、自然材料は扱いにくいので、扱いやすくするためには、どうしたらよいかを考えてきました。ばらつきがあるならなるべく均一するために、材料を分別し、統計的に処理をして性能値を明示する。あるいは、丸くて曲がったものは使いにくいので、四角くてまっすぐな部品のように成形する。このように、自然材料でありながら工業製品と同じような品質保証をしようというわけです。この方法だと、いい木は売れるが、荒廃した森林の木は売れずにほったらかしになってしまいます。しかし、荒廃した森林を再生していくためには、そこの森林の木も伐って使う、そして植えるということをしなければなりません。

　また、あまりに均一化されてしまうと、自然材料としての魅力を失ってしまうかもしれません。自然材料を扱いやすくするというのではなく、扱いにくい木をそのまま使うことができないか、自然の材料をなるべくそのまま使うことができないかという、伝統的な木造をもう一度やってみるということになります。

　では、これまで大工がやってきたように、曲がっている材料や枝分かれしているような材料も、うまく使っていくにはどうしたらよいか。高度な木材加工技術を持った大工職人を育成するには、人材も時間も足りません。そこで期待されるのがデジタル技術です。曲がった木を頭の中だけで想

右・次頁上：**図6** 枝分かれした部材の解析とその構造物

（出典：Anton Kerezov「Gridshell geometry informed by natural tree branches（木の枝を利用したグリッドシェルのジオメトリ）」2022年）

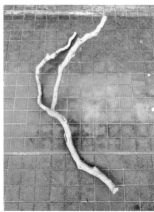

3D スキャン

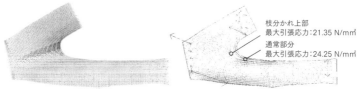

枝分かれ上部
最大引張応力：21.35 N/mm²

通常部分
最大引張応力：24.25 N/mm²

図7 枝分かれ部分の構造実験による構造解析
（出典：西村俊貴「枝分かれした木材の構造モデル化手法に関する研究：面内曲げモーメント抵抗に着目して」2018年）

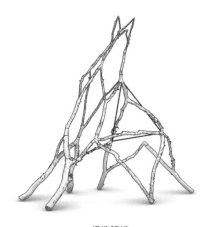

構造解析

枝分かれした部材によるトラス

左・下：**図8** 被害木とそれを活用した家具

被害木

伊藤博之氏がデザインしたサンブスギの家具

像するのは困難ですが、3D スキャンによって部材をデジタルデータにしまえば 3DCAD 上で扱うことができます。もしかしたら、墨付けによって空間構成を理解していた大工職人よりも、より直接的に 3 次元で理解することができるようになったのかもしれません。大きな部材でも画面上では自由に回転させて、曲がった材でも様々な角度で組み合わせることができます。曲がった材だけでなく、枝分かれした材でも立体トラスのように組み合わせることもできるかもしれません [図6]。3D データが作成できれば、大工の加工技術もロボットアームなどを用いた 3 次元の CNC（コンピュータ数値制御）機械による加工で対応可能になります。

　木材を自然の形のままあまり加工しないで使うことができれば、加工によって廃棄される木材も減ることになり、炭素貯蔵された木材を効率よく使うことができます。しかし、これまで木材は原始的に、経験学的に利用されてきたため、工学的な再評価も必要です。その際には、木の生長を理解しながら、実験や解析をもとに枝分かれ部分の構造特性を把握することなども必要になります[図7]。ばらつきのある材料特性、節や割れといった欠点も事前にわかっていれば構造解析に織り込むことも可能になるかもしれません。複雑な形、不均質な材料特性も、あらかじめ情報があり手間をかければ対処することもできるのです。

木材の欠点を個性に変える

自然材料である木材には欠点が多いと言われています。断面にも、節や入り皮（伐採前の生きた木の樹皮が、木の内部へ巻き込まれた部分）、目切れ（材の繊維方向が長さ方向に平行ではなく、木目が斜めになって途中で切られている部分）といった欠点があります。こういったものを今まで大工は目で見て、「この欠点があるから、重要な接合部で大きな力のかかる所から外そう」といったことをしていたわけです。ですので、CNC 加工等のデジタル化の中でもこういった欠点を判断できるようにしていかなければなりません。あるいは、木材

の繊維方向や欠点が明確になれば、反りや曲がりなどの将来的な変化の傾向を予測することもできるようになるかもしれません。

　一方、材料の形状・欠点の情報が整っていれば、むしろその欠点を活用することもできるようになるかもしれません。例えば、千葉県に溝腐れ病になってしまった被害木があります［図8上］。割れてしまったり、溝状の穴が開いてしまったりしていて、柱・梁などの普通の建材としては使用できません。しかし、大径材をそのままバイオマスにしてしまうのはもったいない。そこで板材に加工してみると、デザイナーの人にはとても魅力的で個性的な材料に見えました。欠点である溝や割れにアクリルや錫といった別の材料を充填することによって魅力的な家具を生み出すことができました［図8下］。普通の木材としてはなかなか使えない木材でも、欠点をなるべく除去しながら付加価値を付けて建築あるいは家具などに使っていく。欠点のある自然材料であっても、それが個性だと捉えれば、新たな使い道も出てくるのです。

　このように、今までは木造建築というものは木材を人の経験と技術によって活用してきたわけですが、それでは人の経験や知識の範囲内でしか対応することができませんでした。これからは、多くの情報とより高い技術を手に入れることができれば、もっと違う方法で木材を扱えるようになります。つまり、今までは技術を整理し、簡略化して複雑なことを理解することで技術を磨いてきたわけですが、これからは整理をせずに複雑なまま使っていくことも可能になります。そう考えてみると、これまでとは違った木材の使い方が出てくるのではないでしょうか。そんなことを期待しています。

―

腰原幹雄（こしはら・みきお）
東京大学生産技術研究所教授。専門は木質構造。博士（工学）。構造設計集団〈SDG〉を経て、2012年より現職。作品に「日土小学校耐震改修」「下馬の集合住宅」など。著書に『感覚と電卓でつくる現代木造住宅ガイド』（2014年）、『都市木造のヴィジョンと技術』（共著、2012年）など。

デジタル技術を活用して新しい音響材料を創る

佐久間哲哉
Sakuma Tetsuya

音響とマテリアリティ

人間は五感を通して物質世界の情報を取得し、「物質性（マテリアリティ）」を認識していますが、その認識は経験によって形成され変化することから、五感との相互作用の中にあるともいえます。物質性の認識の基となる「素材感」は視覚、触覚、温冷感覚、重量感覚などの複合的な印象であり、そこでは聴覚も一役買っています。物体から発せられたり反射したりした音の音色や響きには物質の音響特性が畳み込まれていて、人間は無意識にその聴感印象を素材感と結びつけているのです。金属、木、石、プラスチックなどから生じる音は、その材質特有の音色から目を閉じていても聞き分けられます。建材でいえば、コツコツ、ミシミシという足音からは石張りか板張りかの床の仕上げ材がわかり、壁をドンと叩いた音からはコンクリート壁か乾式壁かの壁の材料までわかります。手をパンと叩いて空間の響き（残響）に耳を澄ますと、長大な響きからは重厚な石造りの大空間を、乾いた響きからは柔らかなファブリック仕上げの室内を思い浮かべ

図1　石の響きが味わえる大谷石地下採掘場跡

図2　ガラス面に取り付けられる透明吸音パネル（大建工業「OFF TONE クリアパネル」）

図3　木目調の化粧吸音パネル（セラーズ「Pin Hole Panel」）

ることでしょう［**図1**］。

　音響材料では遮音性や吸音性が物質性に対応し、それらの特性の同定が情報化に相当します。さらに、その特性を反映した音響信号を電気音響システムで再生すれば物質性を可聴化でき、デジタル・マテリアリティの一種ともいえます。また、近年ではコンピュータ上で音響材料の設計から製作までを行ったり、数値シミュレーションにより音響特性を計算できるようになり、デジタル技術を活用して新しい音響材料が生み出されてきています。

視覚に騙されやすい聴覚

一般に聴覚は他の感覚と同様、視覚に騙されやすい性質があります。心理学ではクロスモダリティ（感覚的相互作用）と呼ばれ、人間は物質性の認識に関しても日常的に様々な体験をしています。筆者らがコロナ禍に行った卓上パーティションの研究[*1]では、遮音性が低く音を通しやすい材質でも透明度が低いと向かいの人の声を小さく錯覚することがわかり、透明度が高く光反射性の低いフィルムを用いることで会話のしやすさが向上しました。また、一般に「木のホールは音響が良い」といわれていますが、木材を強固な下地に取り付けた場合では音響的には単なる反射面になってしまう上に、実際には表面だけが突板やプリントされた別素材で仕上げられていることも多く、こちらもおよそ見た目の印象によるところが大きいと考えられます。このように良くも悪くも音響設計では見た目が重要な要素となることから、「見た目音響学」なるものがあってもよいかもしれません。

「見た目音響学」の展開を三つ挙げてみましょう。一つ目は、仮想空間における見た目と聴感印象との適合です。昨今はメタバースとして視覚的にリアリティの高い仮想空間がつくられるにつれて、聴覚的にもその空間形状や構成面の見た目に合った音響が求められるようになってきました。例えば、住宅のバーチャルモデルルームで窓サッシからの透過音や内装仕上げによる残響の聞き比べができるようになれば、建材選びに役立ちます。

二つ目は、既存空間での見た目による音響評価です。音響専門家は室内の音響を見た目からでもある程度推測できることから、AIを駆使すれば画像情報から機械学習によって同じことができるはずです。公共空間などの音響測定を行えない場所でも写真を撮れば評価ができ、音響改修の提案まで自動化できるでしょう。

三つ目は、見た目を裏切る音響材料の開発です。コンクリートやガラスなどのように硬くてつるつるした見た目を持つ材料は反射性の高い材料になりますが、その見た目の先入観を覆す多様な吸音材が登場すれば、空

間設計の可能性が広がります。近年は薄い板やフィルムに非常に小さな孔を多数開けた微細孔板（MPP：micro-perforated panel）が次世代の吸音材として注目され、ガラス面に取り付ける透明なパネル［図2］や木目調の化粧パネル［図3］が登場しています。

音響部材の開発と数値シミュレーション

建築分野の音響部材には遮音材と吸音材の主要な二つがあり、このほかに音波の散乱を目的とした拡散体があります。従来から部材の遮音性能や吸音性能は規格に基づいて試験室で測定されていますが、第三の拡散性能も含め、現在では波動音響数値シミュレーションによる予測が実用化のレベルに近づいています。この実験室での測定法を模擬した「数値音響試験室」[*2]を用いれば、大掛かりな施設や設備が不要で、施工や測定の手間も省き、容易に性能評価が行えます［図4］。さらには音響部材のパラメトリックスタディや最適化が行え、音響設計用の性能データベースの作成にも利用できるなど、新たな材料や構造を開発する上では欠かせないツールにもなります。実際、すでに自動車分野などでは利用が進んでいますが、建材分野でも徐々に広がりを見せています。

　この数値シミュレーションの導入は、音響部材のデザインにもインパクトをもたらしています。これまで、遮音材や吸音材は、無限大の均質材料を前提とした理論に基づいて設計されてきました。数値シミュレーションを用いれば、その制約が解かれ、任意の形状や不均質な材料の解析が可能です。実は、ここに音響部材の高性能化、軽量化や薄型化などにつながる鍵が潜んでいます。例えば、薄板に多数の錘を配列すると、錘間の局所的な共振系が生じ、軽量ながら特定の周波数帯域では従来の質量則を大きく超える遮音性能が得られます。また、薄い多孔質材の表面に非通気性のパッチを貼り付けると、その裏側の材料内で共鳴が生じ、高音域しか吸音しないはずの材料が低音域でも吸音することが発見され

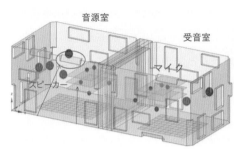

図4 遮音性能の数値シミュレーションモデル（左：音響試験室、右：試験体の振動分布）

ています。このように不均質な材料や異なるメカニズムの複合によって従来の常識を覆す音響部材が生まれる可能性があり、その検討には数値シミュレーションが大いに役立ちます。

音響拡散体のデザインとデジタル化

コンサートホールやスタジオなどでは、音場の偏りの緩和やエコー防止のために壁面に凹凸を設けて音波を乱反射させます。この音響部材は拡散体と呼ばれ、室内音響設計では聴感的にも見た目にも重要な設計項目となります。一般に凹凸の寸法と同程度の波長の周波数帯域で乱反射が生じやすいため、異なる周期の不規則な形状が望ましいとされ、様々な拡散体が経験的に設計されていますが、古くから純粋に数理学的に設計された拡散体もあります。1984年にドイツの物理学者M・R・シュレーダーは整数論に基づき、平方剰余数列（整数の二乗を素数で割った余り）に従う位相格子からなる理想的な拡散体を考案しました[*3]。一定の幅で深さの異なる溝が配列する拡散体の表面では位相がランダムとなり、理論上はどの周波数のどの入射角の音波でも全方向に均等に反射するという画期的なもので、平方剰余型拡散体（QRD：quadratic residue diffuser）と呼ばれています。

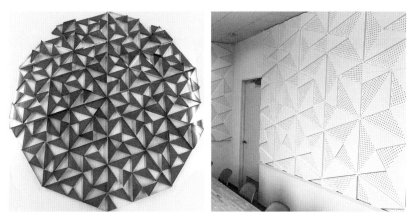

図5 ペンローズタイル型拡散体の一例（左：模型、右：ユニットパネル）

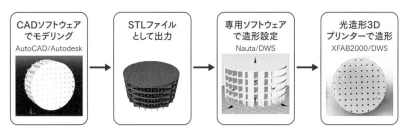

図6 3Dプリンターによる吸音パネルの製造プロセス（提供：菅原彬子氏）

　QRDでは凹凸の不規則性を深さ方向に与えたのに対して、面内方向に与えた拡散体も色々と見かけます。例えば、2017年にオープンしたコンサートホール「エルプフィルハーモニー・ハンブルク」では、ボロノイ図（平面上の任意の位置に配置された複数個の母点に対して、どの母点に近いかによって領域分けされた図）に基づく有機的な形状の拡散壁面が用いられ、見た目的にも独特の空間を生み出しています。また、近年筆者らが考案したペンローズタイル型拡散体もその一つです[*4]。ここではイギリスの物理学者R・ペンローズが発見した非周期平面充填形（特定の図形を用いて平面を隙間も重なりもなく、さらに周期性も生じないような敷き詰め方）を利用して音波の反射方向をランダムにするとともに、大小のタイルからなるフラクタルな二層構造によって効果周波数の広帯域化を図っています。模型実験や数値解析による検証を

経て、NC ルーターによる切削加工が可能なユニットパネルも開発しました［図5］。このように拡散体の設計では表面形状にランダム性をいかに導入するかが鍵となるため、複雑な形状をつくりだせるコンピューテーショナルデザインとの親和性が高く、また製造や組み立てでもデジタル技術が不可欠となってきています。

音響メタマテリアルの開発とデジタルファブリケーション

今世紀に入って光や電磁波の分野では負の屈折率を持つ人工物質を「メタマテリアル」と呼ぶようになり、光学迷彩（視覚的に物体を透明化する技術）やアンテナへの応用が進んでいます。同じく波動を扱う音響分野でもその類推から、近年「音響メタマテリアル」の研究が急速に増えています。その原理には色々な種類がありますが、主には材料内に波長より小さな構造を配列して音波の干渉や共鳴、物体の共振を生じさせ、従来とは異なる音響性能を発現させます。先に挙げた二つの吸音パネルも音響メタマテリアルの一種とみなせ、このほかにもハニカム材とフィルム、ガラスと共鳴器を組み合わせたものなどが開発されています。また、媒質中に音波を散乱させる小さな物体を周期的に配列すると、その間隔に対応する特定の周波数帯域で音波の反射が生じ、遮音性能が上昇することが知られています。この構造は「ソニック結晶」と呼ばれ、空気を通して音は遮断する換気用部材への応用が期待されています。

　3D プリンターを活用した音響メタマテリアルのデジタルファブリケーションも始まっています［図6］。付加製造技術（材料を付加して造形する工法）により複雑な構造をシームレスに造形できることから、共鳴器が層状に連結した広帯域の吸音材やジャイロイド構造（3本の足が回旋したような形状で3次元方向に無限に連結した周期性の構造）による通気性のある遮音材など、これまで実現が難しかった構造を持つ新部材が試作されています [*5]。音響メタマテリアルの開発では、CAD ソフトを用いて複雑な形状を設計し、材料

内部のミクロな空隙構造に対しては粘性流・熱拡散解析により音響物性値を推定した上で、部材全体のマクロな音響解析により遮音性能や吸音性能を予測します。所望の性能が得られるように設計変更を繰り返す必要がありますが、設計から製造までの全工程がデジタル化されたことになります。3Dプリンターの造形自由度の高さから、今後は思いもよらない形状や構造の音響部材が登場し、新たな空間設計へとつながることが期待されます。

*1　中島美百合・佐久間哲哉・小﨑美希・松山麻珠・酒井美希「卓上衝立設置時の会話印象に関する心理評価実験」『日本音響学会秋季研究発表会講演論文集』2022年
*2　佐久間哲哉「建築部材の音響性能予測における数値解析の活用と課題」『騒音制御』Vol.41、日本騒音制御工学会、2017年
*3　M. R. Schroeder, Number Theory in Science and Communication, Springer, 1984
*4　Hyojin Lee, Yuzo Tsuchiya, Tetsuya Sakuma, "Acoustic scattering characteristics of Penrose-tiling-type diffusers", Applied Acoustics, Vol.130, Elsevier , 2018
*5　Akiko Sugahara, "A 3D-printed sound-absorbing material based on multiple resonator-like unit cells for low and middle frequencies", Acoustical Science and Technology, 43（5）, Acoustical Society of Japan, 2022

—

佐久間哲哉（さくま・てつや）
東京大学大学院工学系研究科建築学専攻教授。専門は音環境、建築音響、騒音制御。博士（工学）。著書に『学校施設の音環境保全規準・設計指針』（共著、2020年）、『Computational Simulation in Architectural and Environmental Acoustics』（共著、2014年）など。

デジタル化が可能にする
性能劣化を防ぐ建築材料

野口貴文
Noguchi Takafumi

情報におけるアナログとデジタル

私の専門分野は建築材料学です。本章のテーマの「マテリアリティ」について少し調べてみました。コリンズの辞典を引くと、マテリアリティについて "The state or quality of being physical or material（物理的あるいは物質的である状態または品質）"、"Material nature or quality（材料の性質または品質）"、"A concept or the applied use of various materials or substances in the medium of building（建築物という媒体における様々な材料や物質の概念や応用的な使用法）" という三つの意味が示されています。

　そこで、建築材料学と建築情報学をどう考えるかにあたって、問題を単純化して、「建築材料におけるデジタル情報とは何か?」について考えてみたいと思います。例えば、今ここに合板があるとします。これは建築材料で、実体はここにあります。一方で、情報にはそうした意味での実体はありません。さらに情報の中にはアナログとデジタルがあります。アナログの情報は、結局のところ、機械あるいはコンピュータには理解できないも

のと言えます。近年発達が著しい人工知能（AI）は情報をデジタル化して扱っています。デジタルの情報は機械やコンピュータが理解できる情報です。

　ここで焦点を当てるのは、この機械やコンピュータがきちんと理解できるような情報を建築材料の中でどのように扱っているのか、です。

　私たちは physical material、つまり実体のあるマテリアルを扱いながら、同時にそれを virtual なデジタル情報としてのマテリアルと比較しながら研究を進めていると考えることができます。例えば、建築材料をどのように選ぶか、建築材料を見てどのように感じるかを被験者に尋ねる実験をすることがあります。今ならウクライナの国旗の色であるコバルトブルーとレモンイエローの組み合わせを見ると、戦争にまつわる感情を抱く人も多いでしょう。そうした感情は、機械はおそらく感じていません。私たちはアナログ的な情報として、コバルトブルー、レモンイエローという色を認識しています。一方で、デジタル情報にして機械がその色を読み取れるようにするには、RGB 値ならコバルトブルーは〈R：50、G：51、B：255〉で、レモンイエローは〈R：253、G：243、B：85〉と置き換える必要があります。16進数のコードで表される HEX 値であれば、♯ 3233FF と♯ FDF355です。このように見ると、デジタル情報は素っ気ない印象を受けますが、建築材料学が向かっているのは、どちらかと言うとこちらの方向です。

デジタル化が生み出す新しい材料の可能性

建築材料学で扱う領域は、建築材料、素材、化学物質といったレベルに分けることができます ［図1］。例えば、建築材料としてコンクリートを考えた場合、その素材の一つはセメントです。セメント硬化体は、化学物質としては CaO、SiO_2、H_2O などと表せます。従来の建築材料学で対象としてきたのは、建築材料を基本的な単位として建築物をつくりあげていく領域でした。それに対して現在は、素材や化学物質の領域に目が向いています。これからはもっとスケールの小さなナノテクノロジーの領域まで対象

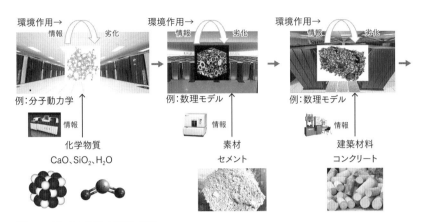

環境作用→　情報　劣化　　環境作用→　情報　劣化　　環境作用→　情報　劣化

例:分子動力学　　　例:数理モデル　　　例:数理モデル

情報　　　　　情報　　　　　情報

化学物質　　　　素材　　　　建築材料
CaO、SiO₂、H₂O　　セメント　　　コンクリート

図1 コンクリートのデジタル情報の分類

になるかもしれません。

　情報という観点から捉えると、私たちはそれぞれのスケールの情報を得るために様々な機械を使います。例えば圧縮試験機を用いれば、圧縮に対してその材料がどのように破壊されるかがわかります。その情報を基に、コンピュータを使い、建築材料や素材のスケールであれば、数理モデルを用いてどのような構成になっているのかを分析したり、化学物質のレベルであれば、モデルを作成して分子動力学を用いてどのような化学的結合をしているかを調べます。さらには、自然の環境作用から影響を受けて劣化すると何が起こるのかも検討します。

　今から20年ほど前、同じ建築材料学分野の丸山一平先生（1章5節担当）が修士論文を書かれていた頃、最適な建築材料・素材の選択を研究室のテーマにしていました。実体としての材料が保有する性能には、強度、耐久性、施工性があります。その研究では、仮想のデジタルな材料に、要求性能として強度、耐久性、施工性を与えたときに、それらを満たす最適な材料を、遺伝的アルゴリズムを用いて既存の建築の材料の中から探し出すことを目的としていました。従来は実体のある材料を実際に使いながら、試行錯誤で良い建築をつくろうとしてきたのに対して、ユーザーが求める建築物の性能を実現するために最適な建築材料をデータに基づき選択するこ

とができるシステムの構築を目指していたわけです。現在は、ここからさらに進んで、ある特定の性質の材料が必要になった場合にどのような材料を生み出さなければならないかを考えられるようになりつつあると思います。

3Dプリンターの進化が可能にする新しい造形

次に形態について考えてみましょう。わかりやすい例としては、近年3Dプリンターが登場して、新しい造形の建築物がつくれるようになりました。加藤耕一先生（本章コラム担当）が問題提起された「材料や素材の視点から建築が変わりうるか」というテーマは、まさに3Dプリンターのことを指すと思います。図2は東京大学の建築学科と社会基盤学科が合同で実施した3Dプリントのデザインコンペの優秀作に選ばれたベンチで、千葉県の太海駅に実際に設置されました。

　今は3Dプリンターに適した材料をつくろうとしている状況です。フレッシュな状態での流動性・押出性・形状保持性・可使時間・印刷適性に加えて、硬化体性能としての力学性能や耐久性といった要求条件に基づいて3Dプリンターに適した材料の開発が進められています。さらに今後は、ある特定の材料に適した3Dプリンターが生まれてほしいと考えてい

図2　3Dプリントのデザインコンペの優秀作に選ばれたベンチ

ます。それにより、特殊な形の建築をつくりたいと考えた際に、それに合う材料や機械を使えるようになりますし、情報技術の進化によってそれも可能になるのではないかと考えています。

施工管理の自動化・高度化

また施工管理についても、先ほどの材料選択と同じような変化が起きています。実際の施工現場では、職人さんが手作業で勘にも頼りながら工事を進めています。これに対して現在、例えば BIM を使ってコンクリートをどのように打設できるかをシミュレーションしたり、センサを使ってコンクリートが適切に打設されているかを把握したり、建物を建てた後にドローンを飛ばして問題がないかを確認したりといった手法が試みられています。その一例が図 3 のスマートセンサ型枠システムで、型枠に各種のセンサが組み込まれており、コンクリートの強度予測や脱型時期の確認、ひび割れの制御などを自動かつ遠隔地においても行うことができます。このように情報化技術によって技能や勘に頼らず、管理自体を高度化していくことが可能になりつつあります。

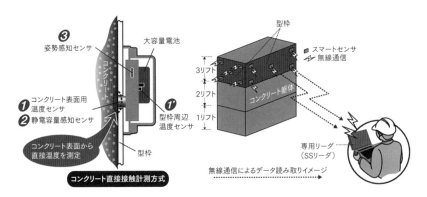

図3 スマートセンサ型枠システム
（出典：株式会社JUSTWILL「スマートセンサ川枠システム」(https://smartsensor.jp/formwork/)）

建築材料の寿命予測

さらに、情報技術の発達によって建築材料の寿命予測もできるようになりつつあります。現在、私は半年に1回は軍艦島に行っています。軍艦島では築後100年を経過した建築が崩壊しつつあり［図4］、長崎市からの依頼を受けてこうした建築群がいつ倒れるのかを予測しました。まずはアナログ的な感覚で、目視により劣化の状況を確認した上で、建物や柱の位置、雨のかかり具合なども考慮して、それぞれの部材がどれくらいの耐力を持っているかを推測し、建築構造の専門家の知識も借りながら各建物の余命を予測しました［図5］。今後は、こうした予測にもナノテクノロジーを組み込んでいくことで、もう少し精度を上げることができると思います。

このように建築物は、

図4 劣化が進む軍艦島の鉱員住居棟

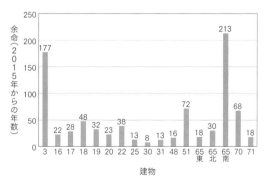

図5 軍艦島の建物の寿命予測

長時間にわたり様々な劣化因子にさらされることで加齢していきます。そこで、こうした建築物のライフサイクル全体に対して、設計・材料選択・維持保全を適切に行うことで性能をいかに保ち続けられるか、美しく老化させることができるかがテーマになります。こうした点をきちんとコントロールしていくためには、現実空間の情報をデジタル空間に移して、その解析結果を現実空間にフィードバックさせるデジタルツインのような技術が有効と考えられます。そうしたデジタル技術を活用していく取り組みのなかから、精度の高い将来予測も可能になり、それを現実の世界に活かすことができるようになっていくのではないかと思います。

建築学の各分野をつなぐ建築情報学

建築学は、材料以外にも環境・歴史・計画・意匠・構造・構法・生産といった様々な分野から構成されていますが、建築情報学はそれらの中心に位置づけられる分野と言えるのではないでしょうか［図6］。今までは各分野をどのように横につなぐかが課題と捉えられてきましたが、建築情報学を媒体として各分野をつなぐことができるのではないかと思

図6　建築情報学の位置づけ

います。建築材料学は、最後は実体が必要かつ重要となる分野で、私たちはそれをどう情報化・デジタル化の中に位置づけていくかを考えています。

野口貴文（のぐち・たかふみ）
東京大学大学院工学系研究科建築学専攻教授。専門は建築の材料・防火・資源循環・カーボンニュートラル。博士（工学）。東京大学助手・助教授（准教授）を経て、2014年より現職。NEDOムーンショット型研究開発事業「C⁴S研究開発プロジェクト」プロジェクトマネージャー。

構造から形態を考える
形態創生手法の進化

川口健一
Kawaguchi Kenichi

建築構造と言うとコンクリート・鉄・木といった特定の材料の構造性能という印象を持つかもしれませんが、私は自分の研究分野を「空間構造工学」と呼んでいます。「空間構造」とは「構造の立体的な特性を活かした構造」です。つまり、どのような材料を使うかではなく、材料を3次元的にどのように配置したり組み合わせるかに視点を置いています。例えば、曲面構造にすると貝殻のように軽くて強い構造になりますし、立体トラス構造のように3次元的な骨組みを上手に使うとスカスカだけど全体として見ると非常に軽くて強い構造をつくることもできます。このように様々な材料が立体的に組み合わさった構造の力学的性質を調べるには、「幾何学」「力学」「材料学」などの知識が必要になりますが、本稿では「マテリアリティ」というお題から、材料学と関係のある話をしたいと思います。

望遠鏡と顕微鏡で世界を観察していた科学者たち

この分野の起源は、「科学」を「宗教」と分けて考え始めた17世紀に遡ります。例えば、ロバート・フックが、バネの伸びがぶら下げた錘の重

さに比例することを見出し、この関係がバネ以外にも成り立つとする「フックの法則」を発表したのが1676年です。このフックの法則は、その後に「弾性論」として発展し、「応力－ひずみ関係」のもとになる原理です。

　17世紀当時の科学者は、当然のことながら色々なことに興味を持っていました。フックの数十年前にガリレオ・ガリレイが望遠鏡で空を観察しましたが、空ばかりでなく身の周りのものを覗いてみる人も当然出てきます。実際、フックも身の周りの小さな世界を顕微鏡で観察し、ノミやシラミやハエを精緻にスケッチした画集『Micrographia』を1665年に出版しました。

　このように、17世紀の科学者たちは、巨視的な視点と微視的な視点の双方から物事を捉えていました。そう考えると20世紀は特殊な時代であったように思います。分野が細分化され、「私は建築が専門だから他分野のことはわかりません」ということで済まされるようになりました。そのように各分野が発展してきたことで、20世紀末には多くの研究分野に行き詰まり感が蔓延しました。そうした20世紀の慣性力は21世紀の現在もまだ強く残っています。学問分野が単なる自己再生産の繰り返しに陥らず、次のフェーズへと進んでいくためには、分野の壁に囚われずに常に違った視点とアプローチが求められます。

デジタル化のインパクト

微視構造の解析

ここで、現代のデジタル化のインパクトとは何かと考えてみると、17世紀の科学者が「望遠鏡や顕微鏡を手にした」ことが、世界中の人々が「コンピュータとインターネットを手にした」ことに置き換わったと捉えられます。当然、現代の科学者や工学者もガリレオやフックのようにいろんなことを試しています。コンピュータが研究室の机の上で手軽に使えるようになったのは、1980年代からです。ワープロも表計算ソフトもまだありませんでしたが、色々な数値計算ができるようになりました。

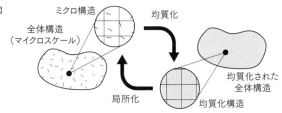

図1 均質化法の模式図

「弾性論」では、1990年頃に「均質化法」が登場し、材料を計算機の中で微視構造からつくりあげ、コンピュータ上で設計できるようになりました［図1］。

また、フックの法則を立体的にして整理したものを「材料構成則」と呼びますが、これをコンピュータの中で設計できるようになったのも大きな変化です。例えば、負のポアソン比を持つ材料があります。普通の材料は、引っ張るとその直交方向に縮みます。そのひずみの割合を「ポアソン比」と呼びますが、負のポアソン比は、引っ張るとその直交方向に膨らむ性質を指します。そのような特殊な性質を持った材料も、コンピュータ上でなら簡単に実現できます。こうして微視的な構造を検討することで、空想の材料ではない、現存する材料の組み合わせで「負のポアソン比」を持つ材料を考えだせるようになりました。

逆問題への挑戦

ここからは、今まで述べてきたことが建築構造にどのようなインパクトをもたらすかについて、私たちの研究グループの活動を交えて紹介します。例えば、建築構造物を設計する際には、自重を十分に支えられるか、地震や台風で壊れないかなどを計算して確認する必要があります。これを構造計算と言いますが、コンピュータの発達に伴って大きな構造物の構造計算がすぐに解けるようになったのが最初のインパクトでした。

普通の問題ならすぐに解けることがわかると、研究者はより難しい問題を考え始めました。その一例に「逆問題」があります。普通は構造物を先に考えて、その構造物が荷重に耐えられるかを計算します（順問題）。対して、「逆問題」はその順番を変えたものの総称です。例えば、荷重の条

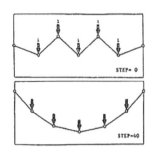

図2　リンク構造の一例
（出典：半谷裕彦・川口健一『形態解析』培風館、1991年）

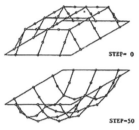

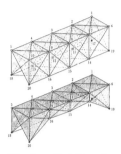

図3　ホモロガス変形の一例
（出典：図2に同じ）

件を与えて逆に構造物の形を求める「形状決定問題」があります。吊り構造や膜構造のような柔らかい構造では、荷重が与えられなければ形が決まりませんが、そうした「形状決定問題」は昔から難問とされてきました。

　コンピュータを使えばそれが解けるのではないかと考え、1985年頃から私の恩師の半谷裕彦教授と一緒に取り組んだ成果をまとめたものが『形態解析』（1991年）になります。その頃に研究していたのは、荷重を与えると大きく動きながら安定形状を探す「リンク構造」［図2］や、上に物を載せても同じ形を保ったまま変形する「ホモロガス変形」［図3］などです。

　「逆問題」の面白いところは、答えが一つとは限らない点です。そこで、問題の呼び方も「形状決定」から「形態創生」に変わっていきました。

形態創生の計算法の開発

最初の頃の形態創生は、大きく変形はするけれど構造物としてトポロジーは変わらない、つまり部材の接続関係は変わらないところから始まりました。それがだんだんと大胆になっていきます。例えば、粘土をこねて構造物をつくるようなことを計算機の中で試したくなるのですが、そこに先ほどお話した均質化法を応用する研究者たちが登場します。応力のあまりかかっていない部分でセルの孔を大きくして材料密度を薄くしていく方法を、ミシガン大学の菊地昇先生らが編み出しました［図4］。すると、最初は連続した平面のような形から出発して、不要な部分の材料密度が薄くなっていき、三角形の骨組みのような形が見えてきます。これらの研究は、位相最適化やトポロジー最適化と言われる分野のブレークスルーとなりました。

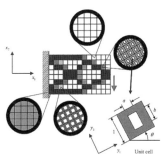

等値線構成用
のグリッド　　　　等値線の形成　　　新しい設計領域の形成

最初の設計領域　　　等値線の形成　　　新しい設計領域の形成

図4　均質化法を基にした形態創生手法の
模式図
（出典：藤井大地氏の2020年日本建築学会賞（論文）
授賞研究業績紹介資料）

図5　ESO法の模式図
（出典：大森博司・崔昌禹「拡張ESO法による構造形態の創生：多目的適応型構造
とシェルへの適用」『日本建築学会構造系論文集』第552号、2002年）

　ただし、均質化法は微細な材料構造を変更していくアプローチであるため、方法として少々複雑になる傾向がありました。そこで、ロイヤルメルボルン工科大学のマイク・シー（Mike Xie）教授が、有限要素法で計算して応力伝達に貢献していない要素を取り除いてしまえばいいという方法を提案します。ESO（Evolutional Structural Optimization）法と名づけられたこの方法は、非常にシンプルなことから、位相最適化を含む形態創生の計算法として一気に普及しました［**図5**］。

形態創生手法の構造設計への適用

このESO法は、手法が単純な割にオーガニックな形が出てきて、非常に魅力的な形態創生の計算方法です。この方法に関心を持って発展させたのが名古屋大学の大森博司先生（半谷研究室の元助手）で、構造設計を生業とする佐々木睦朗先生が大学に赴任し、大森研究室の学生と一緒にESO法を実際の建物に使い始めました。つまり、形態創生の研究が、コンピュータから飛び出して、実際の建築物になる時代が始まったのです。

　半谷先生が1998年に急逝された後、若手研究者が研究を引き継いで進めました。私は、コンピュータによる形態解析や形態創生にふさわしいインパクトのある英語の名称を考える必要があると考えました。2001年に名古屋で開催されたIASS（International Association for Shell and Spatial Structures）国際会議のプログラム委員を任された際に、Computational

Morphogenesis をセッションのタイトルとして提案しました。現在ではこの研究分野を表す言葉として普及しています。

微小構造への応用

さて、佐々木先生らが実際の建築に応用する道筋を示したのですが、ESO 法で得られるようなオーガニックな形状を、鉄骨で組み立てたり、型枠を組み立ててコンクリートを打つとなると非常に費用がかかります。そのため ESO 法があらゆる建築の構造設計に向いているとは言えません。応用先として大きなインパクトがありそうな分野としては、もっと小さな構造の世界があります。例えば、身近な小さな道具としてヒンジ（蝶番）がありますが、そうした小さなものは弾性変形でつくれてしまいます。ピンセットなどが良い例です。弾性的なヒンジを利用した機構を「コンプライアントメカニズム」と言いますが、例えばプリント基板技術を使うと、微小なメカニズム構造を大量生産することも可能です。いわゆるマイクロメカトロニクス（MEMS）の分野です。医療工学などで使う微小構造へのインパクトが大きそうだと考えられています。

コンピュータでつくった形を実際につくってみる

3D プリンターが普及した現在では、コンピュータ上で作成した形を実際につくってみることができるようになりました。あるいは、プリント基板に関する研究とは異なる方向として、折紙や切紙などについても研究が活発に進んでいます（1 章 1 節参照）[図6]。また最近は、そういった立体的なモノづくりが身近に普及していることを背景に、離散微分幾何学や建築幾何学（Architectural Geometry）といった分野の研究が流行しています。

　こうした微小構造から材料にアプローチする、計算機の中ではなく 3D プリンターや折紙・切紙で実現してみる取り組みに共通するキーワードの一つに、「オーゼティックな挙動」があります [図7]。一方向に引っ張ったら直交方向にも広がる挙動です。

右：**図6** 折紙構造の一例
下左：**図7** オーゼティックな構造
の一例（シザーズ型展開構造）
下右：**図8** 1時間で展開・収納で
きる10mの展開型アーチ構造

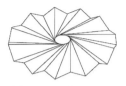

（a）ミウラ折り　　　　（b）ランフォード折り

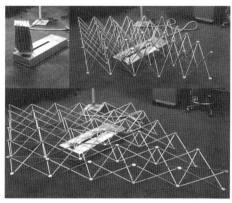

　私たちが研究している建築スケールの空間構造の中にも、似た挙動を
するものがあります。例えば、図8のような構造です。元は小さな形状を
していますが、一方向に引っ張るだけで立体的に大きな空間をつくること
ができます。この構造を災害時のシェルターなどに応用できるのではない
かと考え、10mのアーチを実際につくり、展開収納実験を行ったりもして
います。ただし、実際の構造物は、計算機から出たとたんに重力とスケー
ル則に従いますから、地上の構造物は大きくしていくと、重力との戦いに
なります。また、実際の建築スケールでは30m程度が実用上の限界と言
われています。重力の小さな宇宙空間での利用や、人の手で操作できる
数m程度の大きさが現実的です。

川口健一（かわぐち・けんいち）
東京大学生産技術研究所教授。専門は建築構造・空間構造工学。工学博士。作品に「東京大学工学部新
2号館構造計画」（2003年）。著書に『天井等の非構造材の落下に対する安全対策指針・同解説』（共著、
2015年）など。

アトムとビットをつなぐ建築の可能性

加藤耕一
Kato Koichi

マテリアリティに対する関心の高まり

1990年代半ば頃から、物質性（マテリアリティ）に対する関心が、様々な分野で登場し始めました［図1］。

人文系分野では国際学術雑誌『Journal of Material Culture』が1996年に創刊し、1997年には現代思想分野でニュー・マテリアリズムの考え方が登場しました。ニュー・マテリアリズムの背景には、1980年代のブルーノ・ラトゥールのアクター・ネットワーク・セオリーを挙げることができますので、物質に対する関心が突然現れたわけではないとしても、90年代半ばに人文系分野の中から「物質」に対する強い関心が現れたことは間違いありません。

建築分野においても、ポスト・モダニズムの流行と入れ替わるように90年代になると物質に対する強い関心が登場します。特にスイス出身の建築家たちにその傾向が強く見られ、90年代半ばには、銅板でグルグル巻きにされたシグナルボックス（ヘルツォーク＆ド・ムーロン、1994年）や、地元の石材の素材感を強く打ち出したテルメ・ヴァルス（ピーター・ズントー、1996年）などが、建築界に大きな衝撃を与えました。日本でも、隈研吾が木材（那珂川町馬頭広重美術館）、石材（石の美術館）、和紙（陽の楽家）など多様な素材を用いた建築を2000年に完成させ、建築における物質性（マテリアリティ）の問題を、建築表現と理論の前面に打ち立てました。

「アナログ」とも呼びうる素材や物質の問題（アトム）は、デジタル（ビット）と比したとき、二項対立の正反対の極に位置するように思われるかもしれません。しかし90年代半ばは、デジタルの世界が物質性に接近し始めた時期でもありました。

Windows 95やプレイステーション（1994年）の登場によって、コンピュータ・グラフィックスによる物質の表現は格段に向上しました。ゲームの世界では2次元の表現が3次元の表現へと変化し、きわめて「リアル」な物質性の表現がなされるようになります。建築の世界でも同様で、90年代後半にはAutodeskの3D Studio Maxのようなソフトウェアによって、3次元のモデリングとレンダリングによる物質の表現が精緻化されていくことになりました。20世紀的な「白模型」の世界から、テクスチャー・レンダリングの世界への決定的な遷移の要因の一つが、まさに「デジタル・マテリアリティ」だったと言えるでしょう。

デジタル・マテリアリティの意義

一方、物質に対する関心で興味深いのは、それが言語中心主義的（logocentric）な西洋的思考を打ち破るものとして期待

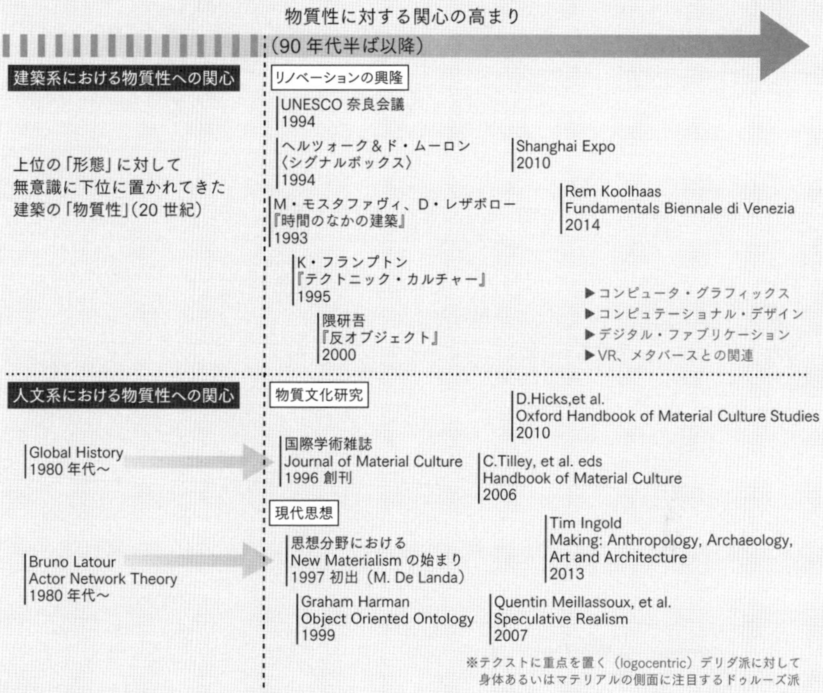

物質性に対する関心の高まり
（90年代半ば以降）

建築系における物質性への関心　｜　リノベーションの興隆

上位の「形態」に対して無意識に下位に置かれてきた建築の「物質性」（20世紀）

- UNESCO奈良会議 1994
- ヘルツォーク＆ド・ムーロン〈シグナルボックス〉1994　｜　Shanghai Expo 2010
- M・モスタファヴィ、D・レザボロー『時間のなかの建築』1993　｜　Rem Koolhaas Fundamentals Biennale di Venezia 2014
- K・フランプトン『テクトニック・カルチャー』1995
- 隈研吾『反オブジェクト』2000

▶コンピュータ・グラフィックス
▶コンピュテーショナル・デザイン
▶デジタル・ファブリケーション
▶VR、メタバースとの関連

人文系における物質性への関心　｜　物質文化研究

- Global History 1980年代〜
- 国際学術雑誌 Journal of Material Culture 1996創刊
- D.Hicks,et al. Oxford Handbook of Material Culture Studies 2010
- C.Tilley, et al. eds Handbook of Material Culture 2006

現代思想

- Bruno Latour Actor Network Theory 1980年代〜
- 思想分野における New Materialism の始まり 1997 初出（M. De Landa）
- Tim Ingold Making: Anthropology, Archaeology, Art and Architecture 2013
- Graham Harman Object Oriented Ontology 1999
- Quentin Meillassoux, et al. Speculative Realism 2007

※テクストに重点を置く（logocentric）デリダ派に対して身体あるいはマテリアルの側面に注目するドゥルーズ派

図1　建築系と人文系の物質性への関心の高まり

された点です。そのような観点から見たとき、建築分野における物質性に対する関心の高まりの本質が見えてきます。

建築ももちろんモノですから、すべての建築に物質性が備わっているはずです。しかし、物質性に対する関心が高まり始めた90年代以前には、建築形態を意味論的に考えることが重要でした。形が何かを象徴し、意味するという考え方は、建築の形態が言葉である、つまり「形態言語（ロゴス）」であるという捉え方だったわけです。一方、物質性（マテリアリティ）から建築を考えることは、形が語る意味ではなく、素材そのものがもたらす効果に着目しているとも言えるでしょう。

形態が語る意味ではなく、素材の効果や可能性に着目し、それをデジタルによって定義することが、建築におけるデジタル・マテリアリティだと言えるでしょう。形態（フォーム）が言葉（ロゴス）に通じるとすれば、物質（マテリアル）は情報（データ）に通じます。建築形態の意味論は、建築意匠分野の枠内に留まりがちでした。しかしデジタル・マテリアリティに着目したとき、私たちは建築のあらゆる分野の可能性を論じることができるようになります。デジタル・マテリアリティは、アトムとビットをつなぎ、建築の可能性を飛躍させる、重要な観点となることでしょう。

—

加藤耕一（かとう・こういち）
東京大学大学院工学系研究科建築学専攻教授。専門は西洋建築史・建築理論。博士（工学）。近畿大学講師、東京大学准教授等を経て、2018年より現職。著書に『時がつくる建築』（2017年）、『ゴシック様式成立史論』（2012年）など。

191

05

デジタル・
プリディクタビリティ
DIGITAL
PREDICTABILITY

将来起きることを可能な限り予測することは、科学技術に期待されている基本的な役割の一つです。そもそも情報技術もそのために生み出され、使われてきたとも言えます。計算機理論は、複雑で予測困難な現象を細分化する手法を使ってその再現性を上げることで進化し、建築においては地震動に対する構造体の挙動や、音環境・熱環境、さらには群衆流動などの様々な予測の精度を上げることによって建物の性能の向上に貢献してきました。そして、計算速度の大幅な高速化と計算結果の視覚化の進歩によって、設計から生産に至るまで連続的な情報として建築を理解することを可能にしました。それによって選択肢の幅が広がり、それらを比較することで得られた新たな知見があらゆる場面で応用されつつあります。

　しかし、だからと言ってあらゆることが予測可能になったわけではありません。むしろ、その限界や精度の程度を正しく理解し、改善の方法や応用上の注意を慎重に考える態度こそが科学技術に求められているとも言えるのです。その意味で、理論と実践を横断する建築分野においては、計算モデルと実データの比較と改善のプロセス自体を自動化することも新たに試みられていますが、結局のところ計算量の増大が予測精度の向上に見合うものなのかという相対的な価値判断にならざるをえません。予測結果を活用するにあたっては、どんなに精度が良くても、現実に起きるよりも計算に時間がかかってはならないことは自明です。すなわち、予測可能性（プリディクタビリティ）はその有用性と一体でしか評価できないのです。建築においては、様々な性能と概念を総合的に扱うことが求められるため、その予測可能性もまた複合的に相対化されることになります。このような視点を持って予測可能性を上手に使いこなしていくことは、建築情報学に求められる態度の一つだと言えるでしょう。

池田靖史

半透明で軽量でムニュっと壊れる 「壊れても死なない構造」

佐藤淳
Sato Jun

光を透過する構造

私は力学的な最適化を駆使することによって、透明感のある構造デザインに多く関わってきました。伝統的な木組みの技術を応用しながら自由な形状に組む刻み方を創出したり、エッフェル塔のようなラチス構造の各部材をさらにもう一段階ラチス化することで透明感を出せないかと考えたりしています。例えば、建築家の隈研吾さんと進めているプロジェクト「Carved Tower」の足元に計画している巨大なパーゴラでは、自由な交差角とひねり角で噛み合う木組みの刻み方を考案した上で、パラメトリックに全体形状を生成しながら交点を増やすように調整していくことで、構造強度を増しながらランダムな光を通す形状を実現できるようにしました［**図1**］。縦材をサインカーブ状に並べた列柱を何列も立て、斜め材をそれに沿ってスイープするように並べます。そして奥行方向と高さ方向に射影写像を施します。パース（透視図）では遠方が細かく描かれて線の密度が増しますが、それを利用して構造強度の必要な部分の密度を増しているわけです。

局所最適化・逐次最適化・多目的最適化

力学的最適化の別の例として、建築家の石上純也さんとのプロジェクト
を紹介します。オランダの「Vijversburg Visitor Center」ではガラス構
造の壁の曲率を最適化したり、オーストラリアのリボン状のタワー「Cloud
Arch」ではリボンのうねり具合とひねり具合を最適化しています。最適化
の際にコントロールする幾何学的パラメーターを少なく限定するのが腕の
見せどころで、後者のプロジェクトでは立体的にうねる曲線の「うねり」と
リボンの「ひねり」という二つに限定しました〔図2〕。これらのプロジェクト
では、構造計算は静的解析だけで部材の安全率を観察しているのです
が、これは計算量がかなり少ない最適化と言えます。

　さらに、やりたいことが増えてきて、地震で揺らすシミュレーションの「応
答解析」で部材が吸収するエネルギーを観察して、その分布を見ながら
最適化できないかと考えていたところ、応答解析をしている間中ずっと固
有周期を計算したという大学院生が現われました。これは詳細に立体モ
デル化した建物に対して 0.02 秒刻みで 60 秒間分の地震波に対する応答
を計算し続けるという、一昔前では考えられないような膨大な計算が必要
となる解析です。これにより、材料が降伏して損傷がひどいほど固有周期
は長くなるので、長くならない形状の方がよいと判別できました。これは最
適化の目的関数（評価指標）に使えそうだと考えています。ただ、最適化を
自動で探索させるアルゴリズムを実行する場合、この応答解析を何百回と
行う必要があり、膨大な計算量になります。ところが、その大学院生が試
した探索は 4 サイクルほどだけでしたがたった 2 日間でできたということで
した。

　最近注目していることの一つに「局所最適化」があります。薄板にディ
ンプル（くぼみ）・しわ・葉脈のような溝といった変形を与えると強くなります。
例えば図 3 上左・上右のような花柄のディンプルを施すと、薄板の強度は
3 倍ほど強くなります。シェルの形状を複雑にする場合など、局所的に大
きな応力が生じる所に花柄を多数散りばめる方法もあると考えれば、シェ

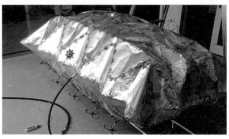

上：**図1**　Carved Towerのパーゴラの模型

右：**図3**　アルミの薄板とガラスドームに施した花柄のディンプル（上左・上右）と月面基地の滞在モジュールの試作品（下）

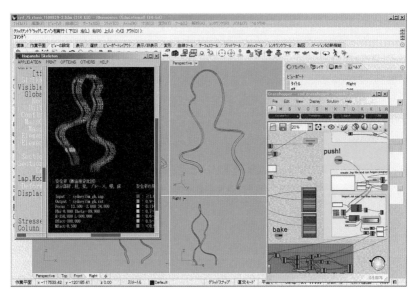

図2　リボン状のタワーを最適化するツール

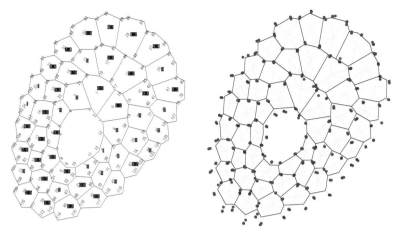

図4 2017年のPUFFにおける逐次最適化のプロセス

図5 2次元パワースペクトルのカタログ（左から、さざ波、木漏れ日、綿雲、紅葉の森、すすき野原）

ルの形状の自由度を高めることができると考えられます。これをガラスのドームに用いることもできて、その場合はスランピングという型を用いた成形法を使うのですが、花柄のディンプルを成形してから全体の曲面を成形するという手順で小型のモックアップを製作するのに成功しました。ディンプルは薄板の面外曲げ剛性を増す一方で、面が伸縮する面内剛性が減ってしまうのですが、この両方の性質が多面体を展開させるには都合がいいのです。そこで、我々が開発している月面基地の滞在モジュールのボディにも用いることができないかと考えています［**図3下**］。

　また、東京大学の小渕祐介先生と一緒にやっていた「T–ADS」というプログラムでは、毎年 10m クラスの仮設パビリオンを製作していたのですが、2017 年の PUFF では「逐次最適化」に取り組みました。そのパビリオンでは、椰子の繊維でつくった弾丸を人間がエアバズーカで撃ち、それらが柱の頭に張られたネットに積もっていくことで全体の形状を決めていきました。弾丸を撃つ人には屋根の奥の着弾点は見えないので、ヘッドホンをつけて撃つ方向を指示する音が聞こえたと感じた方向に撃ちます。着弾点には誤差があるので目標の重量分布にはなっていません。その分布を直接には計測できないので、1 日の作業が終わるたびに柱の変形を計測し、それを逆算していくことで重さの分布が求められます。これを予定していた重さの分布と比べ、現況に応じて力学的最適化をやり直して、次の日にどこに撃てばいいかを補正していきます。図 4 中の色の違いは、ある作業日の初期値と、その日の変形予測および変形結果を表しています。補正を繰り返した結果、最終的に初期の設計通りの分布になる必要はなく、別の解に辿り着いたのだと解釈できます。

　一方で、光を透過する構造デザインを追求していると、木漏れ日のような空間ができないかと思うことがあります。そこで、木漏れ日をもう少し分析するために、様々な風景の 2 次元パワースペクトルを描いてみました。図 5 は、左から、さざ波、木漏れ日、綿雲、紅葉の森、すすき野原の 2 次元パワースペクトルです。これらと自分がつくった構造物を比べてみると、後述する正方形のガラス板を散りばめた構造物ではスペクトルを木漏れ日とそっくりにできましたし、隈研吾さん設計の「SunnyHills at Minami-Aoyama」では木漏れ日よりも紅葉の森の風景に近いことがわかりました。これは力学的な最適化に加えて、光環境の最適化も行ったことになるわけですが、そうした多目的最適化の時代がやってきています。

　力学的な最適化においては素早く計算ができなければ計算量がどんどん膨大になっていくので、モデルを単純化したり AI を駆使するなど計算時間を短縮する工夫が求められています。

自然が生み出す形状のような自由な構造を追求

こうした自然界に現われるような空間を追求していくと、より自由な形状を扱いたくなります。研究室で進めているテーマに「ファジーノード」があります。図6は、正方形のガラス板を組み合わせていくだけで木漏れ日のスペクトルに近づけようとした実験モデルになります。ガラス板を決められた孔を使って接合していこうとすると、うまく孔の位置が合いません。ですが、アルミのストラップを曲げたりひねったりして接合してみると、いくつもの孔で同時に接合することができるようになります。少しだけ自由度があるファジーなノード（接合部）になったおかげで、圧倒的にランダムな造形がつくれるようになったわけです。また、これを数式で解いて画面に描けるようにしたデザインツールを大学院生がつくったりもしています [図7]。

　このようにして図面に描けないくらいの複雑な形状を扱うことができるようになりましたが、構造解析が現実を緻密に再現しているわけではないことには注意が必要です。つまり、現実と解析とをどのようにチューンアップしていくかという問題があります。実物ができたときの「応力状態」は、施工手順によって解析とは大きく違った状態に至っています。また、地震によって塑性ヒンジができて崩壊形に至るという現象も、かなり単純モデル化した解釈であり、実際と計算結果との間に違いがあります。でも、そういう違いはあってもそうして計算しておけば目標とする地震には耐えられるという構造設計法が確立されていますので、そのような現実との差異をイメージしながら解析モデルをチューンアップしていくことになります。

　図8は、先述の小渕先生とのプロジェクトで別の年に取り組んだパビリオンの模型です。このような串をランダムに寄せ集めたような構造体であっても、1本1本の串をモデル化するのではなく、全体を多孔質な材料として捉えて構造実験をすれば単純化することができます。それにより、途方もなく理解不能な物体というわけではなくなるのです。このようにして構造設計法をイメージするのが、我々の腕の見せどころです。

　このように力学の最適化を駆使していくと、半透明で軽量な構造が実

図6 ガラスの板をアルミのストラップで接合した実験モデル

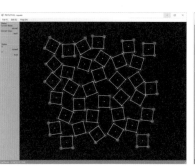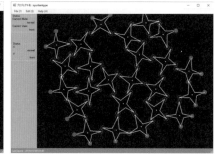

図7 ファジーノードのデザインツール（作成：河村京介氏）

図8 ランダムな串の構造体の模型

図9 天女の羽衣とカーボンロッドによる膜構造物

現できるようになりますが、どんどん軽く細やかな部材で建物をつくれるようになることで、災害で建物が壊れても中にいる人が犠牲にならない構造ができそうだと考えています。現在、世界最薄の布「天女の羽衣」とカーボンロッドで膜構造をつくったり［**図9**］、世界最薄の和紙と3mm角の木材で10mのタワーを製作してみたりといった構造デザインをワークショップで試みていますが、いずれは実際の建物にできるようにしたいと模索しています。軽量で透明感のある構造をいかに自然の雰囲気を持つ形状でつくれるかを追求することが、建物が壊れても人が犠牲にならない構造を追求することにもつながると感じています。情報化技術に加えて職人技もどんどん駆使していくことで、そうした新たな構造が実現できる時代が来つつあるように思います。

—

佐藤淳（さとう・じゅん）
東京大学大学院新領域創成科学研究科社会文化環境学専攻准教授、佐藤淳構造設計事務所技術顧問。専門は構造設計、近年は月面基地を開発中。博士（工学）。作品に「公立はこだて未来大学研究棟」「SunnyHills at Minami-Aoyama」など。著書に『佐藤淳構造設計事務所のアイテム』（2010年）など。

音響のデジタル・シミュレーションと建築・都市への活用

坂本慎一
Sakamoto Shinichi

私の研究室は、もともと応用音響工学という看板を掲げていましたが、その後、対象をより明確化して、専門分野名を環境音響工学と改称しました。建築環境工学の基礎研究はみな同様であろうと思われますが、環境の物理特性の予測及び計測をもとに、対象とする環境を再現し、その環境の中での人間の反応を評価して、環境制御技術の知見を積み重ねていくことが重要と考えています。環境音響工学研究の場合、図1に示すように、音場予測、音場計測、音場再現、音場評価、という四つのステップを踏むことになります。本章の中心テーマがデジタル・プリディクタビリティですので、ここでは、音場の予測と、その予測結果を用いた音環境の評価という観点でいくつかの研究事例を紹介します。

音とデジタル

音のデータはデジタルデータ（digital data）として表現され、保存され、転送され、処理されます。現実の物理世界に存在するのは「アナログ（analog）」信号ですが、離散データであるデジタル信号は、サンプリングの定理（離

散信号と連続信号の関係を述べた、デジタル信号処理における基本定理。別名、染谷－シャノンの定理）によって決まる周波数範囲を限定すれば、そのもととなったアナログ信号を忠実に再現できることが保証されています。これは、デジタルで表現した有限個のデータから、無限に切ることができるアナログデータが再現できるという画期的な法則で、この法則の恩恵を受けて、音響工学が飛躍的な発展を遂げました。また、この法則は、デジタルデータを取り扱う電子計算機と相性が良いこと、CAD・GIS による空間表現との連携が容易なこととも相まって、コンピュータ技術を用いた音響解析・音場予測の研究が世界中で進められています〔**図2**〕。

　ホールや劇場など、響きの量と質を重要な要素として研究する分野は室内音響と呼ばれますが、その分野では室内の音の伝搬に大きな影響を与える空間の形が議論になります。一方で、建築における音響問題は、内部空間の形状だけでなく、空間を形づくる構造体とも密接に関係します。例えば集合住宅やホテルでは、界壁の遮音の問題に加え、床版の振動に起因する床衝撃音が問題になることが非常に多く、建築音響分野の重要課題となっています。また、都市部では地下鉄等から発生し、柱・梁を介して伝搬した振動が室内に放射される、いわゆる固体伝搬音の問題もあります。これらは振動－音響連成系の問題としてモデル化され、予測技術が研究されています。

　このように、室内音響、遮音、床衝撃音、固体伝搬音等、いくつかの着目点に分かれますが、共通するポイントとして、音の問題は聴覚を介した感性の問題になりますので、それらを予測する上ではリアルに音を再現することが重要となります。ここでは、音の可聴化という観点からデジタルシミュレーションの発展と高精度化の関係について議論してみます。

　どの工学分野でも同じだと思いますが、デジタルシミュレーションの技術が進展すると、必然的に大規模な問題が解けるようになります。しかし、大きな問題が解けることと精度の向上は別問題です。音響の解析では、解析空間の大規模化と解析上限周波数の拡張は等価な意味を持ちます。すなわち、たとえ解析空間が同じでも、低い周波数から高い周波数まで、

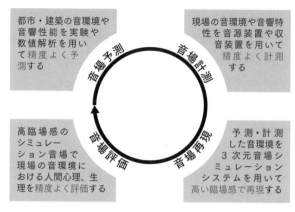

図1　環境音響工学の研究の流れ

図2　建築・都市の音響設計におけるデジタル技術の位置づけ

より広い周波数範囲の音の挙動をシミュレーションしようと思えば、空間を
より細かく離散化して大規模問題を解く必要があるということです。その場
合に解析精度も向上させようと思えば、空間中の音波の挙動だけでなく、
より広い周波数範囲における境界面での音波の挙動—吸音および音の
透過現象—を精度よく予測する必要がありますが、実はこれがかなり難し
いのです。空間内の音波の挙動は、空気中の伝搬だけでなく、境界で
の反射や吸収のメカニズムにより大きく依存しており、境界層や境界面で
の物理的な音波の挙動には周波数に応じてバリエーションがあります。広
い周波数帯域において精度を向上させるためには、より詳細な物理メカ
ニズムにまで踏み込んだシミュレーションが必要ですが、そのようなシミュ
レーション方法は現在確立されていません。室や都市空間全体を対象と
したシミュレーションを巨視的なシミュレーションと呼ぶことにすると、その
ようなアプローチとは対照的に、壁面などの各部位における吸音材料や
構造に着目した詳細なシミュレーションに関する研究も盛んに行われてい

ます。このようなシミュレーションを微視的シミュレーションと呼ぶことにすれば、巨視的なシミュレーションに微視的シミュレーションを効率的に組み合わせる計算方法の開発が今後の課題です。

詳細な予測シミュレーションと感性評価

ここまで述べましたように、忠実な予測シミュレーションのためには今後も解決すべきハードルがある一方で、実学である建築のへ応用の意味では、活用可能な範囲で設計に活かすことが重要です。

　図3に示すのは、ある建築設計会社との共同研究の事例で、音楽学部をもつ芸術大学の音楽練習室の設計において、建築音響の立場から支援しました。響きの質の観点から残響時間の周波数特性をパラメータとし、聴感に影響を及ぼす初期反射音の観点から3次元室形状（反射面形状）をパラメータとして、研究室で開発している波動音響解析技術によりイ

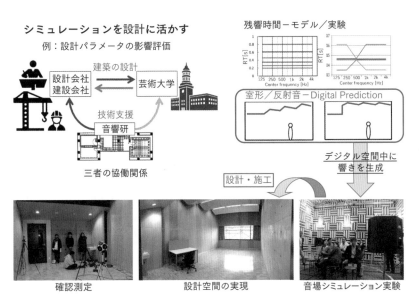

図3　芸術大学での音楽練習室の設計プロジェクト

ンパルス応答（システムにインパルスを入力したときの時間応答。室の響きの特性を表す重要な物理量である）を予測しました。それらのインパルス応答を入力条件として、音響実験室に構築したリアルタイム音場シミュレーション装置によって設計空間の響きを再現しました。音場シミュレーション実験では、使用者である芸術大学の先生方に実際にシミュレーション空間で演奏してもらい、様々に響きを体験していただきました。体験していただいた設計空間の響きについて、使用者、設計者、建築音響専門家の我々で議論しながら、設計の詳細を決めていきました。実際に竣工した音楽練習室では確認測定も行い、計画した音響特性が実現されていることを確認しました。このように物理特性のシミュレーション結果から実際の響きを再現し、その体験に基づいた感性評価を行って建築設計の実務に具体的に反映できるのは、デジタル・プリディクションの大きな強みであると思います。

ラフだが高速なシミュレーションとコミュニケーション

以上の事例で用いたシミュレーションは、比較的高度で高精度な波動音響解析技術を用いており、計算の負荷がそれなりに高いため一つのケースをシミュレーションするのに数日かかるのですが、計算の精度やモデルの精度を限定すれば、より高速な音響伝搬のシミュレーションツールを実現することも可能です。そのようなツールは、実務の面では、音を専門としない意匠設計者と音響技術者が様々なパターンの音響伝搬を確認しながら議論し、建築の形と音の伝搬との関係の理解を深めるのに役立ちます。また、教育の面でも、目に見えない音の挙動を可視化することによって音響の理論を直感的に理解させるのに役立ちます。一例として、図4に示すような2次元空間中の音の伝搬であれば、現在の計算機の能力ならリアルタイムシミュレーションが可能で、PC上で簡単にスケッチしながら音の伝搬を確認することができます。

　なお、デジタル・シミュレーションでは常に計算精度が問われますが、

物理的なシミュレーションの精度と適用するモデルの精度は分けて考える
必要があります。例えば、建築設計の初期段階において、反射壁の角度
や拡散壁の形、大きさなどのディテールを決める際には、ごく初期の反射
の空間分布を知ることが最重要で、壁面による吸音や遮音の周波数特性
の詳細を精度よく求めることは重要ではありません。そのようなときには、
境界面での物理的な音波の挙動を詳細に扱う必要はなく、非常に単純
な反射・吸音のモデルで十分に目的を達します。

広域のシミュレーションと環境評価

これまで述べてきたような、いわゆる計算力学的なシミュレーションとは異
なりますが、同じプリディクションという意味では、都市における環境騒音
の予測が社会的に重要なテーマです。我々の生活に最も身近な環境騒音
源である道路交通騒音の予測に関して、私の研究室では日本の代表的
な予測手法である ASJ RTN-Model の開発に長年携わってきました。都
市開発、道路建設など様々な開発の際には環境アセスメントが行われま
すが、騒音はほぼすべてのケースで調査が行われる重要な環境要素であ
り、そのアセスメントの際にはこの ASJ RTN-Model が必ずと言っていい
ほど利用されています。このモデルを使うと、走行する車種と交通量、走
行速度等の交通状況のデータと、騒音源である道路の幾何情報と受音
点の位置情報から、道路交通騒音レベルの値を高精度で予測することが
できます。最近の研究では、この予測モデルを広域の道路ネットワークに
適用して図 5 のような道路交通騒音マップも描けるようになっています。
　図 5 の左側の図は、道路上の音源の音響出力の分布であり、この音
源分布が都市に作用して、街区に侵入した結果としての騒音レベルの分
布が右側の図になります。騒音の発生状況は、人々の活動レベルを敏感
に反映しますので、時間によって変動しますが、この計算結果は活動レ
ベルが高い時間帯（6 ～ 22 時）の平均騒音レベルを計算したものです。ま

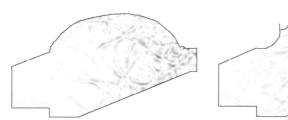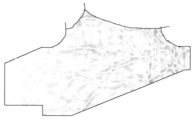

ステージ上でインパルスを発生した後の音圧分布のスナップショットで、赤色は正の音圧、青色は負の音圧を表している。断面形の違いによる音波伝搬の差異を観察することができる

図4 2次元空間のスケッチをもとにしたリアルタイム音響シミュレーション

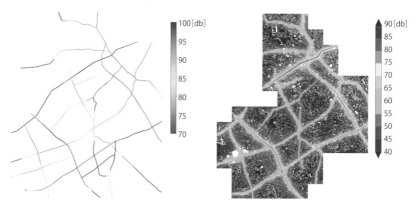

図5 目黒区における道路交通騒音マップの計算例

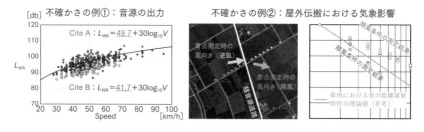

図6 道路交通騒音の発生と伝搬における不確かさの要因の例

た、ここに示した結果は時間平均的な姿ですが、それぞれの騒音源は実際にはある程度のばらつきを持っています。例えば、図6の左側の図は車両の音響パワーレベルの実測結果で、横軸が車両の速度、縦軸が走

行する車両の音響出力を表しています。この図を見ると、個別の車両ごとの音響出力のばらつき具合がはっきりとわかりますし、このようなばらつきは路線間にも見られることがわかっています。図6の右側の図は、気象条件が騒音伝搬に及ぼす影響の実測結果で、風の強さや方向によっても音の強さが大きくばらつくことを示しています。このように、環境情報を計算し表示するときには、結果として図5のように一つの平均的な姿を代表値として示すことになるわけですが、実際の現象は時間的にも空間的にも揺らいでおり、ある程度の幅を持っていることは認識しておかねばならない重要な事実です。

　以上、私の専門分野である環境音響におけるデジタル・プリディクタビリティの研究の現状と今後の課題について述べました。建築の設計や都市環境の評価という実務への応用の観点から見ると、音響振動のデジタル・シミュレーションは、①詳細なシミュレーション、②精度は下がるが高速なシミュレーション、③広域のシミュレーションの三つに分類して考えることができます。①詳細なシミュレーションでは、時間をかけてよりリアルな音場の再現を目標としますが、大規模化・高速化するにつれて、より緻密な物理モデルへの深化が求められます。一方で、②精度は下がるが高速なシミュレーションは、種々の知識背景をもつ専門家が協働する建築という分野では、コミュニケーションツールとして有効です。③広域のシミュレーションは、ビッグデータの活用とも関連づけられ、昨今の技術進展の恩恵を受けて実務的にも活用が期待されますが、広域であるがゆえに様々な要因による不確かさを定量的に整理することが今後の重要課題になると思います。

—

坂本慎一（さかもと・しんいち）
東京大学生産技術研究所教授。専門は環境音響工学。博士（工学）。著書に『アコースティックイメージング』（共著、2010年）など。受賞に日本音響学会論文賞佐藤賞（2009、2021年）、日本騒音制御工学会守田栄論文賞（2011年）など。

構造部材の破壊のメカニズムと
予測の限界

山田哲
Yamada Satoshi

耐震設計で地震の力は予測できない

ここでは、私が専門としている鉄骨構造の建物（H形鋼や鋼管などの鋼部材で柱や梁が構成される建物）の耐震設計を例に、計算機を用いたシミュレーションで予測できていることと、予測の限界、実験による検証が必要とされていることについて説明します。

　地震や台風といった自然災害によって作用する力だけでなく、常に建物に作用する重力を支え、中にいる人々の生活を守る役目を担うのが構造部材です。耐震設計では、その構造部材がどのような性能を持っているのかを把握した上で、それらを組み合わせてつくりあげた構造体（建物の中で、構造部材によって構成される、建物に作用する力に抵抗する骨組のことで、人間の体では骨格に該当します）がどのような性能となるのかを評価します。

　耐震設計において検討しなければいけない、建物に作用する外力である地震について、それぞれの建物に、いつ、どのような地震が作用するのかは予測できていません。社会的なコンセンサスとして、この程度の規

模の地震が作用したとしても建物が倒壊しないように設計する条件として、建築基準法という法律で想定すべき地震の強さが規定されているというのが実情です。すなわち、地震の外力自体は予測できていませんが、見えない地球内部の活動によって生じる自然災害なので、現在の科学技術の水準としてはやむをえないこととされています。

鉄骨構造の耐震設計における予測の実情

鉄骨構造の建物で構造体を構成するH形鋼や鋼管などの鋼部材は、工業製品としてつくられており、建築用鋼材として建築基準法で認められたJIS規格品、もしくは建築構造用に特化した製品として必要な性能が保証された国土交通大臣認定材料のいずれかが使われています。これらは、製造方法や寸法・強度などが規定されている安定した工業製品です。したがって、その性能は十分に把握できていると一般に考えられていますが、規定されている性能には幅があります。例えば、強度を例に挙げると、規格で下限値と上限値が設定されており、製品の強度はその範囲内にあるということになります。現在の耐震設計では、このうちの下限値に基づいて、建物の性能を予測することになります。下限値を用いることで、最低限これ以上の性能はあることを担保するというものです。

　また、現在の耐震設計では、下限値に基づいて予測した耐力（抵抗力）に部材が達すると、塑性化といって、最も大きな力が作用する部材の端部が耐力を維持したまま変形が進むことを許容した設計が行われています。塑性化は、変形した後に作用させた力を抜いても変形が残ってしまう現象で、部材は曲がったまま元に戻らなくなります（図1右上のグラフ中、耐力と変形の関係における折れ点から先）。この場合、自動車が衝突した際に、バンパーや車体の一部が凹むことで衝突による衝撃を吸収するのと同様に、構造部材が元に戻らないような変形をすることで、地震による建物への影響を吸収して、内部にいる人の安全を確保しようとする設計になります。も

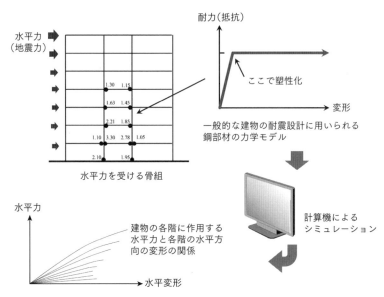

図1 現在の耐震設計のイメージ

　ちろん、建物が建っている間に何度か作用する程度の地震に対しては塑性化を許容しませんが、建物が建っている間に一度あるかないかというような大地震に対しては、この設計法により塑性化を許容することで、経済的合理性と安全性を両立させています。塑性化はダメージでもあるので望ましいことではありませんが、めったに起こらない大地震に対しては、ダメージを許容しつつ安全を実現しているのです。

　塑性化を許容する耐震設計においては、計算機を用いた解析で耐震性能を予測することが一般的です。図1にそのイメージを示しますが、地震によって作用する水平力を骨組に作用させ、どれだけの大きさの水平力が作用したときに、どの部材が塑性化するのか、そして建物全体の耐震性能はどうなっているのかを、シミュレーションにより予測します。基本的な技術は何十年も前に開発されたものであり、長年の実績があることから、一般的に信頼された方法とされています。ただし、与えられた条件のもとで予測が行われているという点で注意が必要です。

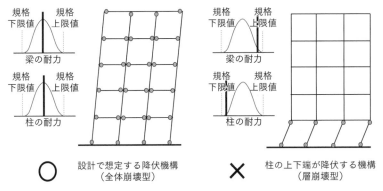

図2　鋼材の強度のばらつきにより生じる降伏機構（ダメージの分布）の違い

図の説明：左側は「設計で想定する降伏機構（全体崩壊型）」で○、右側は「柱の上下端が降伏する機構（層崩壊型）」で×。各グラフには「規格下限値」「規格上限値」とともに「梁の耐力」「柱の耐力」が示されている。

鉄骨構造の耐震設計における予測の限界

例えば、鋼材の性能は規格の下限値と上限値の間にあることから、必ずしも設計で想定した耐力にはなっていません。一般には規格の中央値あたりにあることが多いので、図2に示すように、柱と梁の耐力のバランスが設計で想定したものと同様となり（柱を梁より強くすることで、自重を支える柱を塑性化させないようにします）、梁が塑性化することで建物内にバランス良くダメージを分散させることができるのですが、梁の耐力が上限値近く、柱の耐力が下限値近くになると、柱の上下端が塑性化してしまい、建物の一部にダメージが集中してしまう可能性が出てきます。層崩壊型と言われるこのパターンは、建物がすぐに倒壊してしまう危険なパターンです。これは、仮定した耐力のバランスが実際とは異なっていたことで、シミュレーションでの予測と異なる壊れ方をしてしまう例になります。実際の設計では、鋼材の強度のばらつきに関する統計値に基づいて安全率を設定していますので、このようなことは起こりにくくなっていますが、シミュレーションにおける仮定と実際との違いをしっかり把握しておくことが必要です。なお、シミュレーションでは、計算速度等の制約からかなり簡単な形にモデル化されており、様々な条件が省略されていることから、予測結果はそれらの影響を受けたものであることに注意しなければいけません。

　強度のばらつきについては、こうして確率的な観点で割り切ることで対応していますが、これ以外にも設計で考慮していない要素から影響を受けます。例えば、部屋と部屋を仕切る間仕切り壁は、地震で建物が変形するとそれなりに抵抗しますが、この抵抗は構造計算では考慮できていません。建物の抵抗が増えること自体はプラスの要因と考えられるのですが、建物全体の強度のバランスが設計の想定とは異なってしまうことになります。そのため、想定していなかった箇所が相対的に弱い箇所となり、そこに想定していなかったダメージが集中してしまうことが起こる可能性があります。弱点にダメージが集中することで、思ってもいなかった形で建物が倒壊することも考えられます。間仕切り壁などの非構造部材の寄与については、近年実験・研究が行われるようになってきましたが、工法や取り付けられる条件などが多岐にわたるため、一般的に設計で考慮できるには至っていないのが現状です。

　また、間仕切り壁が剥落するなどの大きな被害を受けると、建物の中にいる人が下敷きになったり傷つけられたりと、危険な状況も起こりかねません。同様に、頭上にある天井や空調等の機器類が落下すると、大きな被害につながります。非構造部材や設備機器が地震時にどのように挙動し、どのような場合に被害をもたらすような壊れ方をするのかについては、取り付け部での局所的な破壊など、解析での再現が難しい現象を含むことから、現時点では予測の限界の先にあります。今後は、実際の取り付け条件などを再現した実験と、実験により精度の検証がなされた解析によって、信頼性の高い予測方法を確立し、計算で予測できる範囲を地道に広げていく取り組みを継続的に続けていく必要があります。

予測困難な現象

ここまでは、構造部材が塑性化するものの十分な変形性能を持っているという前提で話をしました。図1に示した部材の耐力と変形の関係では、

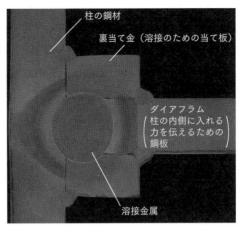

図3 溶接部の断面写真
（出典：Jun Iyama, Yuka Matsumoto, Takumi Ishii, Hiroumi Shimokawa, Masato Nikaido, Satoshi Yamada, "Fracture strength of electroslag welding joint with high-performance steel", Journal of Constructional Steel Research, 153, 2019に筆者追記）

柱の鋼材

裏当て金（溶接のための当て板）

ダイアフラム
柱の内側に入れる
力を伝えるための
鋼板

溶接金属

部材は塑性化した後も耐力を維持し続けることになっており、一般に設計で用いられているプログラムもそのような設定に基づいてつくられています。しかし、部材はどこまででも変形できるものではありません。その限界は、数多くの実験により確かめられており、設計基準に反映されています。また、シミュレーション技術の進化により、計算機による予測ができる事柄も増えてきてはいますが、まだ実験で検証していかなければならない課題も残されています。以降で、その一例を紹介します。

　鉄骨構造では、鋼部材をつなぎ合わせることで構造体を形成します。鋼部材を接合する主要な方法としては、溶接があります。これは、接合する鋼材と鋼材を、接着材となる溶接材料（これも鋼材）と接合箇所で一緒に溶かした上で、冷え固めて一体化させるというものです。もともとバラバラだった部材が連続して一体化するという優れた接合方法なのですが、いったん溶かして固めるという過程で金属としての性能が変化してしまいます。

　なお、性能と一括りで言っていますが、強度だけでなく、伸びやすさなど、様々な性能が変化します。図3は、超高層建築で使われることが多いエレクトロスラグ溶接の断面写真です。板が交差する部分に冷えて固まった溶接金属がありますが、接合する鋼板も溶けて一体化しています。また、溶接金属の近くには、溶接による熱では溶けてしまわなかったもの

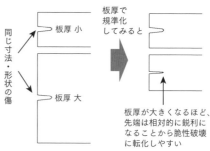

同じ寸法・
形状の
傷

板厚 小

板厚 大

板厚が大きくなるほど、
先端は相対的に鋭利に
なることから脆性破壊
に転化しやすい

図4 阪神・淡路大震災で脆性破壊した柱　　　　**図5** 脆性破壊における寸法効果

の、金属の性質が変化した部分（熱影響部といいます）ができます。断面の写真でも溶接金属の周囲の色が異なって見えていますが、強度や伸びやすさなどの性質も変化しています。こうして断面内で強い箇所と弱い箇所ができることから、地震などで力を受けたときには弱い箇所に変形が集中して、部材が性能を発揮する前に接合箇所で壊れてしまうことになります。そのようなことが起こらないようにするためには、溶接による材質の変化を把握し、安全に使う必要がありますが、その変化は、鋼材の材質、溶接材料の材質、溶接条件などの様々な条件によって決まることから、シミュレーションで予測できる段階にはまだ至っておらず、実験で安全性を確認しながら使っているのが現状です。

　また、鉄骨構造において最も予測が難しい現象が、脆性破壊という現象で、材質の悪い鋼材の溶接箇所などで起こりやすく、厚い鋼材が突然ガラスのように割れてしまう怖い壊れ方です。脆性破壊した柱を図4に示しますが、鋼材がきれいに割れていることがわかります。脆性破壊は、変形したときに生じる小さな傷から起こるのですが、図5に示すように同じ大きさの傷でも構造物の大きさが大きくなるほど鋭い傷となります。これを寸法効果と言いますが、大型の構造物ほど危険性が高くなります。また、鋼材についても板厚が厚くなるほど高性能のものを製造することが難しくなること、溶接による材質の変化についても溶接時の熱の拡散などの条件に左右されることなどから、現時点では小型の実験では予測困難

である一方で、大型構造物の実験には大規模な装置などが必要なことから、解明が進んでいない状況です。現在は、安全側への配慮を行うことでリスクを抑えていますが、合理的な設計・施工を行うためには解決すべき課題であり、実験による検証が必要不可欠です。

シミュレーションと実験による相互補完の重要性

計算機によるシミュレーションと実験は、相互に補完する関係にあります。かつては実験でしか検証できなかった様々な現象が計算機によるシミュレーションで再現できるようになってきていますが、それらは実験を追跡できることで精度の検証がなされた手法であり、シミュレーションだけでは予測できていない現象はまだあります。一方、実験は、設備も含め多くの予算と労力を要することから、限られたパラメータでしか行えないという制約があります。したがって、シミュレーションによる補完が必要不可欠です。未解明の問題を解決していくには、シミュレーションと実験のいずれもが完全な方法ではなく、両者をバランス良く活用する必要があります。その点で、現在広く設計で使われている計算機による設計技術は一見成熟したものになっていますが、ここで紹介した以外にも多くの未解明な課題を含んでいます。実際、設計レベルを超える地震では設計時に想定していなかったような被害がまだなお発生していることから、シミュレーションで信頼性の高い予測ができる範囲を広げていきつつ、より安全な設計を実現していくことが重要です。実験による検証とシミュレーションのよる予測をバランス良く進化させていくことが、私たちに与えられた課題ではないでしょうか。

—

山田哲（やまだ・さとし）
東京大学大学院工学系研究科建築学専攻教授。専門は鉄骨構造・免震構造・制振構造。博士（工学）。東京工業大学教授等を経て、2020年より現職。実験と数値解析の両面から、耐震研究を進めている。

建物応答の高精度デジタル計測による耐震設計の進化

伊山潤
Iyama Jun

アナログ計算機からデジタル計算機による耐震設計へ

基本的に建築の構造設計、特に耐震設計はその黎明期から数値計算に基づいて行われてきました。かつて、その数値計算に用いられたのが「アナログ計算機」と呼ばれた計算機でした。アナログ計算機は 1950 年代に登場し、さらに建物の応答解析に用いる専用の計算機が 1961 年に東京大学に設置され、利用されています。

　アナログ計算機というのは、電子回路によって方程式をモデル化してあるもので、電気信号として入力を入れると、出力（答え）も電気信号として出力されるものです。図 1 に示した SERAC というアナログ計算機は、特に地震応答解析に特化したものとなっており、地震の揺れの信号を入力すると、建物の揺れが出力されるように回路が組まれています。出力された電気信号を用いて、ペンを動かし、その振動を用紙に記録します。構造技術者は、この記録紙から最大層間変形や最大転倒モーメントなどの数値を読みとって、構造設計に用いていました。

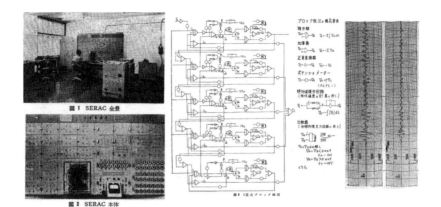

図1　強震応答解析用アナログ計算機 SERAC
（出典：強震応答解析委員会「強震応答解析用アナログ計算機 SERACについて：強震応答解析に関する研究・その1）」『日本建築学会論文報告集』73 号、1962年）

　これらの計算機技術を活用した結果として、1968 年に日本初の超高層建築として霞が関ビル（地上 36 階、地下 3 階、高さ 147m）が竣工します。この時点では、計算機の中を流れる信号や出力された記録紙の情報はまだ「アナログ」ではありますが、最終的にはそれを数値として読みとって構造設計を行っていたのですから、数値に基づくという観点では、構造設計はすでに「デジタル」であったと言っても良いでしょう。

　SERAC は当時としては最先端の計算機であったわけですが、それでも建物を 5 質点系モデルに縮約して計算せざるをえませんでした [図 2(a)]。それにより建物全体の揺れ方は把握できたのですが、部材レベルでの挙動は解析できなかったということです。しかしその後、SERAC とほぼ同時期になりますが、デジタル計算機が実用化され、これが飛躍的に進歩を遂げることにより、極めて複雑な構造計算が容易にできるようになりました。現在では、建物の部材の 1 本 1 本を計算機内でシミュレートし、地震時の応答を詳細に解析する、3 次元骨組モデルによる解析が当たり前に行われるようになってきました [図 2(b)]。

　SERAC が誕生した 1961 年から考えますと、この 60 年で、「デジタル化」により構造計算は著しい進歩を遂げたわけですが、この間の変化と

（a）5質点系モデル　　　　　　（b）3次元骨組モデル

図2　建物の応答解析におけるモデルの進歩

いうのは、結局のところ、自由度、あるいは扱うことのできるデータの量が非常に多くなったことに集約されるように思います。昔は、建物の全体がどのように揺れるかの解析にとどまっていた構造計算ですが、現在では、建物の部材のどこでどのように力が伝わり、どのように変形しているかを計算機内で再現でき、これによって、大地震の際にどのような損傷が生じるかを部材レベルで予測できるようになったことが、最も大きな変化でしょう。

霞が関ビルの応答計測技術

このように構造計算・構造設計は進化してきたわけですが、一方、では実際に建設された建物はその通りに挙動しているのだろうか、という疑問も同時に発生することになります。先ほど説明した1968年竣工の霞が関ビルにおいては、1972年の論文によると、建物内の5カ所に加速度計が設置されており、地中の地震計で地震時の揺れを計測するしくみになっていたことがわかります［**図3**］。まだ自動的にデジタルで記録することはできなかったようですが、15ガル以上の地震が起きると装置が自動的に起動して揺れを用紙に記録する、そうすると管理室の警報が鳴って担当者が記録紙を取りにいくことになっていました。このような計測方法ですと建物がどのように揺れるかを実測できますので、先ほどの応答解析と比較ができます。この当時は構造解

析も5質点系での解析しかできませんでしたので、計測地点の数も5カ所程度の計測で、計算の水準と整合した水準で計測を行って検証をしていたわけです。

現在の建物応答計測技術

では、現在はどうでしょうか。すでに説明した通り、構造計算の側では部材レベルで、非常に大量のデータを扱う計算により詳細な予測が可能となっています。しかし一方、計測の方はどうかと言えば、こちらにはあまり大きな進歩がない、というのが実感です。

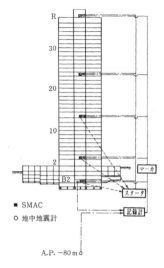

図3 霞が関ビルの加速度計・地震計の設置箇所
（出典：高瀬啓元・小林俊夫「霞が関ビルと地震」『計測と制御』11巻11号、1972年）

　確かに近年は計算機やセンサーのコストが下がってきており、実建物の計測により耐震安全性を確認することは可能になってきてはいます。構造の安全性を診断するために建物の揺れ等を常時観測することを「構造ヘルスモニタリング」と呼びますが、すでにいくつかの企業から「構造ヘルスモニタリングシステム」が市販されるようにもなってきています。

　システムによって多少の違いがありますが、全体的な構成としては概ね、建物内の数カ所に加速度センサーを設置して地震時の揺れを計測し、建物の全体の挙動や安全性、避難の必要性などを判断して、その情報を建物所有者や管理者に伝達するシステムとなっています。

　データの計測・集積および情報伝達等の技術は大きな進歩が見られる一方、数カ所の計測しか行えていない点は50年前の霞が関ビルと同じとも言えます。このように、計算機が進歩したことによって、計算機内での計算技術や予測技術は格段に進歩したものの、実物を計測する、実際の挙動を把握するという技術にはそれほどの飛躍が見られません。確かに「デジタル化」によって構造計算は進歩したけれども、ではその進歩は

本当に実際の建物と整合しているのかを見てみると、同じ水準で計測することはできていない。このままでは構造計算は計算機の中から現実世界に飛び出すことはできないのではないか、と危惧を感じるところです。

高精度・高密度建物応答計測に向けて

このような考えに基づいて、私はなるべく実体を測ろう、詳細な情報を取得し構造計算と同レベルの計測をしよう、という観点に立った研究を進めています。ここでは、その一例として3階建ての鉄骨造建物の計測事例を紹介します［図4］。この計測では加速度計は3カ所に設置してあります。この点では霞が関ビルのときと大きな違いはありません。ただしここで特徴的なのは、鉄骨部材のひずみを計測している、という点です。ひずみとは部材の微小な伸び変形のことですが、これを測っておくことにより、その部分にどのくらいの力が加わっているかを知ることができます。構造設計時には、地震時にそれぞれの部材にどのくらいの力が加わるかを計算しますので、ひずみを計測して部材に加わる力を推定すれば、直接的に設計時の計算結果との比較が可能となります。

　ただし、一つのセンサーが計測するひずみは数mm程度というごく狭い範囲のものであり、一つのデータだけではあまり重要な情報は得られません。しかし、多点で計測しておきこれらを総合すれば、構造性能や健全性、構造損傷を見極める重要な情報に加工することができます。事例の建物では32枚のセンサーを設置し、それらのデータを総合・分析したものが図5になります。これは曲げモーメント図と呼ばれる図で、建物の柱と梁に加わる曲げモーメントの分布を図示したものです。赤い線が実測値による分布、青い線が構造計算時の推定値による分布になります。若干の違いはありますが、概ね整合していることがわかります。この図からは、最も大きな曲げモーメントは18.1という値であり、柱の下端部で生じていることを読みとることができます。

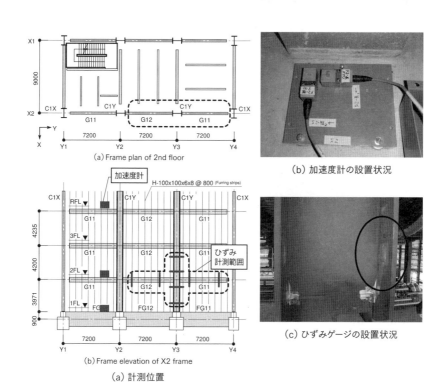

(a) Frame plan of 2nd floor

（b）加速度計の設置状況

(b) Frame elevation of X2 frame

(a) 計測位置

（c）ひずみゲージの設置状況

図4 実建物での計測事例

（(a)出典：伊山潤・荒木景太「鋼構造実構造物のひずみ計測に基づく応力負担推定」『構造工学論文集』Vol.66B、2020年に筆者加筆）

図5 柱・梁の曲げモーメント図（実測値と解析値の比較）（出典：図5(a)に同じ）

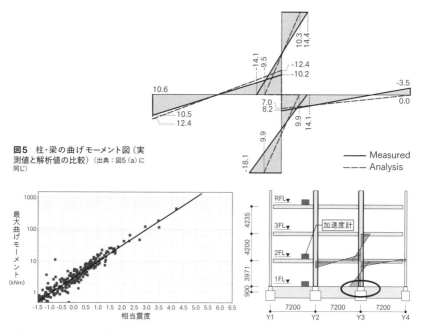

図6 柱に加わる最大曲げモーメントと相当震度の関係を示すグラフの一例

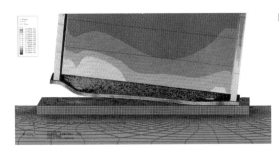

図7　柱脚での有限要素解析の一例

　図5はある一つの地震の結果でしたが、これを多く計測すれば、どの程度の強さの地震でどの程度の力が加わるのかを把握することができます。図6は多くの計測結果を集め、横軸を地震の強さ（相当震度）、縦軸を柱に加わる最大曲げモーメントとする座標上にプロットしたものです。これを見ると、各点が概ね直線上にのっていることがわかりますから、地震の震度に応じて柱にどの程度の力が加わるかを推定することが可能となります。構造設計者は、柱がどの程度の大きさの力に耐えられるかを計算で知っていますので、どの程度の強さの地震までは安全か、設計計算と整合しているかどうかは、この結果をもとに容易に判断できるようになります。

　ただし、整合しているかどうかはわかりますが、それがなぜ整合したのか、あるいは整合していないのか、その違いの理由はこの計測だけでは説明が困難です。例えば、図5で、柱の下端部での曲げモーメントの実測値が18.1であるのに対して、構造計算では9.9という値であり、2倍近い違いが見られます。実測値と計算値がなぜ違うのかを調べるには、やはり構造計算をして、さらに実測をして、その比較をすることになります。図7は柱の下端部、柱脚について詳細な解析を行った結果の一例を示しています。現在の計算機ではこのような有限要素解析（対象物を小さな要素に分割し、各要素について釣り合い方程式などの物理的法則を満たす数値解を求める解析手法）を容易に行うことができ、地震時に柱脚がどのように変形するかを予測することは簡単です。一方、実際の建物において、本当にこうなるのかどうかを確認することは現時点では難しい状況です。確かに近年では高度な画像処理や3Dスキャナーも安価で扱えるようになってきており、これ

図8 耐震補強鉄骨骨組でのひずみと加速度の計測

らを活用した構造実験手法も進化していますが、私としては、実際に建設された建物においても、できるだけ高い水準で計測を行って、現実と予測との整合性、あるいは違いを把握してきたいと考えています。

建物の詳細な応答計測が新たな予測・設計技術を拓く

以上のように、構造分野においては解析技術のデジタル化はかなり進んでおり、小さな計算機でも建物全体を部材レベルで解析することや、部材をさらに細かく分割した有限要素解析も容易に行うことができるようになっています。つまり、計算機内ではデジタルで詳細な予測をすることが可能です。しかし一方、現実をデジタルで計測することはいまだ困難であり、予測を実証することも困難な状況です。デジタルでの予測を発展させるためには、現実をデジタルで計測し、予測との整合性を確認する必要があります。この意味で、実際の建物において、詳細な計測を可能とする技術が必要であると考えています [図8]。

伊山潤（いやま・じゅん）
東京大学大学院工学系研究科建築学専攻准教授。専門は建築構造。博士（工学）。2000年同専攻講師。2008年から現職。鉄骨構造・溶接技術・地震時応答・損傷検出技術に関する論文を多数執筆。

AIによる建築設備の設計と運用

大岡龍三
Ooka Ryozo

予測と最適化に長けた AI

建築設備において、設計と運用の最適化は、快適な環境を維持しつつエネルギー効率を高める上で必要不可欠です。設計とは、ある目的を達成するための機能を最大限にする仕様を確定する行為と言えます。また、目的が複数以上あり、それらが相互にトレードオフの関係にある場合、それらの間の妥協点を探ることも設計行為に含まれます。建築であれば、安全性、快適性、健康性、省エネルギー性、使いやすさ、美しさなどが目的になるでしょう。一方、運用は、ある目的のために、対象となる事物や人間のうち、どれを、いつ、どの程度動かすのかを決定する行為になります。そこでもまた、最適化のプロセスが必要となります。

　これらの行為は、建築の分野では、一般に専門家（エキスパート）が自身の経験にしたがって決定しています。具体的にエキスパートの脳内で起こっていることを考えてみると、対象において設計パラメータや制御パラメータを変更した結果を想像し（ときには実験やコンピュータシミュレーションなどの結果を援用しつつ）、それで得られるいくつかのケースを相互比較することにより、

最適と思われる解を選び出しているのだと推測されます。いわゆる天才と呼ばれる人たちや、そこまでいかなくとも熟練した高度な専門家たちは、パラメータを変更したときの結果の想像が非常に的確で、かつ通常の人とは比べものにならないほど莫大な数のケースを比較・処理できるのではないでしょうか。すなわち、迅速かつ的確なシミュレーション能力と、常識に捉われずに可能性のある解の範囲を押し広げることのできる柔軟性、さらにはその無数の解候補の中から最適なものを選び出す探索能力に秀でていると言えるでしょう。

　シミュレーションに関しては、工学分野では一般に物理的理解に基づく物理モデルが用いられ、社会科学分野では社会現象の観察に基づく数学モデルが用いられてきました。また、最適化についても数多くの数理的モデルが提案されています。これらの物理モデル・数学モデルは、建築における最適設計について多くの貢献をもたらしてきました。

　一方、近年、人工知能（Artificial Intelligence：AI）が、予測と最適化の分野で大きな発展を遂げ、人間をはるかに凌駕するようになってきました。そのため、設計行為やシステムの運用に AI を援用できれば、探索範囲が格段に広がり、新たな気づきを与えてくれる可能性があります。本稿では、建築の設計・運用において必要とされる AI の能力とその利用の可能性について論じたいと思います。

建築設備の設計・運用における AI の活用

図1に現時点での AI の分類を示します。各分類要素は相互に関連性を有しています。図1の内容を大きく分類すると、①学習（予測）、②言語認識、③最適化、④画像認識となります。一方、建築設備分野での AI の活用事例は大きく、①診断・検知、②予測、③最適化の三つに分類できます。それらと AI との関連性を図2にまとめました。この図から、建築設備の各分野が何らかの形で AI の各分類と結びついていることが理解できま

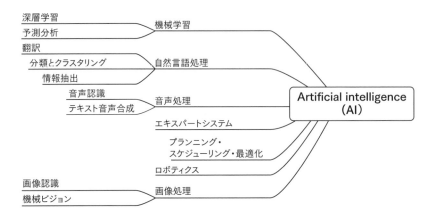

図1　AIの分類
（出典：Samrat Kar, "AI Mind Map", Published in Machine Learning and Artificial Intelligence Study Group（https://medium.com/ml-ai-study-group/ai-mind-map-a70dafcf5a48）に筆者加筆）

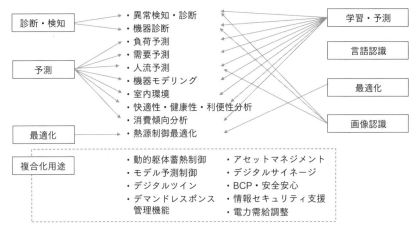

図2　建築設備分野の設計・運用で活用されているAIの分類
（出典：空気調和・衛生工学会・ビル管理システム委員会「AI活用による建物システムの運用最適化検討小委員会報告書」2020年）

すが、特に建築の環境設計・運用に必要となるのが AI による学習（予測）能力と最適解の探索能力になります。

設計プロセスにおける AI による予測

前述のように、設計プロセスの中では設計パラメータを変更したときにどのような状態になるのかを予測する必要があります。また運用の最適化においても、将来の状況ならびに制御パラメータを変更したときに、それぞれの機器や対象がどのような性状を示すのかを予測する必要があります。近年の AI はそれらの能力を大きく発展させてきました。この能力により、建物の省エネルギー性能、環境品質、将来のエネルギー需要、エネルギー機器の性能等を予測することも可能になります。

　従来、これらの予測は物理モデルに基づくものでした。物理モデルは、人間が理解できる現象（例えば、熱は温度の高いところから低いところに向かって流れる等）まで要素を分割し、それを再構築することによってシステムのモデル化を行うものです。そのモデルの持つ物理的な意味まで落とし込んでいるので、そのシステム像は人間が理解しやすく、そのため物理モデルを「ホワイトボックスモデル」と呼ぶことがあります。しかし、多くの場合、要素を再構築する際にイタレーション（繰り返し計算）を必要とするため、計算に時間を要します。多くの設計プロセス・制御システムにおいて、検討に時間がかかることは実用上で大きな障害となってきました。

　対して、AI による予測手法の代表格であるニューラルネットワークやそれを発展させたディープラーニングは、ある程度の予測精度があることが確認されています。しかしながら、これらの手法は多くの場合、人間にとっては理解できない（あるいは非常に理解しづらい）ものであり、どこまで汎用性があるのかがわからないという問題があります。そのため、こういったモデルを「ブラックボックスモデル」と呼ぶことがあります。

AI による最適解の探査

次に、最適解を選び出すプロセスを考えてみましょう。可能性のあるすべ

ての選択肢から最適解を選び出す探査手法になりますが、正確な最適解を得るにはすべての可能性を検討することが求められます（これを「全探査」と言う）。しかし、この手法は計算負荷が非常に高く、建築設計や運用制御に利用するには現実的な方法とは言えません。例えば一つの機器の1時間ごとのON・OFFに関する24時間の組み合わせでさえ、$2^{24}=16777216$通りの組み合わせが存在します。さらに、実際の建築では、ON・OFFのみの制御ということはなく、機器が1台ということもありませんので、建築全体のエネルギーシステムの最適化には膨大な数の検討が必要になります。こうした問題を効率的に探査する方法が、最適化手法になります。その手法は大きく、数理的手法とメタヒューリスティクス（統計的手法）に分類できます。

数理的手法は最適化問題を解析的に解くもので、代表的なものとしては線形計画法や動的計画法が挙げられます。解析的に解く手法なので、解の数学的な厳密性は保証されます。ただし、数学的に厳密であるがゆえに、非常に複雑な問題になると解くことが極端に困難になります。

一方、メタヒューリスティクスは人工知能の一つで、メタ（高次の・汎用的な）とヒューリスティクス（経験に基づく発見的手法）を組み合わせた造語であり、ほとんどすべての問題に適用できるところに特長があります。大きく、遺伝的アルゴリズム（GA）などの「進化的アルゴリズム」と「粒子群最適化（PSO）」などの群知能に分類できます。非常に汎用的ですが、発見的方法ですので解の数学的な厳密性は保証されていません。そのため「準最適化手法」と呼ぶ研究者もいます。

メタヒューリスティクスでは、できるだけ効率的に最適解を見つけるために、解と思われる場所の近くを集中的に探索して速く解を見つけることと、できるだけ解の可能性の領域を広げることの二つが要求されます。ただし、この二つの要求は一般に相矛盾することが多く、前者に注力すれば、解は速く求まるが局所最適解に陥る危険性があり、後者に注力すれば、局所最適解に陥る危険性は減るがなかなか解が収束しないことになります。広い範囲からできるだけ速く解を見出すことが今後の研究の課題となるでしょう。

AIを利用したモデル予測制御の検討例

前述したように、適切な制御にあたっては将来予測と最適化が不可欠ですが、その二つを組み合わせたものに「モデル予測制御（Model predictive control：MPC）」があります。モデル予測制御は未来の状況をモデルによって予測しその結果をフィードバックすることで、未来のある期間を通じて目的が最適になるよう制御量を決定することができます［図3］。

　ここで、東京にある8階建ての仮想のオフィス建築物［図4］を対象として、モデル予測制御を適用し、室内の環境条件を満足した状態でエネルギー消費を最小にすることを検討した事例を紹介します。

　対象建物の熱源・空調システムは、1台の冷凍機（Chiller）と2台のファンコイルユニット（FCU）、蓄熱槽（TES）とそれらを繋ぐ配管と熱交換器（HEX）、ポンプ（Pump）からなります［図5］。検討のため実際の空調システムをかなり簡略化しています。設定冷房室温は26℃、冷房時間は9時から18時で、モデル予測制御の効果を検証するためにルールベース制御（RBC）との比較を行いました。ルールベースとはあるルールに基づいた制御方法です。あらかじめある条件になればある行動を行うという制御のことを言います。その判断は一般的なオペレータの判断に基づいています。ここでのルールベース制御は、在室時間以外の時間帯においてポンプ一定流量運転で蓄熱槽を満蓄にし、在室時間では一定流量で放熱し、蓄熱量が不足するときには冷凍機で追いかけ運転を行う制御としています。また将来の予測する上で、未来の在室人数の予測することは非常に難しいため、在室負荷が既知の場合（図6中のBaseline）とそれが増加した場合（図6中のVariation）について検討を行いました。

　この事例では、①将来の在室負荷のパターンが既知（Baseline）における場合のルールベース制御（RBC_Base）、②将来の在室負荷が①よりも増加（Variation）するが、制御量は①の場合と同じとするルールベース制御（RBC_Base_Var）、③将来の在室負荷が変化（Variation）し、それに合わせて制御量も変化するルールベース制御（RBC_Var）、④将来の在室負荷が

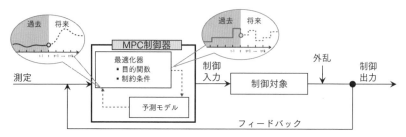

図3 モデル予測制御の概要（出典：E.F. Camacho, C. Bordons, Model Predictive Control. 2nd ed, Springer, London 2007）

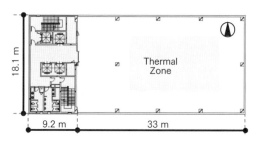

図4 検討例の対象建物（左：基準平面図、右：外観モデル）

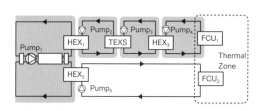

図5 対象建物の熱源・空調システム

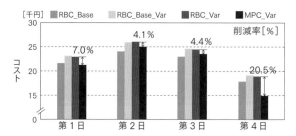

図6 在室負荷のパターン

図7 運用コストの検討結果

変化（Variation）するもとでのモデル予測制御（MPC）の四つのケースを検討しました。将来の在室負荷が予測から変化（Variation）した場合、②は何も考えない制御手法、③が一般的なオペレータによる制御手法です。

モデル予測制御の予測モデルには人工ニューラルネットワーク（ANN）を、最適化手法には進化的アルゴリズムの一つである εDE-RJ を利用しました。ANN モデルをつくるために必要となる学習データには建物のエネルギーシミュレーションのために広く利用される EnergyPlus 8.5 の解析結果を利用しました。目的関数は運用コスト（電気代）の最小化で、解析期間は 7 月 17 から 20 日の 4 日間としています。各ケースの運用コストの結果を示したグラフが、図7 になります。MPC の結果は、同じ条件である RBC_Var に比べて 4 ～ 20％削減されており、4 日間の平均で7％の削減となりました。これにより、モデル予測制御の有効性が確認されました。

AI 利用における四つの課題

本稿では、建築設備の設計・運用における AI の利用の可能性と、モデル予測制御をオフィスビルに適用した検討例を紹介しました。今後 AI の利用はますます増大するものと予想されますが、現時点においては以下の四つの課題が考えられます。

①　AI 導入によるその効果の定量化

②　AI 利用における予測や最適化の信頼性の保証

③　AI による判断・結果について誰が責任を負うのか

④エキスパートの今後の役割

これらの課題の解決に向けて、今後取り組んでいく必要があるでしょう。

大岡龍三（おおおか・りょうぞう）
東京大学生産技術研究所教授。専門は建築都市環境工学、都市エネルギー工学。博士（工学）。2009年より現職。著書に『スマートシティ時代のサステナブル都市・建築デザイン』（共著、2014年）、『図説テキスト建築環境工学』（共著、2008年）など。日本建築学会賞、空気調和衛生工学会賞等を受賞。

5-6

情報技術を使って
人のアクティビティを予測する

本間健太郎
Honma Kentaro

本節では、デジタル・プリディクタビリティ、つまりシミュレーションによる未来予測の可能性を考えるために、私たちが行った「人のアクティビティ」を予測する事例を四つ紹介し、最後に考察を加えます。

　私の専門は建築計画で、その周辺の建築設計と都市解析も守備範囲です。建築や都市を計画・設計するときに役立つ理論やツールをつくりつつ、建物の設計も行っています。今まで本章で述べられた通り、従来のやや縦割り的な建築学の学術区分でいうと、構造分野では例えば地震時や強風時における建物挙動の予測、環境分野では建物の音響環境や空気環境の予測について、シミュレーション研究が長年進められてきました。一方、私が専門とする計画分野で主に進められてきたのは、望ましい建物や都市を設計するための、人のアクティビティ（行動や心理）の記述と分析です。それが発展して、近年は計画分野でもシミュレーション研究が盛り上がりつつあります。そのような研究のうち、以下の一つ目の事例では建築スケールでの「人がどこを見るか」の予測について、それ以降の三つの事例では建築より大きなスケールでの「人がどのように移動するか」の予測について紹介します。

部屋のどこを最初に注視するかを予測する

まずは、部屋に入った人が最初にどこを注視するかを、その入口の配置から予測する研究です[*1]。実験環境として、アイトラッカー付きのVR(バーチャルリアリティ)ヘッドセットを装着して仮想空間内を歩きまわる被験者の、身体の位置、顔の向き、視線の向きを1/60秒ごとに取得するシステムをつくりました。検証する建築は、アプローチ空間の視覚体験を緻密に設計していると思われる「光の教会」(茨木春日丘教会、安藤忠雄設計)です。光の教会の3Dモデルに加え、恐れ多くもその前室の形を微妙に変えたモデル3種を用意し、老若男女の被験者がそれらの前室から主室へ至る歩行の経路と視線の履歴を細かく分析しました[図1]。このように建物の形を変える実験は実空間では難しいので、VRの利点を活かした実験といえます。

　この分析および他の実験に基づく統計的な検証の結果、主室に入った直後には、前室の段階で目に入った魅力的な視対象を見続ける行動より、振り返って死角を見る行動の方がおおむね支配的だとわかりました。その観点からすると、主室に入ったときに背中方向の死角に「十字架のスリット窓」がある光の教会は、それへの円滑な視線誘導が巧みにデザインされた建築といえます。このような知見は、望ましい視覚体験を誘導する設計に役立つでしょう。また建築業界の被験者は照明やサッシュなどの細部への注視度が高い傾向があることなどもわかっており、人の属性別に注視パターンを確率的に予測できるかもしれません。

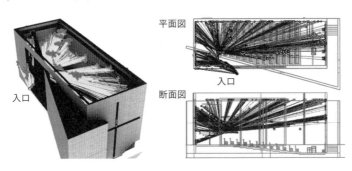

平面図

入口

断面図

入口

図1　VR実験によって得られた視線ベクトルの履歴

車椅子ユーザーの移動経路を予測する

次は、鉄道駅構内にエレベーターを増設するときの、車椅子の移動経路を予測する研究です [2]。車椅子での移動は、わずかな段差でもバリアになるため、いわゆる健常者とは経路がまったく違います。出発地から目的地まで段差がないバリアフリールートの確保が重要で、ここ数十年の努力により主要な駅の構内にはおおむね一つのバリアフリールートが通っています。しかし、そのルートはエレベーターの乗り換えが必要であったり、乗車駅と降車駅のエレベーターが離れていたりと、かなりの遠回りを交通弱者に強いているのが現状です。そこで国土交通省の旗振りもあり、駅にエレベーターを増設して二つ目のバリアフリールートを整備する動きがあります。

　私たちは、ホームと改札階をつなぐエレベーターが 1 基設置されたターミナル駅で、もう 1 基をどこに追加すべきかを検討しました [図2]。工事可能な位置を絞り三つの増設案をつくった上で、ある移動経路選択モデルを用いて、別の各駅から来るあるいは各駅に向かう車椅子ユーザーが何人ずつ増設エレベーターを使うかを予測するとともに、便益指標を計算して 3 案の良し悪しを比べたのです。その選択モデルに含まれるパラメーターの推定には、車椅子ユーザーへのウェブ調査を行っています。これは、仮想の駅改札から別の駅改札へ移動するときにどの経路を選ぶかを尋ねるもので、その回答結果が選択モデルの特定、最適案の選定に活かされるわけです [3]。

　この選択モデルを単純化した上で、対象駅を増やした検討も行いました。首都圏 438 駅のホームの構造をデータ化して、路線内の全駅間についてホームエレベーターの相性を計算しています。例えばある路線にエレベーターを計 5 基増設する予算があるなら、どの駅のどの場所に設置する組み合わせが最適かを導き出すことができます。このような数理的な予測をベースに最適化デザインを行う手法は、意思決定に役立つだけでなく、意思決定のエビデンスが求められる状況でも重宝されます。

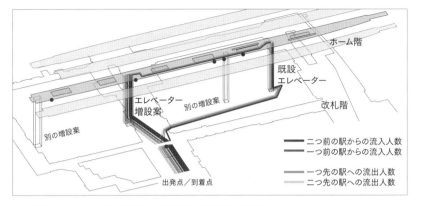

図2　駅構内でのエレベーター増設時における車椅子移動経路の予測

歩行量の予測から地価の変化を予測する

次は、鉄道路線の高架化に伴う地域の地価の変化を予測する研究です [*4]。東京都墨田区の曳舟周辺では京成押上線の高架化事業が2015年に完了し、いくつかの踏切がなくなりました。図3の中央の黒丸が以前の「開かずの踏切」の一つで、ラッシュ時に長時間待たなければならなかった状況が立体交差によって解消されました。それにより人の流れが変わったはずだと考えた私たちは、ネットワーク分析という手法で計算してみました。粗い仮定を設けてはいますが、色々な目的で街路を行き交う歩行者の動きを再現し、どの区間で歩行量が多くなり賑わいが生まれるかを、高架化の前後で比較したのです。すると今まで踏切を避けて遠回りしていた歩行者が、高架化後には立体交差部を通るようになり、広域にわたり歩行流が変わることが計算上確かめられました [図3]。

　一方で、このような歩行量の変化は、街路に面する用地の経済的価値に影響すると予想できます。そこで土地の価値を示す指標として、さかのぼって詳細なデータが得られる「路線価」を利用し、その高架化前後での変化も調べました。ここでは、路線価の鑑定における地域要因に歩行量が間接的に影響すると考えています。この予測歩行量と路線価の変化

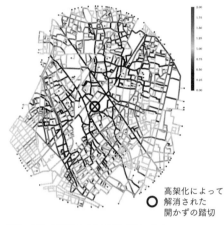

高架化によって
解消された
開かずの踏切

図3 鉄道の高架化による予測歩行量の変化

率を比べると、商業地や主要道路へ向かう歩行者が増えるエリアは路線価が上昇傾向にあるなど、両者には統計的に有意な関連がありました。つまり「街路のネットワーク構造の変化から、歩行流パターンの変化の予測を経由して、土地の経済的価値の変化を予測する」ことが一定の範囲で可能なわけです。このように、都市あるいは建築空間におけるモノ側のデータ（この場合は街路ネットワーク）と、その上で営まれるアクティビティ側のデータ（路線価）を突き合わせ、前者の改変が後者に与える影響を予測することは、建築計画分野の典型的なシミュレーションの一つといえます。

地域にどこから人が来るかを予測する

最後は、いわゆるビッグデータを用いて地域にいつどこから人が来るかを予測する研究です [*5]。Twitter（現・X）に投稿された位置情報付きのツイートを大量に集め、投稿者ごとの投稿パターンを自動判別して、各投稿者の自宅および職場・学校のおおまかな位置を推定しました [*6]。図4左は、推定された自宅から投稿地点への矢印を示した動画をキャプチャーした画像です。このように、いつ、どこから、どのくらいの人が地域に来訪するかがわかるので、様々な地域分析ができます。図4中央は、東京都の2地域において、生活・勤務・観光の3種のアクティビティが盛んなエリアをそれぞれ示したものです。このアクティビティの分類は、いつ投稿されたか、また自宅あるいは職場・学校からどのくらい離れたところで投

稿されたか、という情報から推測しています。また、図4右はJR原宿駅付近のヒートマップで、赤いところは「来訪度」が高い、つまり推定された自宅が遠い人が多い場所です。竹下通りには遠くから来る観光客が多いなど、各エリアの細かな特性が読みとれます。

　以上は現状の分析にとどまりますが、このようなデータが時間的にも空間的にも大量に集まると、未来の予測に役立てられるでしょう。いつ、どこから、どのくらいの人が来るかを予測できれば、地域にとっては、混雑対策や商機創出に活かせます。一方で個人に対しては、混雑予測に基づくナビゲーションや、移動選好に合わせた訪問先のリコメンデーションなどに貢献できるわけです。

予測可能性の限界とデジタル技術がもたらす希望

以上、情報技術を使って人のアクティビティを予測する事例を四つ紹介しました。このような建築計画分野でのシミュレーションは近年盛り上がっており、興味深い実例が増えつつあります。しかしそれらは、建築や都市の設計にあたって予測したい多くのアクティビティの中の、ごく一部でしかありません。というのも、アクティビティが予測可能であるためには、十分なデータを入手できること、多くの因果関係が絡み合い正解がないような「厄介な問題」でないこと、わずかな変化が結果の大きな差につながるような「バタフライ効果」がないこと、アクティビティの個人差が統計的に扱えることなど、とても厳しい条件を満たす必要があるからです。いわば予測不能という大海に、予測可能な小島がぽつぽつと浮かんでいる。その島を少しずつ大きくしつつ、他の島とつなげようとしています。

　このような「予測が可能か」という軸とクロスする概念として、そもそも「予測が必要か」という軸もあります。工学的には、一度つくってしまうと「変えるのが難しいもの」を計画するときにその効果の予測が必要なことが多い。駅構内エレベーターの設置や鉄道高架化の効果を事前に予測した

い理由はそこにあります。裏を返すと、「簡単に変えられるもの」なら事前予測ではなくモニタリングと改善だけで十分で、例えば、ちょっとした家具の配置なら、その効果を先端技術で予測などせずに実際の家具を使って試行錯誤した方が早いわけです。これは当然のことですが、技術の深化に夢中になるとつい忘れがちなので、気をつけておきたい事柄です。

　一方で、設計時の事前予測だけでなく、運用時のモニタリングにも先端技術を活用することが、もう一つの潮流になると期待されます。本章の4節では建物構造の詳細なリアルタイム計測が、5節では建築設備のAIによる最適運用が紹介されていますが、これらと同じことが建築計画分野でも起こるかもしれません。例えばショッピングモールでは、人流センサーや購買データを用いることで、集客施策の実地テストをリアルタイムで行えるでしょう。オフィスでは、社員のコミュニケーション量やタスク処理量を測ることで、より良いレイアウトに改修できるかもしれません。もちろんプライバシーとの兼ね合いはありますが、大量のユーザー情報を入手できれば、様々な応用可能性が拡がります。

　本章の各節を大まかに解釈すると、構造分野ではモノ、環境分野ではエネルギー、計画分野ではヒトの挙動を予測しています。本章1節で紹介された光環境の最適化と力学的最適化を同時に行う事例のように、多分野の協働による多目的の最適化が、分野ごとの孤島をつなげて大陸に成長させるためのキーになるかもしれません。例えば部屋の形は、本章2節によると音の響きを左右しますが、もちろん人間の行動や心理にも強く影響するので、音環境と計画の両方に配慮した室形状の最適化ができるかもしれない。その延長で、相反する目的関数を調整できれば、熱環境にも構造合理性にも施工性にも配慮した室形状を導出できるかもしれない。このような未来がやってくるならば、構造・環境・計画といった学術区分を横断する横糸はデジタル的な方法論とその理念だといえそうです。デジタル技術が各分野をつなぎ、プリディクタビリティの範囲を拡げ、学術と社会実践の良い架け橋になることを期待します。

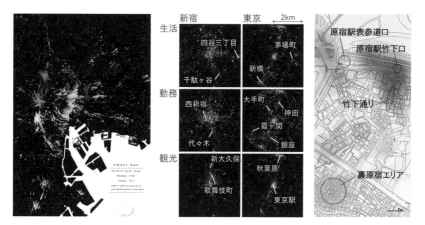

図4 位置情報付きのツイートによる地域分析

*1　当研究室の修士課程の学生だった松井研人氏と行った研究。松井研人・本間健太郎・今井公太郎「VRアイトラッカーを用いた建築空間における歩行者の視覚体験プロセスの記述」『日本建築学会第44回情報・システム・利用・技術シンポジウム論文集』2021年

*2　当研究室の博士課程の学生だった新井祐子氏、東京大学の日下部貴彦特任准教授、東京都市大学の丹羽由佳理准教授と行った研究。本研究のうち、鉄道駅に関する部分は東日本旅客鉄道株式会社との共同研究によって、それ以外はJSPS科研費20H02327の助成を受けて行われている。

*3　専門的な説明をすると、「乗車駅で改札階からホーム階に上る昇降設備」「乗車する鉄道のドア」「降車駅でホーム階から改札階に下る昇降設備」の選択をネスティッドロジット（選択肢が階層状の構造をもつことを前提とした離散選択モデル）でモデル化し、そのモデルパラメーターの推定のためにSP調査（被験者に仮想的な状況を複数提示し、その選好を答えてもらう調査）を設計して実施し、便益指標として期待最大効用を計算している。

*4　当研究室の修士課程の学生だった那須昭碩氏と行った研究。那須昭碩・本間健太郎・今井公太郎「立体交差事業が路線価に与える影響の街路ネットワーク分析」『日本建築学会計画系論文集』88巻、805号、2023年

*5　東京大学生産技術研究所の今井公太郎教授と、その研究室の修士課程の学生だった太田圭亮氏と行った研究。また図4左と中央は同所の櫻井雄大特任助教とともに作成した。太田圭亮・今井公太郎・本間健太郎「ジオタグつきtweetの時空間解析に基づいた地域特性抽出に関する研究」『日本建築学会計画系論文集』82巻、731号、2017年

*6　私たち研究者が第三者的にダウンロードできるツイートの位置情報の精度が2015年4月に大きく低下したため、その時点までのデータを用いて分析している。このように、プライバシーの問題などを理由として、分析に使えるSNSデータが制限されていく流れがあるのも実情である。

本間健太郎（ほんま・けんたろう）
東京大学生産技術研究所准教授。専門は建築計画・建築設計・都市解析で、建築と都市のデザインとそのための空間解析手法を研究している。博士（工学）。東京大学空間情報科学研究センター講師等を経て、2019年より現職。

COLUMN
複雑な建物や人の振る舞いを予測する技術

田尻清太郎
Tajiri Seitaro

予測技術の総合化と建築情報学の役割

建築学が対象とする分野は幅広く、デザイン的な側面からエンジニアリング的な側面をもつものまで多岐にわたります。本章のテーマである「デジタル・プリディクタビリティ」は、私自身が建築構造を専門としていることもあり、エンジニアリング、特に建築構造と親和性の高いキーワードだと感じました。建築構造学の大きな目的の一つは、災害時の建物の被害やそれに起因する人的被害を低減することであり、これを達成するためには災害時の建物の挙動を精度よく予測する必要があります。デジタル計算機の黎明期からコンピュータシミュレーションによる建物挙動の予測が試みられてきましたし、今日では構造設計者は常態的にコンピュータを用いた予測を行い、それを拠り所として設計を行っています。まさしく、「デジタル・プリディクタビリティ」とは切っても切れない関係にあります。

一方、建築構造以外の分野に目を向けると、同じくエンジニアリング系の環境工学の分野はもちろん、デザイン系の分野でもデジタル技術を活用した予測が幅広く行われています。予測対象はもちろんそれぞれ異なりますが、その違いに各分野の特徴がうかがえます。建築構造では稀にしか起こらない災害に対する予測が主な対象となっていますが、環境工学では日常的な環境状態の予測が主な対象です。また、エンジニアリング系の予測対象は主に物理現象ですが、デザイン系の予測対象は主に人間の行動や心理です。建築はそうした多様な分野が総合することで成り立っています。これまで各分野で取り組まれてきた予測技術も、今後はそれらを総合した予測技術へと昇華させていくことが求められるでしょう。その際、それぞれの予測技術の相互理解が必要不可欠であり、建築情報学がその役割を担うものとして期待されています。

予測技術の実用性をいかに向上させるか

近年の計算資源の増加は、予測技術の精緻化や対象の大規模化を可能としています。これにより実現象をより正確に予測することが可能になってきたと考える向きもありますが、それは必ずしも正しくありません。建物や人の振る舞いは複雑系であり、これを予測するためには、多くの場合、細分化・単純化・総合化などの操作が行われています。それらに起因する予測と実現象のズレが複合的に絡み合い、結果としてより詳細な解析でも実態からかけ離れた予測をもたらすこともあります。建

物や人の振る舞いを完全に予測すること
は困難なのです。これまでより正確に、高
精度に予測する技術の開発が志向されて
きましたが、予測技術の実用性向上の観
点からすると、技術の開発以上に、予測
の正確さや精度に関する適正な評価が
求められます。そのためには、予測結果に
対応する実測データを大量に蓄積してい
く必要があります。なかには災害時に倒壊
した建物のような実測しにくいもののデー
タをどう蓄積すべきか等の課題も考えら
れます。情報技術を駆使したデータの効
果的な取得についてさらに議論が進むこ
とが期待されます。

機械学習を用いた予測技術を
いかに活用していくか

機械学習を用いた予測技術は近年目覚
ましい進展を遂げており、建築分野にお
いてもその活用が進められています。これ
まで主流であった数理モデルを用いたシ
ミュレーションによる予測技術は、物理法
則などから入力値と出力値の関係を表す
数理モデルを構築し、入力値と数理モデ
ルから出力値を予測するものでした。一
方、機械学習を用いた予測技術は、入力
値と出力値のデータの組み合わせを大
量に準備し、入力値と出力値の間にある
法則性を導き出し、その法則性をもとに、
ある入力値に対応する出力値を求め、予
測値とするものです。前者は入出力の間
の関係性が明快かつ合理的な演繹的ア
プローチであるのに対し、後者は帰納的
アプローチにより導かれた法則性を用い
ており、入出力の間の関係性は不明なブ
ラックボックスモデルです。

　この両者の手法には一長一短があり、

どちらかが優れており一方で事足りるとい
うことはありません。これまでの予測がシ
ミュレーションに頼ることが多かったこと
もあり、機械学習によるブラックボックスモ
デルによる予測結果はどうも胡散臭く信じ
きれないと感じる人がいるのも頷けます。
また、機械学習による予測モデルの構築
には、多数の学習データが必要となります
し、構築されたモデルは学習に用いられ
たデータ範囲外の予測には難があること
から幅広く有効な学習データの蓄積が必
要となります。一方、人間の行動や心理の
ように、それらを支配する自然法則が明ら
かでなく、数理モデルの構築が困難なも
のの予測には、機械学習により構築され
るモデルが威力を発揮します。また、前述
した各分野を総合した予測技術では多
変数の予測モデルが求められますが、人
間とは違って機械学習ではその構築が
苦になりません。さらに、機械学習により
構築されたモデルを用いた予測は、シミュ
レーションによる予測よりも所要時間が大
幅に短く、即時的な予測が必要な場面の
ツールとして有力な選択肢となります。こ
れからは、両者の特徴を熟知し、互いの
特長を活かしたハイブリッドな予測技術を
目指していくべきでしょう。

—

田尻清太郎（たじり・せいたろう）
東京大学大学院工学系研究科建築学専攻准教授。専
門は建築構造・鉄筋コンクリート構造。博士（工学）。
国立研究開発法人建築研究所主任研究員等を経て、
2015年より現職。

06
デジタル・
レジティマシー
DIGITAL
LEGITIMACY

建築に関する情報伝達のデジタルへの転換が、建築設計・生産・運用の業務の流れからそれを担う組織や体制、さらにはそれらをめぐる経済システムに至るまで、大きな変革をもたらす原動力になることは明白です。しかし、大きな変革にはこれまでになかった問題がつきまとうのもまた必然です。最も典型的なものは、個人のプライバシーの保護と利用データの活用の間にあるジレンマです。あるいは、建築から収集された情報データが経済的な価値を持つ場合にその利益をどのように配分すべきなのか、さらには自動運転中の事故のように、情報化された建築が問題を引き起こした際にどのような責任や補償が生じるのかなど、これまでの法律では想定していない社会制度を確立していく必要もあるでしょう。情報と建築をめぐる新たな状況を社会が受け入れるためには十分な正当性（レジティマシー）や倫理観が積極的に議論されなければなりません。建築の情報化の促進を公共政策で支援することの正当性も、社会経済活動の情報化のうねりのなかであえて建築を建てることの正当性も、そこに帰結するはずです。

　デジタル化された建築情報が持つ利便性と危険性を峻別し、バランスをとるための社会規範の醸成は、技術の発達よりもずっと時間がかかるでしょう。その一方で、情報の機密性や真正性などもデジタル技術によって提供され、発注や報酬などの経済活動のルールをより柔軟なものに変えていくことにもデジタル技術が利用されるようになることは、この正当性のあり方にも影響を与えるはずです。これは建築の範疇を大きく超えた問題とも言えますが、逃れられない重要な課題でもあります。そして、それは同時に、人間同士の直接的な交流や信頼のような従来からあった社会活動の価値をもう一度見直すことにもつながるのです。

池田靖史

建築という行為に内在する情報とは

川添善行
Kawazoe Yoshiyuki

「行きにくい」地域にこそある可能性

普段、建築の設計をしていると、扱っているすべては情報であるともいうことができます。ここでは、建築家はどういう情報に接しているのか、もしくはどのような情報を伝えようとしているのかということを、設計している立場から考えを展開してみたいと思います。

先日、研究室のゼミで新入生に自己紹介をする機会があったので、今進めているプロジェクトをプロットしてみました。拠点がある東京だけでなく、地方、特に新幹線がこれから開通するという地域の仕事が多いことに気がつきました。それぞれの地域ごとに不思議なご縁があり、全国各地に、言うなれば「行きにくい」場所の友人が増えてきました。

例えば、もう10年ぐらいずっと続いているのが、和歌山市の西端にある加太という港町のプロジェクトです。高齢化率が49％、つまり住民の半分が65歳以上の高齢者というまちですが、みなさんとても元気で生き生きとされています。港町ではありますが、漁師さんと陸の人たちもとても仲がよく、気軽に意見交換できるような雰囲気が醸成されています。漁業

組合と観光協会と自治会が一緒に協議会をつくったり、それをさらにまちづくり会社という形で展開したりするようになりました。

　こうした経験を通じて、まちづくりというのはなかなか専門性が定めにくい分野だと感じています。しかし、日本各地で自分たちのまちのことを考え直す機運が高まるにつれ、建築家はその専門性がまちづくりと相性が良いのではないかと思われるようです。加太のような地域のお手伝いを通じて、ややアクセスは悪いけれど、だからこそまちの個性が保存されているような、そして、そこに暮らす人たちが自分たちのまちを何とかしたいと熱望されているような地域から、数々のご相談をいただくようになりました。

　例えば先日、福井への出張があったのですが、その日もよくある日帰りで打ち合わせに行くというスケジュールでした。まず、暗いうちから家を出て、6時発ののぞみ1号に乗ります。最初の試練は90分後、7時半に名古屋で乗り換えないと米原に行けないのですが、早起きしてちょうど眠くなる頃が乗り換えの時間なのです。ここで寝過ごさずに確実に起きなくてはならない。これがなかなかのプレッシャーです。そんなこんなで現地に着いて、敷地で打ち合わせをする。敷地のことに関してはなかなかオンラインで進めることは難しい。その後、現地の協力事務所と顔合わせをしつつ今後の作業方針の打ち合わせし、その後、行政の方々と打ち合わせをして帰ってくる、という感じです。20時13分に駅から電車に乗るときには、駅の売店なども全部閉まっています。この日は駅の近くにあるビジネスホテルで自動販売機のビールを買って電車に乗り込み、金沢での10分の乗り換え時間でおにぎりをちょっと買えるぐらいという、なんともストイックなスケジュールの1日でした。

　どうして私はこのような「行きにくい」場所にばかり行くのだろうか、と思わないこともありません。こうした場所に共通しているのは、いわゆる「開発」が不向きであることです。これまで本当に都市を発展させてきたのは、行政による計画ではなく、民間の資本による開発だったと思います。都市計画がよかったわけではなく、事業者のぎりぎりの創意工夫が現在の大都市の風景をつくりあげてきました。一方で、私が通うような地域には、

図1　加太の平面図。まちの中に研究室の分室とカフェを設計している

図2　まちなかにある研究室の分室

図3　分室内部

図4 分室は、地元・大学・企業など様々な人が集まる場所として利用されている

図5 加太のまちづくりを担う人々
（撮影：木内和美）

図6 地元の人たちと議論する機会を定期的に開催している

その場所を開発しようというインセンティブが働きにくいのも事実です。人口が高密度に集中しているわけでもないため、集客の見込みを立てにくく、商業などの事業者を誘致しにくい。だから、開発をするにあたっての事業収支を立てにくい。しかし、従来型の開発に不向きであったとしても、私はこうした地域には多くの可能性があると思っています。そうした思いがあってこそ、私は今日も「行きにくい」場所に行くのです。

「画面じゃ大事なことは伝わらへん」

では、どうしてこのようなスケジュールを組んでまで、直接現地に行かなくてはならなのでしょうか。この行動の中に、私たち建築家にとって重要な何かがあるのではないかと思います。

　この数年間でオンラインの会議がかなり増えました。オンラインで実施することで、様々な恩恵を得ることができました。ただ、それだけですべてが完結するわけではないことにも、私たちは同時に気づくことができました。あるとき加太の人に言われたことが、今でも印象に残っています。それは、オンラインで散々打ち合わせをした後に地元の人がふと放った、「画面じゃ大事なことは伝わらへん」という呟きにも似た一言でした。

　私は、この数年間、ずっとこの言葉が頭に残っています。画面では大事なことが伝わらないというのは、どういうことなのでしょうか。「画面」とはインターフェースのことだと思いますが、その対極にあるのが生身の人間がその場所にいるという状況だと思います。画面越しに伝えられることと生身の人間から伝えられることの違いを指摘しようとしているのだと思います。では、生身の人間がそこにいることの意味とは何でしょうか。発言する人が同じ空間にいることによって、その情報の中身の信頼性が担保されているのでしょうか。もしそうであるならば、つまり生身の人間の存在が情報の信頼性を担保しているのであれば、何らかの技術で情報の信頼性を担保することができるのでしょうか。そういう問いも成り立つかもしれま

せん。見方を換えれば、情報の中身というよりも、情報がどのような器に入っているか、という問題なのでしょう。情報を伝えるだけであれば、文字、画面、人間という階層がありえます。文字で伝えれば、より多くの人に情報を伝えることができるでしょう。ただ、より大事なことは、文字だけでなく、画面越しに伝えようとするかもしれません。そして、本当に大切なことは、やはり会って伝えるという判断をすることも多いのではないでしょうか。

さらに、後半の「大事なことは伝わらへん」という箇所に注目すると、大事なこととは一体なんだろうか、という疑問が起こります。個人的には、情報共有が主な目的の会議などはおそらくオンラインに向いていると思います。一方で、建築の現場やプロジェクトのプロセスにおけるコミュニケーションは、情報共有以外の何かをやりとりしているのではないか。もう少し言うと、知識以外の情報がやりとりされているのではないでしょうか。そう考えるのが自然な気がします。

もし、そのやりとりされている「知識以外の情報」を因数分解ができたとしたら、それをプロジェクトのマネジメントに応用できるかもしれません。おそらく、何度も現場を経験している建築家は、こういうときはこういうプレゼンテーションの仕方をした方がいいとか、誰に話をした方がいいということを、数々の経験を通して会得しているはずです。そうやって経験知として会得しているものを分解して再構築することができるのかどうか。

物体としての建物ではなく、建築という行為もしくはプロセスにおいては、身体化された情報というか、知識以外の情報のようなものが多くやりとりされているのではないか。社会規範というよりももっと身体的で人間的な情報のやりとり、そうしたものを捉え直すことも建築情報学という分野に大切なことなのではないかと考えています。

—

川添善行（かわぞえ・よしゆき）
建築家、東京大学生産技術研究所准教授。空間構想一級建築士事務所。作品に「四国村ミウゼアム」「望洋楼」「東京大学総合図書館別館」など。著書に『OVERLAP 空間の重なりと気配のデザイン』（2024年）、『EXPERIENCE 生命科学が変える建築のデザイン』（監訳、2024年）など。

建築のつくり方と情報量の増加

権藤智之
Gondo Tomoyuki

高層ビルの施工に使われてきた情報化技術

私が専門としている建築構法と建築生産では、「建築をどのようにつくるか」を研究しています。建築構法がハード面の納まりを対象とし、建築生産は職人や材料・流通などのソフト面のしくみを対象としています。具体的には、高層ビルやプレハブ住宅といった建築のつくり方の歴史を調べたり、色々な材料を「曲げる」技術などについてメーカーや工場に話を聞いたり、それを元に「曲げる」技術を使ったパビリオンをつくるといったことをしています。ここでは建築生産の発展と情報量の増加について、前半は高層ビルの施工[*1]、後半は最近の研究から考えたいと思います。

1968年4月に日本初の超高層建築である霞が関ビルディング（以下、霞が関ビル）が竣工しました。日本では1964年に百尺（31m）の絶対高さ制限が撤廃され、70m程度のビルは建っていましたが、霞が関ビルはそれらを一気に上回る147mの本格的な高層ビルとして建設されました。建物を高層化するにあたって色々な技術が開発されました。有名なところでは、耐力壁などで建物を堅くして地震の水平力に抵抗する剛構造では

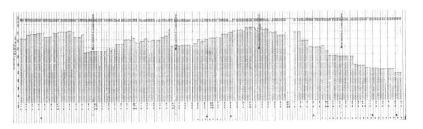

図1 霞が関ビルの山崩し（出典：霞が関ビルディング50周年記念誌編集委員会『霞が関ビルディング』三井不動産株式会社、2018年）

なく、建物の揺れに対して建物全体がしなるようにしてエネルギーを受け流す柔構造理論が適用されました。その際に使われたのが、日立の大型電子計算機 SERAC です。

　霞が関ビルでは、大型電子計算機が構造計算だけでなく工程計画にも用いられました。工事に必要な工程を 2500 くらいに分けて、その前後関係を入力してネットワーク工程表をつくると、最短の工期やクリティカルパス（その工程が遅れると全体の工程も遅れる工程）のように重点的に管理すべき工程がわかります。こうした工程計画の技術は PERT と呼ばれ、元々は宇宙開発や軍事技術のために生み出されたものです。ネットワーク工程表を作成すると、フロート（その工程にどのくらい余裕があるか）もわかるので、余裕のある工程は後ろに回して特定の日に職人が集中しないように「山崩し」をします［**図1**］。霞が関ビルでは 1 日に来る職人を 1 千人程度に抑えました。

　霞が関ビルは鹿島建設と三井建設が共同で施工しましたが、清水建設が最初に施工した超高層ビルが朝日東海ビル（1971 年）で、その施工現場で初めてコンピュータが使用されたと言われています。FACOM-R というコンピュータで、記録容量は 1KB しかなく、あまり役に立たなかったようです［**図2**］。ただ面白いのは、建築史家の村松貞次郎が朝日東海ビルに関するレポート [*2] の中で、シミュレーションを繰り返した結果、「頭の中に建物が建ってしまった」という現場の施工マンの発言を紹介していることです。現在は 4D-BIM や 5D-BIM と言われて、コストや工程を含めてシミュレーションすることが目指されていますが、50 年前から現在と同じような情報化の理想が掲げられていましたし、部分的だとしてもそれが実

図2 施工現場に初めて導入されたFACOM-R
（出典：『新建築増刊 建築業協会賞50年 受賞作品を通して見る建築 1960-2009』新建築社、2009年）

図3 施工の現場を自動化するFACES
（出典：五洋建設パンフレット）

現できたと現場の方は言っています。

　1990年前後のバブルの頃になると、建設ロボットや高層ビル建設向けの自動化工法の開発が活発になります。建設ロボットの初期の使用例には諸説ありますが、耐火被覆作業用のSSR-1（清水建設、1983年）がその一例で、上向きで汚れやすくハードな作業として耐火被覆の吹き付けが選ばれました。6章4節で介護の分野で人手が足りないという現状についてお話がありましたが、建築の場合では好景気で人手が足りなくなるとロボットの開発を行い、やがて景気が悪くなって賃金が下がると人に作業をさせて開発をやめるといったことを繰り返してきました。

　もう一つの自動化工法ですが、主な特徴は全天候に対応できることです。仮設の覆いを建てて工事をしながら覆いと一緒に上へ上へと工事を進めていきます。図3は五洋建設のFACESの施工現場です。工場のように見えますが、周囲は仮設の覆いで、ここに取り付けられた二つの巨大なロボットアームが鉄骨などを運びます。1990年頃になると、材料の自動搬送など、施工現場でコンピュータは当たり前のように使われています。

建築生産における情報量の増加

同じバブルの頃、ゼネコン各社は自前の CAD を開発します。例えば大成建設の LORAN-T は、一つのモデルから意匠や構造・設備などに必要な情報を取り出すもので、数量の拾い（カウント）や設備と構造の干渉チェックなどが行え、現在の BIM に近いものです。ただ、先述のロボット化や自動化も、独自の CAD 開発も、バブル崩壊で下火になりました。

　同じ頃、問題になってきたのが情報量の増加です。1990 年代から 2000 年代にかけて CALS（Continuous Acquisition and Life-cycle Support）と呼ばれる情報を電子化し共有する動きが活発になりましたが、アメリカでは戦闘機 1 機より CALS に必要なマニュアルの束の方が重いと風刺されるほどでした。建築も、1970 年代後半から TQC（Total Quality Control）と言われる全社的な品質管理の動きが広がり、その数値化が進み、建築の仕様の多様化や形状の複雑化もあわさって、必要な情報量が増えると同時に、その管理や伝達が問題になりました。このように、建築生産の高度化の裏側で情報技術が活躍していたり、建築生産で扱う情報量が増加するなかで、扱い方が見直されたりといったことが繰り返されてきました。

情報をいかに伝えるか

このように建築生産で扱う情報量は増加してきましたが、こうした情報量の増加に伴って建築生産でどのような点が課題やテーマになるか、考えていることを三つお話しします。

　1 点目は情報の伝え方です。複雑な建物を設計して、複雑かつ大量の情報を設計者から施工者へ、さらに職人へと伝えるのは効率が良くありません。例えば、ダンスの記譜法を見ると、かつては脚の動きを図にして踊り方を伝えたりしていましたが、こうした工夫はビデオの登場によって不要になりました。建築生産についても、ダンスにおけるビデオのように手間をかけずに複雑な内容を伝えられる方法があるかもしれません。3 章 4 節で紹介されているように、データの集積よりもプロが撮った 1 枚の写真の

方が建物の雰囲気を伝えやすい場合もありますから、相手が求めている
情報を明確にして情報量を絞り込むことが必要になることもあるでしょう。

　また、伝え方を相手に合わせることも重要です。例えば、未熟練労働
者や外国人労働者が増えていくと、図面の読み取り方がわからなかったり、
そもそも日本語が読めない人が作業することも起こりえます。図4は小学
生を対象にしたレゴのワークショップで、グループに分かれて図面を読み
取り、なるべく早く組み立てる課題に挑戦してもらいました。ここで使用し
た図面は、部品や工程を小学生でも理解できるよう大学院生が工夫して
表現したものでした。さらに驚いたのは、小学生は自分たちで組み合わ
せる順番を考えて、部品に独自に番号を振ったり、紙に書かれた図や番
号のところに部品を置いて整理したりと、建物の形状と部品・工程・担
当者を組み合わせて表現するような工夫を自然に行っていました。つくり
手の目線で情報伝達を合理化していると感じました。

情報をどのように管理するか

二つ目に、情報をどのように管理するかもこれから問題になるテーマです。
建設会社やハウスメーカーは大量の情報を持っていますが、コンプライア
ンス等の問題からうまく使えていません。一方で、国立情報学研究所のウェ
ブサイト[*3]を見ると、賃貸住宅の間取りや写真といった匿名化された大

量のデータが公開されており、研究目的であれば使うことができます。研究する側にとっては貴重なデータですし、提供した企業にとってもコストをかけずにデータをどのように活用できるかというアイデアが得られます。そこで、このように死蔵したデータを活用できないかと考えて、ある建設会社の研究所が過去に行った作業分析のデータの一部を匿名化し、どのような分析が可能か考えるワークショップを他大学と共同で行いました。一例として、職人の作業を記録したデータから職人間の距離を調べた学生がいて、順調に作業が進んでいるときの「距離感」があるように見えました。

　同時に、「情報は誰のものか」というテーマは、これから社会的に関心を集める可能性があります。欧米では近年、「修理する権利（right to repair）」という言葉が使われます。例えば、スマートフォンは購入者のものなのに、販売したメーカーにしか修理できないのは、消費者の修理する権利を侵害しているといった考え方です。実際に、iPhone などでは修理しやすいようにネジによる接合に変更されるといった影響も出始めています。例えば日本のプレハブ住宅では、特殊な認定を取得しているため、施工したハウスメーカー以外が構造体に手を加えることはほとんど不可能です。今後は、住宅や建築についても「自分の家を改修できないのはおかしい」といった動きが出てくるかもしれません [*4]。

情報化が創出する新たな仕事と必要な人材

最後に、建築生産の情報化によってどのような仕事が新たに必要になるかについて述べたいと思います。例えば現在、BIM によるフロントローディング [*5] の必要性が盛んに言われています。ただ、何を建てるのかという設計に関する情報と、誰がどのように組み立てるかといった施工に必要な情報は異なるので、施工段階を考慮せずに設計した情報が増えれば、それを確認したり施工の情報に変換する手間も一般には増えます。一方で、そうした情報の変換も、自動化したり何らかの工夫をすれば、今まで意識

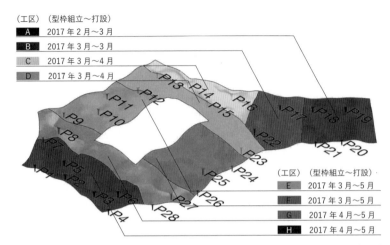

（工区）（型枠組立〜打設）
- A　2017年2月〜3月
- B　2017年3月〜3月
- C　2017年3月〜4月
- D　2017年3月〜4月

（工区）（型枠組立〜打設）
- E　2017年3月〜5月
- F　2017年3月〜5月
- G　2017年4月〜5月
- H　2017年4月〜5月

図5　主体間で共有する情報を一元的に管理する3Dモデルの一例。曲面の形状と、コンクリートの打設時期等のスケジュールを表示できる（出典：保坂至・林盛・権藤智之・蟹澤宏剛・山崎康造「複雑形状RC建築における3Dモデル共有と型枠製作プロセス」『日本建築学会技術報告集』28巻、68号、2022年）

されてこなかった仕事なので報酬がもらえないことも起こりえます。例えば、高層マンションで、設計図からプレキャストコンクリートの図面を描くのに2人が2年間つきっきりになるといった状況になって初めて自動化について検討されるようになるといった場合もあるでしょう。情報量が増えると、それを伝えたり、管理する業務に負荷がかかるので、今までサービスのように行ってきた仕事の位置づけを見直す必要が出てくると思います。

　また、設計段階で施工側からの情報を盛り込むためには、新国立競技場で採用されたECI方式（Early Contractor Involvement方式の略で、施工会社が設計段階から参加する方式）などのように、発注・契約といった建築生産の進め方の工夫も検討する必要があります。筆者が調べた曲面建築の事例では、意匠設計者・構造設計者・施工会社・型枠製作会社など複数の主体からの情報を共有するために、型枠製作会社が3Dモデルの管理や工程の管理を一元的に行っていました［**図5**］。具体的には、型枠製作会社の担当者が設計者と同じ3Dモデルのソフトを扱えたので、設計変更や施工会社・型枠制作会社からの要望を3Dモデルに反映し、型枠の製作スケジュールに合わせてどの部位から設計を確定させていくかを

設計事務所と協議します。一般に、設計事務所は設計変更できる時間を
なるべく確保しようとする一方、施工会社は設計事務所になるべく早く設
計を確定してもらいたいので、両者は対立的な関係になりかねません。そ
もそも型枠製作会社の事情を知っていれば、設計事務所はそれに合わ
せてスムーズに仕事を進められるわけですから、こうした協調的な情報の
共有にも情報化技術の使い道は当然あります。同時に、設計側と施工
側の双方の要望を理解しつつ 3D モデルを操作できるようなスキルのある
人材はなかなかいないので、こうした人材をいかに育てていくのか、こう
した人材がいない場合にはどのように情報化技術の助けを借りていくの
か、考えるべきことは多いように思います。これまで需要が大きく増大す
る時期に情報化や機械化は試みられてきたわけですが、現在はどちらか
と言うと技術者・技能者が足りない状況なので、関わる人全員の仕事が
SDGs にも書かれている Decent Work（働きがいのある人間らしい仕事）にな
るように情報化技術を使えると良いなと考えています。

*1　権藤智之「日本の高層建築における施工技術の変遷（全5回）」『建築士』2018年12月〜2019年4月号
　　号
*2　『建築の技術 施工』1976年1月号
*3　国立情報学研究所「情報学研究データレポジトリ LIFULL HOME'Sデータセット」
　　https://www.nii.ac.jp/dsc/idr/lifull/
*4　中村健太郎・権藤智之・谷繁玲央「修理する権利：欧米を中心とした動向と日本の工業化住宅産業
　　における可能性」『2021年度日本建築学会関東支部研究報告集』2022年
*5　BIMによるフロントローディング：設計段階で詳細な3Dモデルをつくること。施工計画の精度を向上
　　させ、不整合・干渉を減らすことによって施工のスムーズな進行が期待できる。

—

権藤智之（ごんどう・ともゆき）
東京大学大学院工学系研究科建築学専攻准教授。専門は建築構法・建築生産。博士（工学）。首都大学
東京准教授等を経て、2022年より現職。『内田祥哉は語る』（編著、2022年）、著書に『箱の産業』（共著、
2013年）など。

建築・都市・不動産の DX の連携とその効果

和泉洋人
Izumi Hiroto

建築・都市・不動産分野の DX を束ねる方針の制定

他の分野と同様に、建築・都市・不動産の分野においても DX（デジタルトランスフォーメーション）の推進は重要な課題です。行政では国土交通省において、建築分野は建築 BIM を中心に住宅局が、都市分野は都市の 3D モデル「PLATEAU」を中心として都市局が、不動産分野は不動産 ID を中心に不動産・建設経済局が担当してきました。各々の局が学識経験者からなる委員会を設け、大学・研究機関や民間企業の意見も取り入れながら進められてきましたが、その取り組みは予算を含め小規模であり、加えて 3 局の連携は必ずしもとられてきませんでした。

　筆者は 2022 年 4 月に東京大学の特任教授に就任し建築・都市の DX を担当することになったことから、上記の状況を改善し、かつ、建築・都市・不動産分野の DX の推進を政府の大きな方針にしっかり位置づけるとともに、3 局の取り組みの連携を強化し、加えて予算面でも従来の規模を大幅に上回り、DX を加速化する体制を行政側でも強化すること

が必要と考えました。そのため国土交通省その他の関係者と打合せを重ね、まず、政府の大きな方針に位置づけるべく2022年6月7日に閣議決定された「経済財政運営と改革の基本方針2022」および「新しい資本主義のグランドデザイン及び実行計画・フォローアップ」に明示的に建築・都市・不動産のDX推進を盛り込むことができました。

　そのような位置づけを踏まえ、2022年度の経済対策とそれに伴う補正予算において、建築・都市・不動産分野のDX推進の予算として約100億円が計上されました。さらに3局の取り組みの連携を強化するため、筆者が顧問を務める一般財団法人日本建築センターに3局の実務責任者および各局の有識者会議の代表からなる「建築・都市・不動産分野のDXに係る連絡調整会議」を設置し、連携強化を図る体制を構築しました。現在、筆者が当該会議の座長を務めています。

DXの加速化、3分野の連携とその効果

図1は、以上の3分野のDXの関係性を示しています。直接の効果を建築・都市・不動産別に記載していますが、各分野におけるDXが相互に連携して進むことにより様々な波及効果や新たな産業の創出、さらに他分野のDXと連携することにより地方創生・グリーン化・防災政策の高度化等のいわゆるスマートシティの実現に資する重要な手段となります。

　図2は3分野の連携の効果の一例を示しています。①建物内からエリア・都市スケールまでシームレスに再現した高精細なデジタルツインの実現、②建築BIMからPLATEAUへの自動変換や不動産IDをキーとした連携などによりデータ整備・更新を自動化・効率化、③建物情報や都市計画・ハザード、インフラ事業者情報などの多様なデータを連携・オープン化の3点が典型的な効果です。

　図3は、今回補正予算を計上して何を加速化しようと考えているか、そしてそれにより期待される効果を示しています。

社会課題

少子高齢化に伴う 生産年齢人口の減少	東京一極集中に伴う 地方都市の活力の低下	地球温暖化・災害の激甚化・頻発化

等

建築・都市のDX

建築分野	都市分野	不動産分野
建築確認のオンライン化	PLATEAU	不動産ID
中間・完了検査の遠隔実施	データ整備の効率化・高度化	民間・行政データへの紐付け
定期報告のデジタル化	ユースケース開発	活用に向けた環境整備
建築BIMの社会実装	地域における社会実装	ユースケース調査・横展開

・建築生産（設計、施工、維持管理）や都市開発（計画、整備、維持管理）、不動産に関する業務の『生産性の向上』
・屋内空間（建築物）や屋外空間（都市）、不動産の『質（快適性、安全性、利便性）の向上』

目指す将来像

建築・都市・不動産分野の情報と他分野（交通、物流、観光、福祉、エネルギー等）の
情報が連携・蓄積・活用できる社会の構築

生産性の向上	女性活躍	建築物・都市の維持管理の効率化	地方創生	グリーン化	防災政策の高度化	新サービスの創出

図1 建築・都市・不動産分野のDXの推進により目指す将来像（出典：国土交通省）

建築BIM PLATEAU 不動産ID	連携 実装	✓ 建物内からエリア・都市スケールまでシームレスに再現した高精細なデジタルツイン※を実現 ✓ 建築BIMからPLATEAUへの自動変換や不動産IDをキーとした連携などによりデータ整備・更新を自動化・効率化 ✓ 建物情報や都市計画・ハザード、インフラ事業者情報などの多様なデータを連携・オープン化

※現実空間の様々なデータをデジタル空間で再現する技術

生産性の向上	防災の高度化	不動産流通の促進
・デジタルツイン上で計画・設計に必要な情報等へ容易にアクセスできるようになり、設計・建設等の生産性や建物・屋外空間の質が向上。また、計画建物の風環境シミュレーション等が可能となることで質の高い都市環境を実現。 ・建物内外を自律移動できるドローン・ロボットを利用した物流サービス等を実現。	・デジタルツイン上で計画・設計に必要な情報等へ容易にアクセスできるようになり、設計・建設等の生産性や建物・屋外空間の質が向上。また、計画建物の風環境シミュレーション等が可能となることで質の高い都市環境を実現。 ・建物内外を自律移動できるドローン・ロボットを利用した物流サービス等を実現。	・不動産開発・流通・管理等で必要となる建物に係る情報をまとめて迅速に取得できるなど、民間事業者の生産性向上に資するほか、不動産の購入等を検討する国民も情報取得が容易になり、不動産流通を促進。

PLATEAUを活用した都市計画・建築基準への適合性確認

物流サービス等への利用イメージ

建築BIMとPLATEAUの連携で実現する高精細なデジタルツイン

周辺建物の被災リスクも考慮した建物内外にわたる避難シミュレーションを実現

現状

重要事項説明書の作成に係る調査時間：約8時間
※役所等の複数の窓口に出向き、目視・手作業も交えて必要な情報を収集することが一般的

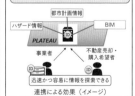

都市計画情報

ハザード情報

BIM

PLATEAU

事業者

不動産売却・購入希望者

迅速かつ容易に情報を探索できる

連携による効果（イメージ）

図2 建築BIM・PLATEAU・不動産IDの連携による効果の一例（出典：国土交通省）

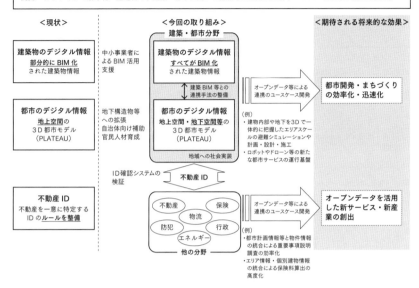

建築プロジェクトにおける中小事業者の建築BIM活用に対する支援や、3D都市モデル（PLATEAU）の整備・活用・オープンデータ化の推進、官民連携による不動産IDのユースケース開発に向けた検証に対する支援を通じて、都市開発・まちづくりの効率化・迅速化や、建築・都市に関する情報等を活用した新サービス・新産業の創出を図る。

図3 建築・都市・不動産分野のDX加速化の取り組みとその効果（出典：国土交通省）

建築のBIM化は、現時点では大手設計事務所や建設会社中心で、部分的なBIM化にとどまっています。BIMによる建築確認も、限定的に取り組みが始まったばかりです。そこで補正予算を活用することにより、中小建設業におけるBIMの取り組みを支援すると同時に、2025年から2030年の間にはBIMの建築確認共通システムを整備することを目指そうとしています。

都市の3DモデルであるPLATEAUは、当初は5年に1回行われる都市計画基礎調査のための航空写真をベースに整備されてきました。したがって、LOD1レベルの3Dモデルは容易に整備できても、それ以上のレベルに上げていくためには困難を伴ってきました［**図4**］。しかし、都市によっては色々な工夫を凝らしてLOD3レベルのモデルを構築している例も出てきています。そこで、一定の時間は要するもののBIMによる建築確認情報とPLATEAUが連動すれば当該部分のデータに関しては自動

LOD	LOD1	LOD2	LOD3	LOD4
提供エリア	対象のすべてのエリア	特定のエリア	限定されたエリア	一部の建築物
解説	直方体の組み合わせで構成されたもの（箱モデル）	屋根や壁などを再現したモデル	LOD2をさらに詳細に表現し、開口部や立体交差などを表現できるようにしたモデル	建物の内部までモデル化したもの
イメージ	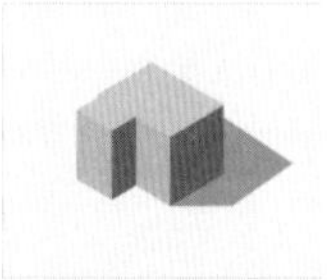			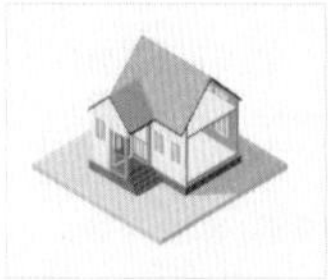
活用例	高さ情報を活用した各種シミュレーションが可能	景観シミュレーション都市計画・建築規制の検討	自動運転、ドローン配送建築計画の検討等	屋内外のシームレスなシミュレーション

図4 「建築物のLOD（Level of Detail）」の概念（出典：国土交通省のホームページをもとに筆者作成）

で更新されることになるとともにLOD4のレベルが実現できることになります。また、PLATEAUの現時点でのもう一つの限界が、地下空間が取り込まれていないことです。地下には上下水道・ガス・電気・通信さらに地下鉄等の交通系が収容されており、PLATEAUが具体的な都市計画や防災対策等に貢献していくためには地下空間の取り込みが不可欠です。今回の補正予算で、初めて大手町・丸の内・有楽町地区等の都心エリアで地下空間の取り込みに挑戦することにしています。様々なステークホルダーが関与し、法律等で解決すべき課題は多いですが、今回の試みで課題を整理し全国展開していくことを予定しています。

　不動産IDには、不動産登記簿の不動産番号(13桁)＋特定コード(4桁)からなる17桁の番号が使用されます。不動産番号だけでは棟単位でしか識別できませんが、17桁の不動産IDを使用することにより棟の中の部屋まで識別することができます。以上のBIMの普及、PLATEAUとの連動によるLOD4レベルの実現、不動産IDの連携により、将来的にPLATEAUは個別の部屋まで識別可能な都市の3Dモデルになります。

　このような3分野の連携と加速化により、①自動走行の基盤、②ロボットが建物や都市を移動する基盤、③自動飛行するドローンが建物の個別の部屋まで荷物を運送する基盤等、現時点で予測される効果以外に様々

なサービスが実現可能となり、新たな産業を創出する基盤となります。

行政、民間企業、大学・研究機関の連携

前項で述べた3局での取り組みは、すでに様々な形で民間企業や大学・研究機関の協力を得ながら進められています。一方、建築BIM一つとっても、実際の設計・施工・維持管理まで効果的に推進するためには「BIMライブラリー」等の様々なツールが整備される必要があります。そんななか、大手建設会社や設計事務所を中心に「buildingSMART Japan」や「建設RXコンソーシアム」等の関連する活動も徐々に充実してきています。また、設計事務所や建設会社だけでなく、発注主体であるデベロッパーの理解も深めていく必要があります。BIM、PLATEAU、不動産IDに関しては、海外でも様々な取り組みが行われており、それらも参考に行政と民間企業、大学・研究機関の役割分担や連携のあり方を検討し、三者のより効果的な協力を実現すべきです。

DX推進に欠かせない情報管理

先に述べたように、将来的にはLOD4レベルでPLATEAUが整備され、各々の部屋に不動産IDが割り当てられ、地下空間の広義のインフラ系のデータも高精度で取り込むことが技術的には可能になります。その際に問題となるのが、そうした高精度のデジタル情報を誰に対し、どこまで開示して良いのか、関係者の同意をどこまで取ることが必要なのかといったデータの取り扱い方針です。

　例えば不動産IDのメリットは明確であり全面的に開示してもいいように感じられるかもしれませんが、他の情報と重ね合わせることによりプライバシー侵害などの有害事象が生じる可能性もあります。

さらに地下空間のインフラのデータに関しては、地下工事の効率化という観点からは公開することが望ましいという側面がある反面、昨今の経済安全保障をめぐる議論を踏まえると公開情報の精度や公開対象者は限定すべきという議論が生じることは当然予測できます。

したがって、建築・都市・不動産分野でのDXの加速化と並行して、情報管理のあり方について個人情報に係る他分野における議論、経済安全保障の観点からの議論等も視野に入れつつ、その方針を早急に検討・策定する必要があります。

昨今のマイナンバーカードを巡る議論にも典型的に見られるように、DXのメリットとデメリットに対する考え方には個人差があります。一方、コロナ禍における個人への給付金の支給に何カ月もかかった反省などを踏まえれば、社会全体へのメリットの観点からはDXを進めることが必要です。建築・都市・不動産分野におけるDXの推進に当たっても、何のためのDXであり、様々なステークホルダーに対してどのようなメリットがあるかを丁寧に説明する必要があります。同時にDXを通じてプライバシーが侵されることがないのかなど、そのデメリットの可能性とそれを防ぐ方策についても丁寧に説明し、個人をはじめとするステークホルダーの理解を得る必要があります。DXは推進する必要がありますが、このようなステークホルダーに対する丁寧な説明を通じて社会全体の合意を形成していくことが肝要です。

デジタル社会の構築に向けて

政府はデジタル社会の構築を統合的・効率的かつスピード感を持って進めるため、菅義偉政権下の2021年9月にデジタル庁を発足させました。現在、現実空間とサイバー空間が高度に融合したシステム（デジタルツイン）により、新たな価値を創出する人間中心の社会、いわゆるSociety5.0の実現を目指し、デジタル庁を中心に様々な活動が実行されています。

その一つが 2021 年に閣議決定された「包括的データ戦略の実装に向けて」[*1] です。データ戦略のアーキテクチャに対応して様々な作業が行われていますが、アーキテクチャの一つであるデータに関してはベース・レジストリの指定の方針が決められています。法人3情報、地図情報、法律・政令・省令等デジタル社会を構築する上での基礎となるデータをベース・レジストリとして指定・公開し、データ駆動社会の基盤を整備しようとするものです。

建築・都市・不動産分野の DX において取り上げられる不動産登記情報も重要なベース・レジストリの一つです。さらには不動産登記情報を拡張した不動産 ID や、BIM と連動し不動産 ID を取り込んだ LOD4 レベルの PLATEAU は、将来的にはベース・レジストリの一つに位置づけられ、スマートシティをはじめとするデジタル社会構築の最も有力なデータ基盤になることが見込まれます。

建築・都市・不動産分野の DX は、この包括的データ戦略と連携し進める必要があり、国土交通省、さらには建築・都市・不動産の分野に閉じこもることなく民間企業・大学・研究機関と連携しつつ、政府全体の政策と整合的に進めることが肝要です。

---

*1　デジタル庁「包括的データ戦略の今後の進め方（案）」
　　https://www.digital.go.jp/assets/contents/node/basic_page/field_ref_resources/7fd300a0-
　　0bd3-44cf-89da-d6721381fa11/20211025_meeting_data_strategy_wg_01.pdf

---

和泉洋人（いずみ・ひろと）
東京大学大学院工学系研究科建築学専攻特任教授。専門は住宅・都市政策。博士（工学）。国土交通省住宅局長、内閣総理大臣補佐官等を経て、2022年度より現職。著書に『容積率緩和型都市計画論』（2002年）など。

福祉が社会化する時代に求められる ケアの可視化

松田雄二
Matsuda Yuji

「福祉の社会化」が進む日本

「福祉的住環境」とは、一般に使われている言葉ではありませんが、私は「手厚い支援が必要な人々が、自宅から離れて暮らす住まい」と定義しています。このような住まいとしては、特別養護老人ホームや障害者グループホーム、障害者入所施設などが挙げられますが、その主要な類型として考えられる施設（特別養護老人ホーム、障害者グループホーム、障害者入所施設、養護老人ホーム、救護施設、精神病床）の利用者数をまとめると、2021年時点で合計約 126 万人にのぼります［図1］。すなわち、日本国民の 1％程度の人々が、なんらかの手厚い支援を必要として、自宅から離れて暮らしているわけです。また、この総数は年々増加傾向にあります。

　この福祉的住環境で暮らす人々の増加とは、とりもなおさず日本における「福祉の社会化」、すなわち手厚い介護を必要とする人の支援の担い手が、家族から公的な制度に基づいた主体に移り変わりつつあることを示しているとも考えられます。このように、これまで家庭の中で行われてき

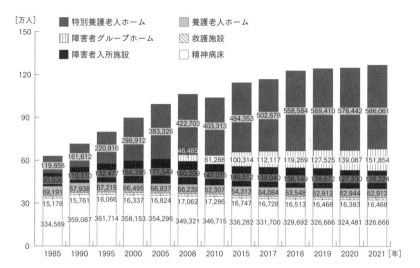

図1 主要な「福祉的住環境」利用者数の経年的推移
（出典：社会福祉施設等調査、介護サービス施設・事業所調査、医療施設調査をもとに筆者作成）

た支援（高齢者の介護や障害者の介助など）が、自宅ではない「福祉的住環境」で行われる場合、どのような環境であるべきなのかということは、私の専門である「建築計画学」の分野では、重要な研究テーマの一つとして扱われています。特に介護保険法が施行された2000年前後から、様々な研究が行われ、実際の施設計画にフィードバックされてきました。

職員の負担が大きい夜勤業務

さて、ここでこのような「福祉的住環境」、特に高齢者・障害者が暮らす福祉施設で行われている「ケア」について考えてみましょう。福祉施設では、どのようなケアが行われているのでしょうか。すぐに思いつくのは、食事や入浴、排泄などの介助だと思います。このようなケアをされる側と直接触れあいながら行われるケアのことを、「直接支援」と呼ぶこともあります。しかし、福祉施設で行われているケアは、それだけではありません。入居者が普段通りに過ごしているか、距離を置きつつ見守るような「間接支

援」も、とても重要です。また、多くの施設では夜間も24時間、職員が待機し、居室を定期的に巡回して入居者に変化がないかを確認する夜勤業務も行われています。これに加え、書類の記入や消耗品の搬入、清掃、洗濯など、実に様々な支援が施設では行われています。

こうした支援業務の中で、特に職員の負担が大きいとされるのが夜勤の支援です。その理由はいくつかありますが、一つには夜勤職員の人数の少なさがあります。例えばユニット型の特別養護老人ホームの夜勤では、入居者12名を1ユニットとする施設であれば、2ユニット（入居者24名）を1人の職員で担当することが一般的です。それ以外の施設でも、入居者50名程度を2人の夜勤職員で対応するということが一般的に行われています。そのような場合、もし1人の職員がなにかの対応で手を取られたりすると、もう1人が残りの入居者の対応をしなければならず、かなりのストレスが発生します。また、夜間に居室を巡回すること自体にストレスを感じる職員もいます。居室の中に入って、ベッドを確認したとき、もし急変が起こって亡くなっていたらどうしようと考えるだけでも、大きなストレスになると言われています。

この夜勤業務のストレスは、福祉施設において大きな課題となっています。それには、福祉施設が抱える慢性的な人手不足の問題が関係しています。近年、介護関係の職種の求人倍率は、全職種を合計した求人倍率を常に上回る状態で推移しており、2019年には4倍を超えました。これは、ハローワークに4名の求人を出しても1名しか集まらない状態であり、圧倒的に働き手が不足しています。なかでも特に人手が集まらないのが夜勤業務で、これを解消するためにも上記のようなストレスの解消は喫緊の課題なのです。

職員の負担を軽減する見守り支援機器の導入

このような夜勤時における入居者の見守り業務を支援するために、ICT

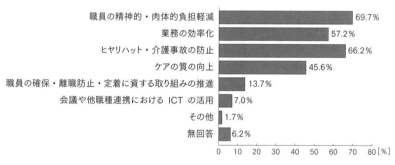

		導入済み	未導入	無回答
移乗支援機器	①訪問系	0.9	94.4	4.7
	②通所系	1.3	94.4	4.4
	③入所・泊まり・居住系	9.7	86.3	4.0
移動支援機器	②通所系	0.9	94.6	4.5
	③入所・泊まり・居住系	1.2	93.8	4.9
排泄支援機器	②通所系	0.1	95.2	4.7
	③入所・泊まり・居住系	0.5	93.9	5.6
見守り支援機器	③入所・泊まり・居住系	30.0	66.7	3.3
入浴支援機器	②通所系	8.8	87.1	4.1
	③入所・泊まり・居住系	11.1	83.8	5.1
介護業務支援機器	②通所系	4.9	90.8	4.2
	③入所・泊まり・居住系	10.2	84.8	5.0

図2 介護施設・事業所の見守り支援機器の導入状況
（出典：厚生労働省「介護現場でのテクノロジー活用に関する調査研究事業（結果概要）」2023年をもとに筆者作成）

職員の精神的・肉体的負担軽減	69.7%
業務の効率化	57.2%
ヒヤリハット・介護事故の防止	66.2%
ケアの質の向上	45.6%
職員の確保・離職防止・定着に資する取り組みの推進	13.7%
会議や他職種連携における ICT の活用	7.0%
その他	1.7%
無回答	6.2%

図3 見守り支援機器の導入で感じられた効果（出典：図2に同じ）

図4 バイタルタイプの見守り支援機器の一例（左：パラマウント社製「眠りSCAN」のセンサー、右：パソコン端末に表示された生体情報）（提供：はんしん自立の家 石田英子）

機器を導入する施設が近年増えてきました。厚生労働省が2022年に実施した「介護現場でのテクノロジー活用に関する調査研究」では、「入所・泊まり・居住系」の介護保険サービス施設・事業所のうち、30.0％の施設・事業所で見守り支援機器を導入しており［図2］、そのうちの91.1％の施設・事業所でほぼ毎日機器を使用しているとのことでした。またこれにより、69.7％の施設・事業所で「職員の精神的・肉体的負担減」の効果が感じられたと回答しています［図3］。

　見守り支援機器とは、厚生労働省の調査報告書などによれば、「バイタルタイプ」と「カメラタイプ」の2種類に大別されます。バイタルタイプは、機器に内蔵されたセンサーにより、離床や心拍、呼吸等の体動と、睡眠状態を把握するものです［図4］。対して、カメラタイプは、カメラ型の機器によって対象者をシルエット画像などで映し出し、立ち上がりや転倒などの動作を検知するものです。また、バイタルタイプとカメラタイプを組み合わせた機器も存在します。

　また、この見守り支援機器と直接関連するわけではありませんが、介護の現場で得られた情報を蓄積・分析し、そのデータを各事業所にフィードバックする「科学的介護情報システム（LIFE）」の運用を、厚生労働省が2021年から開始しています。今後は、見守り支援機器から得られる入居者に関わる膨大なデータも、このシステムによって介護の現場にフィードバックされることが期待されています。

福祉施設における情報の可視化が意味すること

実際に、バイタルタイプの見守り支援機器を導入した障害者支援施設を運営する法人の理事長に、その効果を伺ったことがあります。その理事長がおっしゃるには、機器により入居者の睡眠の状況（睡眠時間や中途覚醒・離床の回数、心拍数等）を客観的な指標で把握でき、かつ居室扉を開けて安否確認をする回数が減って入居者の眠りを妨げることもなくなり、非常に

高い効果を上げているとのことでした。さらにこれらに加えて、夜勤帯における利用者の状況を可視化することで、結果的に虐待防止にもつながるとも指摘されました。ここに、この「見守り支援機器」が、単に入居者の「見守り支援」を行うだけではない、別の機能を持つことが示されているように思います。それは、これまで「プライベート」な空間で基本的には他者の目に触れることのない入居者の居室での出来事を、ある程度の範囲はあるにせよ、パブリックなデータとして可視化する機能だと言えます。

　もちろん、見守り支援機器とプライバシーの関係については、これまで慎重に議論されてきましたし、実践の場においても丁寧に扱われることがほとんどです。例えば、入居者の自傷行為を未然に防ぐために居室内に監視カメラを設置することがありますが、その場合は本人の了解、それが難しい場合は親族や医師などの了解を得た上で取り付けなければ、人権侵害に当たると理解されています。またカメラタイプの見守り支援機器を設置する際は、多くの場合そのままの画像を記録するのではなく、赤外線カメラなどで人物のシルエットだけを記録し、画像を見ただけでは入居者が特定できないようになっています。

　しかしながら、現在起こりつつあることは、それだけではありません。入居者の姿がデータの形で外部化されることによって、これまで「密室性」の中に隠されてきた「虐待」の問題をも顕在化させることにつながっています。また、入居者の姿がデータ化されることは、入居者の長期的・短期的な体調や状況を客観的に把握することを可能になり、これにより場合によっては看取りのタイミングを知ることにもつながります。

　これらの変化は、長年にわたって家庭内で行われてきた介護・介助行為が、核家族化の進行による世帯人数の減少もあり、外部のサービスに移行すること、すなわち本稿の冒頭で述べた「福祉の社会化」に当然伴うものであるとも考えられます。しかし、私たちは今ひとつ、そのような側面に無自覚であったように感じています。高齢者の介護や障害者の介助を家庭内で引き受けずに社会化することは、ケアを必要とする人が自律的に地域の中で生きることに直接的に関わっています。その際、「ケア」

の実態が可視化されることが、虐待の防止やケアの効率化のためには欠かせないということが、昨今の状況からわかってきました。他方で、それは、「家庭的な」世界の出来事を可視化し、パブリックな世界にオープンにすることにほかなりません。

　もう少し、この状況を深く考えてみましょう。現在、高齢者や障害者のケアの世界では、遠隔地にある大規模施設ではなく、住み慣れた地域にある小規模な施設や住まいでケアを継続すること、つまり「地域でケアを受け続ける」ことが目指されています。しかし、今後の地域ケアでは支援の担い手は家族ではなく、介護サービス事業者などの家族以外の担い手に必然的に頼ることになります。その際、ケアの質を担保し、またケアの担い手を心理的な消耗から守るとともに、ケアの受け手を虐待の恐れから守るためにも、見守り支援機器が提供するような「支援空間の可視化」、すなわち支援に関わるあらゆることの情報化とその情報の（適切な手段を用いての）利用は、必然的に求められるようになると考えられます。私たちは、「地域でのケア」と言うと、なにか自分の住まいに住み続けるというような、プライベートな空間でのケアが継続することを想像しがちですが、実際にはそのような未来はありえず、ある程度プライベートな領域が情報技術を介してオープンにされてゆくような世界を想定する必要があるのです。

　高齢者や障害者が地域の中で自律的に生き続けることと、このような「家庭的な世界の可視化」とは切り離せないことを前提としてつくられる「福祉施設」の姿は、どのようなものなのか、私たちはいま、きちんと捉え直さなければならない時期に来ているのです。

—

松田雄二（まつだ・ゆうじ）
東京大学大学院工学系研究科建築学専攻准教授。専門は建築計画学。博士（工学）。お茶の水女子大学准教授等を経て、2015年より現職。著書に『ユニバーサルデザインの基礎と実践』（共編著、2020年）、『福祉転用による建築・地域のリノベーション』（共著、2018年）など。

建築領域に閉じない
デジタル空間記述体系の構築

豊田啓介
Toyoda Keisuke

デジタル化を通して広がる建築領域とその障壁

建築学が社会的な価値を提供するあり方や扱う領域が、大きく変わりつつあります。建築が扱う領域が物理空間からデジタル空間へと拡張し、デジタル空間を通して他の産業領域ともシームレスにつながりつつある状況は、建築学の視点からこそ戦略的に精査・分析されるべきです。昨今DX などという形で設計・建設プロセスにおけるデジタル化が進められていますが、世界的に社会基盤のデジタル領域への拡張と構造的変革がこれまでにない規模と速度で進行するなか、現状で建築業界のデジタル化の動きは既存の業界内の価値観や手法に閉じがちで、かつその精度もスケールもあるべき強度に拡張しえているとは言えません。長らく建築学の内部ではびこっている「建築の・建築による・建築のための」閉鎖的で受動的な価値観や体質を、デジタル化を機会により領域横断的で能動的なものに変えていく必要があります。

　例えば、建築領域では情報のデジタル統合基盤として BIM を用います。

BIM は主に設計と建設、施設管理の目的に特化して、設計情報や施工における製品情報、工程監理情報などを統合・管理する高度に専門化したソフトウェアの体系ですが、現時点でそれらを使うのも利益を受けるのもほぼ建設業界自身に閉じてしまっています。しかし、自動運転は建築物データを必要としていますし、AR（Augmented Reality、拡張現実：デジタルな行為空間と物理的な行為空間と重ね合わせる技術）や VR（Virtual Reality、仮想現実：デジタルな行為空間で物理世界とは異なる挙動や体験を生成、体験、実験を行う技術）でも建築物データを利用しています。例えば都市や地理などの領域で広域な都市基盤データとして GIS（Geographic Information System、地理情報システム：空間情報のうち特に地図などで扱う地理的データを記述、管理、活用する記述体系）を整備する上でも建築物データと連動できることは常に求められていますし、LLM（Large Language Model、大規模言語モデル：非常に巨大なサンプル数とパラメータからなる自然言語データセットに基づいて構成された深層学習モデル、近年急速に実用性を高めて注目されている）や生成 AI（Generative AI：画像や音楽など、従来の機械学習だけでは難しかったより自然で創造的価値のある領域での生成精度が LLM を組み合わせることで飛躍的に高まっている。建築関連の画像生成の領域では Midjorney や Stable Diffusion などが知られている）をはじめとして急速な進化を遂げつつある AI 業界から見ても、いまだ建築物の詳細な属性や時間変化、汎用な内部空間の取得や、人やロボットなどの挙動データなどは取得できていません。こうした視点で見たときに、既存の建築情報プラットフォームである BIM が持つ特性である部材ごとの属性情報の構造や協働環境の記述などに大きな価値があることは言うまでもありませんが、現状での BIM はその仕様としてもデータ構造としても建築目的に閉じすぎていて、他の業態からの互換的機能や可読性はほとんど考慮されていません。建築物が社会的価値を持つのが竣工後であるのに対して、BIM はあくまで竣工までのデータを扱う体系なのでそもそもの前提からしかたない部分はあるのですが、せっかくの BIM データを竣工後の多様な世界に活用できないのでは、大きな社会的な損失だと言わざるをえません。

　一方、BIM のもう一つの特性として、人による入力が不可欠な体系で

ある点が挙げられます。これは PLATEAU や Google Earth 等に代表される GIS でも同様なのですが、結果としてこれらの空間情報系では人為的に入力されたデータと実際の状況や、個別のデータ入力領域の間でどうしても誤差が出てしまいますし、人が予算と労力をかけて整備をしない限りデータが存在しない領域が常に残ってしまいます。一方、点群レーザースキャン（レーザーを多方向に同時に照射し、その反射の時間で奥行きを測ることで空間の立体形状を精密に取得することができる空間計測手法）などの記述形式であれば、原則としてあらゆる場所や既存の形状を一括してデジタル化することができます。とはいえ、点群はデータ量が膨大になりがちで、かつそのデータの特性から属性の記述やジオメトリ表現の効率化が難しいという難しさも併せ持ちます。上記以外にも多様な空間のデジタル化および記述の手法が開発されていますが、一口にデジタル空間記述といっても産業領域ごと、技術仕様ごとに扱う空間や時間のスケールや情報の種類は大きく異なっており、全体としては産業ドメインごとに個別に進化している、言い換えればサイロ化が進んでいる状況にあります。

ゲームエンジンを使ったデジタル空間記述

そのなかで私たちの研究室では、BIM や GIS など、原則として時間記述の概念を仕様として持たず（静的記述）、空間内のすべての点を等価な精度で扱う（絶対記述）体系に対し、ミリ秒単位の時間更新機能を持ち（動的記述）、空間記述も観測者ごとに異なる基点からの距離による精度減衰を積極的に取り込むことで、多点の観測主体や取得要素の間でどうしても生じてしまう計測誤差や記述誤差を積極的に解消する、いわば積極的にあいまいさを取り込む（相対記述）性能を備えた、ゲームエンジンと呼ばれる体系が持つ空間記述特性に注目して、実空間への応用と実用化技術を研究しています ［図1］。今後、建築や都市などの領域においても、従来の建築や都市が扱ってきた静的絶対記述体系の価値は十分に理解し

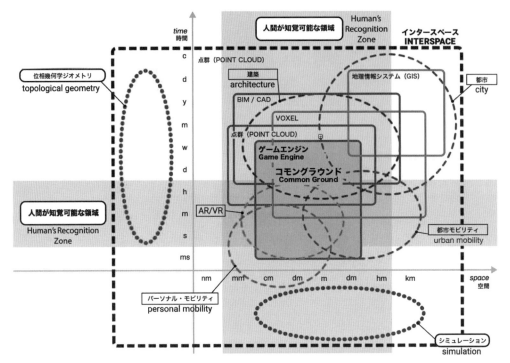

図1 時空間スケールによるデジタル空間での記述仕様の棲み分けとインタースペース研究センターが包括する領域

た上で、新たに動的記述系、相対記述系をデジタル空間記述の体系に組み込み、相互連携のしくみの開発が求められていくことになります。

　昨今、実空間のジオメトリとは異なる位相幾何学空間でのデータ構造化や解析、実時間に紐づかないシミュレーションや機械学習等に向けた学習環境なども含め、デジタル空間での記述体系が扱う時空および情報の次元の領域は急速に拡張しつつあります。それらの体系ごとの違いと特性、およびそれぞれの産業ドメインとの結びつきを整理し、棲み分けと互換性、連携に関わる体系化や技術開発を目的として、2021年に東京大学生産技術研究所にインタースペース研究センターを立ち上げました。同センターでは、異なる空間記述を専門とする研究室が集まり、既存領域にとどまらず、デジタルツインやメタバース等も含む広域のデジタル空間記述の領域を、建築情報学的な視点から研究を進めています。

様々な時間スケールと空間スケールで表すことができるデジタル空間記述体系の中でも、特に人スケールでの空間および時間記述に特化した（図1中のハッチが重なった部分に相当）動的な空間記述の体系は、いまだ汎用な形では実現されていません。日常生活に AI 制御のロボットやバーチャルアバターなどが普通に入り込む環境を想定したとき、私たちの研究室では特にそれらの人スケールにおけるデジタルな行為・受益の主体群をまとめて NHA（Non-Human Agent）と呼ぶようにしています。それら多様な NHA はそれぞれ独自のセンサーを通して空間を認識し、独自のデータ形式で空間を記述して対処するため、一般的に異なる NHA の間で空間記述仕様、いわば空間認識言語の間に互換性はありません。同時にそうした個々に独特な空間記述にも、動的であること、人スケールであることなど複数の制約から相応の共通性が必然的に存在しています。産業やサービスごとに異なる個々の空間の認識や記述、インタラクションの仕様を体系化することにより、共通領域や差異を明確化し、特に共通領域の仕様を汎用化して一般公開することが可能になり、ひいては環境情報の取得や運用、連携における個々の個体およびサービスの、もしくは社会全体のコストの低減や、多くの NHA や人が混在する複合環境での制御が可能になります。これらは次世代の NHA と人が混在する社会の実装において、どうしても不可欠な技術環境です。

ロボットと暮らすためのデータ連携基盤コモングラウンド

私たちは、このような複数の NHA にまたがる動的空間記述の環境をコモングラウンドと呼んでいます[*1]。一口に NHA と言っても、その中にはロボットやモビリティなど物理的主体を持つものから AR キャラクターなどのバーチャルなもの、AI 制御による自律エージェントからアバターのような遠隔による他律エージェントまで、その属性および表現形は多様であり、またそのいずれもが人の空間や形態、位置関係や動作、意味抽出などの

認知システムと本質的に異なっています。多様な NHA にとって、デジタルに記述されていない家具や建物、人などの物体は、そのままでは認知と判別が難しいダークマターでしかありません。現実世界における、人とのスムースなやりとりに求められる瞬時での認識と記述に必要な計算コスト（その計算量とスピードを実現するのに必要なハードウェア）を現実的に考えたとき、個々の NHA にそうした認知と処理を都度リアルタイムでさせるよりも、NHA に可読な形で物理環境を事前にデジタル記述したもの（デジタルツイン）をあらかじめ「置いて」おくことで、NHA が物理環境の複雑な情報処理をスキップし、より実効的な判断を行うことが可能になります（衝突を避ける、隠線処理を行うなど）。現在も、自律走行における SLAM（Simultaneous Localization and Mapping：ロボット等が空間の中での自己位置推定と環境地図作成を同時に行うためのしくみ）や AR における AR Cloud（AR 技術をネットワークおよび自己位置推定技術を通して共有しやすくするしくみ）など、サービスごとに閉じたデジタルツイン化の動きは進んでいますが、このままサービスごと、ケースごとの個別の開発が続けば、空間記述はより特殊化が進み、実装の多様化が進むほどに種類が増えるデジタルツインの準備や維持、多様な仕様間連携のための社会コストは爆発的に増加していきます。これに対し、環境側（例えば大規模複合施設、駅、空港、イベント施設など）が「相応に汎用な」空間記述仕様をあらかじめ設定・公開し、施設のデータを現地に「置いて」（物理的地物と連動した状態をあらかじめ担保したデータを公開して）おければ、各サービス導入のイニシャルおよびランニングコストはデータのシェア化により大幅に低減され、さらには共通記述環境を用いた全体管制により環境側から多様なサービス群をまたいだ全体の動的な状況把握や指示が可能になるため、結果として全体最適と個別最適の両立が可能になります。こうした相応に汎用な、実空間における動的空間記述の体系化および開発を、私たちの研究室と民間企業のコンソーシアムであるコモングラウンド・リビングラボとが協働する形で進めています。現在は、東大生産研とコモングラウンド・リビングラボの参画企業が連携する形で複数のプロジェクトが動いており、国の助成・委託プロジェクトも活用しつつ、コモングラウンド・

プラットフォーム（CGPF）と呼ぶ具体的なデータ連携基盤の開発が進められています。

　コモングラウンドの汎用動的記述基盤であるCGPFは、バーチャル空間向けの動的記述基盤として膨大な複合技術およびライブラリーを備える、ゲームエンジンと呼ばれる既存の動的空間記述と編集の技術を活用しています。ただし、現状でゲームエンジンはあくまでバーチャル空間のみを扱う技術であるため、これらをセンシング（多様な情報の知覚 Sensing を行う行為、例えばモーションセンサー、視覚センサー、気温センサーなど）およびアクチュエーション（情報を物理的なデバイスを通して動作などに変換する行為、例えばロボットアーム、自動ドア、エアコン、自律ロボットによる移動など）のデバイス群を統合する IoT プラットフォームと接続し、多様な空間・動作情報を取得・統合・配信するミドルウェアとして、基礎的な開発と実証が進んでいます。

　NHA が日常世界で自在に動き回れる状況を実現するためには、NHA に積極的に主体性を認める、言い換えれば NHA に相応の「権利」を認める姿勢が必要になります。ロボットに権利を認めるというと SF のように聞こえるかもしれませんが、例えば遠隔ロボットがより動きやすく、人とのコミュニケーションがしやすいアシスト環境が整うことで、入院生活を送る子供がアバターを介して学校で友達と集団行動の中で学ぶことができたり、社会的な不適合で定職に就けない人が、環境アシストのあるアバターを通して初めて社会貢献や仕事をすることが可能になるなど、間接的に NHA の能動性を高めることで可能になる多様な選択肢は、様々な制約に悩む多くの人に社会参加の道を拓きます。建築計画においてバリアフリーという概念は既に不可欠なものですが、それらを人間の身体ベースのものから NHA 視点でのバリアフリーへと拡張し、NHA がより「生きやすい」物理・情報環境を想定・構築していくことは、従来の身体的バリアフリーに対し、社会的・言語的・文化的・経済的など、より拡張的なバリアフリーのあり方やアクセシビリティを実現する強力かつ現実的な手段となりえます。例えばジェンダーの基本概念を見ても、男女という境界が明確な二項対立の旧来の構図から性自認の多様な混在のしかたを認め

るグラデーショナルな理解へと変わってきていますが、同様に人の本質的な存在や貢献のかたちもまた、物理的な身体性という境界を越えて、外側へとグラデーショナルに拡張する方向に移行しつつあると言えます。こうした権利や行為の離散化および流動化を積極的に受け入れる社会的なしくみと、それに伴う契約や法体系の整備は現時点ではほとんど進んでいませんが、そうした社会基盤の実効的な整備において、建築情報という領域は大きな可能性を備えています。

メタバース利用に必要な新しい社会規範

その意味で、メタバース（多様な人および NHA がデジタル空間において相互関係にもとづく社会活動を維持するシステム）、特に現実空間を模したメタバースにおける建築や都市的構築物、参加者の表現および権利という新しい問題群は、まさに実践領域として最初の具体的な調査分析および実装の事例群として注目すべき領域です。例えば現時点では、実在する建築物の外観がバーチャル空間内で再現され活用される場合、その権利に関する根拠および解釈は整備途上の段階にあり、現段階で明確なコンセンサスが国際的に形成されているとは言えません。個別の建築物に関する意匠権登録の動きなども一部で生じてはいますが非常に限定的で、少なくとも日本では、実在する建物の外観および公共に開放された内部空間のデジタルデータの利用は原則自由とされており、クリエイティブな活動に過度に制約を与えないように配慮をしつつ、過渡的な状況への法的判断が積み重ねられています。とはいえ、都市的環境の中には建築物以外に美術作品や広告、意匠権が認められた工業製品や各種知財なども含まれ、それらに関しては建築物とは異なる権利が設定されているケースも多いため、そうした構成要素の体系を理解し、都度検証を行う姿勢が必要です。その他メタバースの活用手法の多様化により、建築物等の環境の複製データに関する権利だけではなく、アバター等の各種エージェントの表現形および

行為データの扱いも重要な問題となり始めています。また個人情報保護の観点からは、利用条件や環境設定およびデータの種類や組み合わせに応じた判断の多様化が進みつつあるなかで、それぞれの判断基準の合理的な設定を行うだけの検証機会やデータ群がまだ十分に取得できない段階にあり、EU の GDPR（General Data Protection Regulation：EU が制定する一般データ保護規則で、日本でも個人情報保護規制において参照されることが多い）なども参照しつつ、デジタル空間における法規や権利の体系化においても、建築情報学の立場から主導的な貢献が求められています。

　そもそもデジタルデータを扱うにあたっては、データにはモノと同等の「所有権」という概念が適用されません。複製コストが限りなく低く、その展開を管理することも難しいデジタルデータに付随するのはアクセス権であり、同じような対象を扱う場合でも、物理世界とデジタル世界では根本的な考え方が異なります。建築においては特に、創造物自体が三次元の形態であり、模型等に代表されるその置換物にもオリジナルと同等の価値を見てきた歴史的経緯もあり、デジタルに記述された建築データを固有の創作物の一環、オリジナルの存在価値と双方向に対応する一つの実体として捉える傾向が顕著です。しかし、情報世界では既存の物理世界とは異なる新たな技術および権利の体系、ルールや感性を新たに構築する必要があるのです。その相互関係を新たにデザインし、社会の新たな価値創造と課題解決に資する基盤にしていくことこそ、建築情報学に求められている役割です。

*1　豊田啓介「建築都市空間デジタル記述のためのコモングランド構想について」『生産研究』74巻1号、東京大学生産技術研究所、2022年

—

豊田啓介（とよだ・けいすけ）
東京大学生産技術研究所特任教授、建築家（NOIZ）。建築情報学会副会長。設計実務と大学での研究にまたがり、物理世界と情報世界を接続する基盤となるデジタル空間記述体系であるコモングラウンドの開発と実装を主導する。

COLUMN
DX を活用した循環型建築産業の創出

松村秀一
Matsumura Shuichi

ストック型社会とDXの展開

建築BIMの推進については、ここ数年、政府が主導する形で、産官学の取り組みが広く活発化してきました。BIMもCADと同じように市販のソフトで適用できますが、従来の各種ソフトの適用・普及の過程と比較すると、政府が主導する形自体が前例のないものであることは明らかです。

それでは、なぜ今回は官民挙げての建築BIM推進という形がとられているのでしょうか。端的に言えば、BIMデータが、各業務の効率化、各組織内のデータ連携という範囲にとどまらず、業務の壁、組織の壁、さらには産業の壁すらも貫いて共有化されることの絶大な効用を期待しているからだと言えるでしょう。

その典型例は、確認申請業務のBIM化への官民一丸となった取り組みです。建築プロジェクトにおいて、確認申請は設計の最終段階、施工に入る直前に、誰もがやらなければならない要の手続きです。それゆえ、ここでの建築データの構造化や表示方法の統一といった事柄は、単に国や自治体による許認可業務の合理化や効率化にとどまらず、設計段階、施工段階、さらには運用段階での関連主体間のデータの共有と活用に大きく道を開く力があります。とりわけ私が期待しているのは、建築が建ってから後のデータの共有と活用です。

政府は建築分野でのBIM推進と並行して、都市分野でデジタルツイン化を進める「PLATEAU」と、不動産分野で一元的なデータ管理を目指す「不動産ID」の取り組みに力を注ぎ、広く民間企業等が参画する形での進展が期待されています。そして、この二つのプロジェクトと建築BIM推進が連携していくことも考えられています。

建築側から考えれば、プロジェクトの企画の段階で、PLATEAUや不動産IDから得られる敷地とその周辺状況に関するデータに基づき、様々な代替案の検討を従来とは比較にならない高精度で行うことが可能になるという点がもちろん大きいでしょう。加えて、都市空間を形成する個々の建物のBIMデータが、都市計画や不動産取引のための敷地や地区に関するデータと関連づけて利用できるようになれば、そこには想像を超えた可能性が秘められているように思います。ストック型社会だからこそDXの展開に対する期待は大きくなるのです。

都市の資源工学と循環型建築産業の創出

一例に過ぎませんが、想像を超えた可能

性の中に次のような分野があります。既存建物を資源の塊として捉え、その解体時に利用価値が最も高い形で各資源を区別して取り出し、それらを新たな建築工事群に再投入するという、いわば都市の資源工学と循環型建築産業の分野です。

昨今のサーキュラー・エコノミーの流行から、建築分野でも「リユース、リユース」と喧しいですが、そう標榜する研究開発の多くが、部品を組み立てることでできる建築がその逆工程を辿れば再び部品の形で取り出せるという、いわば新築構法の開発なのです。世のすべての建物がその構法でできているならば別ですが、市場のごく一部でのみそれが使われるという現実的な想定をすれば、どういう部品が、いつどの程度、ある建物の解体によって出てくるかは未知ですし、何十年も先にタイミングよくその構法で建設される建物があるかどうかもあてにはなりません。そんなものを「リユース建築」と呼ぶのは、看板に偽りありと言わざるをえません。

仮に建築分野でのリユースを実現可能な方向で考えるとすれば、まずは今存在する多くの建物の解体時に生じうる物の材種と形状、大きさ、接合に関わる部分の詳細等がわかっていて、しかもそのように内容のわかっている建物の量が十分に多く、いつでも相当量の解体が期待できるという状態が望まれます。すなわち、都市内に存在する資源量が正確に把握できていて、しかもその資源が常時市場で供給されるようになっている状態です。このような状態は、日本の多くの建物の細部にわたる仕様が正確に把握できて初めて実現可能なものです。今進められつつある建築・都市・不動産分野のDX化に期待する所以はそこにあります。

一方、ここまでは都市の資源工学とも呼びうる供給側の物語に過ぎず、これだけでは広範なリユースは成立しません。そこには需要側の物語も必要になります。需要側ではまず、ある時点で建設予定の建築プロジェクトについて、どこで、どのような材料を、どのような状態で、どの程度必要としているか、代替となる構法案も含めて正確に把握できることが重要です。そうすることで、供給側で細分類された資源の出所や量と照合して、資源需給のマッチングが可能となる、つまりはリユースが市場として成立します。そして、その市場に対応する産業として循環型建築産業が創出されることにもなるでしょう。

以上は私的な夢想に過ぎませんが、このような新たな産業創出のイメージはもっと多様に描きうるでしょう。ただ、そこで問題になるのがデジタル・レジティマシーです。具体的には、それぞれの建物のBIMデータ等を、どの程度まで、どの範囲で、どのような代償を支払うことによって、誰の責任で利用できるものにするのかといった事柄に関する社会的なコンセンサスの形成や法制度の整備等の検討が、夢想の現実化のプロセスと並行して進められなければなりません。社会的なコンセンサス形成に向けた早期の取り組みが強く求められます。

—

松村秀一（まつむら・しゅういち）
早稲田大学理工学術院総合研究所上級研究員・研究院教授。専門は建築構法・建築生産。工学博士。東京大学講師・助教授・教授・特任教授を経て、2023年より現職。著書に『新・建築職人論』（2023年）、『建築の明日へ』（2022年）、『和室学』（共編、2020年）など多数。

おわりに

本書は、2022年10月1日、22日の2日間にわたって東京大学本郷キャンパス HASEKO KUMA HALL とオンラインのハイブリッドで開催された東京大学建築情報学シンポジウムをもとに、登壇した東京大学所属の建築系研究者38名が、自らの研究や専門分野と情報との関わりや近年の動向について書き下ろしたものである（東京大学には他にも建築系研究者はいるが、シンポジウム開催日に都合が合わず登壇を断念している）。

　新型コロナがまだ影響を及ぼしていた時期にもかかわらず、対面でのシンポジウムには定員を大幅に上回る申し込みがあり、学生や大学関係者に加えて、設計事務所、建設会社やメーカー、さらに建築以外の分野からも多様な参加者の姿が見られた。また、SNS等を通じて情報が拡散され、オンライン視聴者も多く、終了後も主催者が想像した以上に大きな反響が得られた。

　このように注目を集めた理由は、意匠・計画・歴史・構法・環境・構造・材料といった建築学を構成するほぼすべての分野の研究者が一堂に会し、情報学を切り口に分野を横断する可能性を探った点にあると考えている。一方で、こうした関心の高さは、BIM、AI、3Dスキャン、3Dプリントなどの情報化技術を目にする機会が増えるなかで、それらが建築にどのような変化をもたらすのかが未だ見えにくいことの裏返しともいえよう。

　東京大学に所属する建築系の研究者をこれほど多く集めたシンポジウムは、これまでおそらく開催されたことがなかった。多様な研究者が情報

化技術に関連した幅広い活動を進めていることを発信するよい機会になり、登壇者からも、他分野の潮流や共通の問題意識を学ぶ貴重な機会になったと評価された。

　このような外部と内部からの好意的な反響を受け、シンポジウムの内容を書籍化することになった。ただし単なる記録集ではなく、読み応えのある書き下ろし集にすることを意図し、また原稿の寄せ集めではなく、一体感のある構成を目指した。そのため、まずシンポジウムのテープ起こしを著者全員で共有して互いの執筆内容を参考にしつつ、各著者が書き下ろした原稿に対して編著者が複数回のディレクションを行い、内容を深めることに努めた。最終的に本書は、各著者のユニークな筆致と幅広いテーマを保ちながら、情報学を軸として一貫性をもって編集された一冊になった。シンポジウムでの議論から書籍執筆まで、この分野の知見の発信に惜しみない共創をして下さった著者陣に感謝を申し上げる次第である。

　シンポジウムは、建設会社5社（大林組、鹿島建設、清水建設、大成建設、竹中工務店）が設置した建築生産マネジメント寄附講座に、2022年4月に池田靖史が特任教授として着任したことを契機に企画された。シンポジウムの実施にあたっては、編著者の池田靖史、本間健太郎、権藤智之に加えて、谷口景一朗氏、平野利樹氏、友寄篤氏、福島佳浩氏、宮田翔平氏、八百山太郎氏、林盛氏、住友恵理氏らがワーキングメンバーとして企画・運営に関わった。書籍化にあたっては、学芸出版社の宮本裕美氏と森國洋行氏に編集をお願いし、著者が多く膨大なやりとりが発生するなかまとめきっていただいた。

　本書は、建築学におけるほぼすべての分野の研究者が執筆した、情報学を横糸とするコラボレーションの書である。通読すると、情報化技術が建築領域を横断的に拡張していることを実感できる。本書が分野を超えた交流のきっかけとなることを願っている。

　2024年2月

池田靖史、本間健太郎、権藤智之

情報と建築学

デジタル技術は
建築をどう拡張するか／
東京大学特別講義

2024 年 3 月 15 日 初版第 1 刷発行

編著者
池田靖史
本間健太郎
権藤智之

著者
舘知宏
岡部明子
平野利樹
小﨑美希
丸山一平
谷口景一朗
本間裕大
今井公太郎
赤司泰義
横山ゆりか
楠浩一
糸井達哉
藤田香織
前真之
清家剛
林憲吾
野城智也
大月敏雄
三谷徹
腰原幹雄
佐久間哲哉
野口貴文
川口健一
加藤耕一
佐藤淳
坂本慎一
山田哲
伊山潤
大岡龍三
田尻清太郎
川添善行
和泉洋人
松田雄二
豊田啓介
松村秀一

発行所
株式会社学芸出版社
京都市下京区木津屋橋通西洞院東入
電話 075-343-2600　info@gakugei-pub.jp

発行者
井口夏実

編集
宮本裕美・森國洋行

装丁
加藤賢策（LABORATORIES）

DTP
梁川智子

印刷・製本
シナノパブリッシングプレス

© 池田靖史ほか 2024　　Printed in Japan
ISBN978-4-7615-2886-7